Compact
Complete
Creative

C

Book 2

司法試験&予備試験対策シリーズ

Constitution

憲法

II
統治
改訂新版

はしがき

☆改訂にあたり ─────────────────────────

　本書は、憲法Ⅱ＜統治＞について、主に初学者を対象に、司法試験・予備試験に合格するために必要・十分な知識を得られるよう分かりやすく工夫した独習用のテキストです。憲法の学習分野には、憲法の意義や日本国憲法史、国民主権・平和主義といった内容を範囲とする「憲法総論」と、国民に保障された基本的人権の内容・限界といった内容を範囲とする「基本的人権の保障」、及び国会・内閣・裁判所や財政・地方自治などを範囲とする「統治機構」がありますが、本書は、そのうち「統治機構」を扱うものです。本書『憲法Ⅱ＜統治＞改訂新版』は、かつてのC-Book『憲法Ⅱ＜統治＞第4版』を全面的に改訂したものであり、新たな重要判例を追加補充するだけでなく、全体的により一層分かりやすく、かつコンパクトに仕上げた決定版となっています。

☆

　本書は、令和5年1月末日までに公布された法改正を盛り込んでいます。憲法分野に関連する直近の法改正としては、令和3年6月11日に成立したいわゆる国民投票法の改正法が挙げられますが、今般の改正に係る事項が司法試験や司法試験予備試験において出題される可能性はほぼないと考えられます。

　また、少し前の法改正になりますが、公職選挙法の改正が行われたことにより、年齢満18年以上の者も有権者として選挙に参加することができるようになりました。既に令和元年7月に実施された参議院議員選挙において、18歳・19歳の者に選挙権が認められています。

☆

　本書は、これから初めて憲法を学ぶ方であっても、本書を繰り返し読み込むことにより、司法試験・予備試験の短答式試験を優に突破できる程度の実力を身につけることができるものと自負しています。特に、基本的な事項・概念を分かりやすく説明し、重要な判例や論点を余すことなくピックアップして丁寧に解説するよう心掛けています。また、収録した過去問を実際に解いていただくことにより、学習した知識・理解を直ちに確認することができるよう工夫しています。

☆

　本書が、司法試験・予備試験の合格を目指す皆様の一助となりますことを、心よりお祈り申し上げます。

2023年7月吉日

LEC総合研究所　司法試験部
編著者代表　　　反町　勝夫

本書をお使いいただくにあたって ....

一　本書の効果的活用法

　　本書は、憲法＜統治＞について、司法試験・予備試験に合格するために必要・十分な知識
や理解を得るための独習用教材として編集されました。そのため、本書には試験合格のため
に必須である基本的かつ最低限の知識・情報から、司法試験の論文式試験でも問われ得る応
用的な知識・情報まで盛り込まれています。

　　そこで、初めて本書をお使いいただくにあたっては、1回の学習で全ての事項を理解しよ
うとせず、まずは「A」「B」ランクが付されている単元をしっかり読み込むことを推奨しま
す。その中でも「A」ランクが付されている単元は特に重要なので、本書を一度読み終えた
後再度戻り、繰り返し学習するとより効率的です。なお、「C」ランクが付されている単元
は、重要度が比較的低いため、軽く目を通す程度の学習で十分です。

単元のランク

　　A：論文式試験・短答式試験を通して必ず理解しておく必要がある、きわめて重要度の
　　　　高い単元です。
　　B：論文式試験・短答式試験を通して理解しておくと良い、基本的な単元です。
　　C：論文式試験・短答式試験を通して重要度が比較的低い単元です。

二　本書の構成

1　各節の「学習の指針」

　　本書では、各節の「学習の指針」を冒頭に設けています。「学習の指針」では節の構成
を大まかに示していますので、体系的な理解に役立ててください。また、各節の内容を学
習するにあたり、重要なポイントや必要な理解の程度を示しています。どこまで学習すれ
ば良いのかとお悩みになったときは、「学習の指針」を参考にすると良いでしょう。

2　「問題の所在」、「考え方のすじ道」、「アドヴァンス」

　　本書では、論点を具体的に捉え、的確な論証をすることができるように、「問題の所在」
（争点や、どの条文のどの文言の解釈が問題となっているのかなどの明示）、「考え方のすじ
道」（具体的な論証や思考プロセスの展開例）、「アドヴァンス」（判例・学説の詳しい紹介）
を設けています。なお、司法試験・予備試験ともに、論文式試験において問われる論点の
ほとんどが＜総論・人権＞、とりわけ「基本的人権の保障」の分野から出題され、＜統治＞
分野から出題され得る論点は限られたものしか存在しません。そのため、本書において収
録されている「問題の所在」、「考え方のすじ道」、「アドヴァンス」の数も少ないものとな
っています。

3　「判例」、「One Point」

　　司法試験・予備試験では、短答式・論文式試験を問わず、正確な判例の知識・理解が
必要不可欠です。そこで、本文中において比較的詳細な「判例」の紹介をしています。ま
た、「One Point」は、試験上有用と思われる知識・情報を記載したもので、条文や判例・
学説等の理解を促進・補完するものとなっています。

4 「短答式試験の過去問を解いてみよう」

「短答式試験の過去問を解いてみよう」では、各章末に司法試験・予備試験の短答式試験の過去問を掲載し、簡単な解説と本文へのリンクを施したコーナーを設けました。その章で学習した知識や理解の確認に役立ててください。

5 付録～「論点一覧表」

「論点一覧表」は、「問題の所在」が記載されているページやその他重要な論点を掲載したページを一覧化したものです。個々の論証をただ暗記するだけでは、論文式試験に適切に対応することができません。論文式試験に適切に対応し、問題を正しく処理するためには、問題の背景や制度趣旨、基本的知識・判例の理解を踏まえた学習が必要不可欠です。そこで、本書では、論点名と本文中の該当頁のみを一覧化するにとどめました。個々の論証をただ暗記するのではなく、当該論証が必要となる場面や問題の背景を正しく理解するように心掛けましょう。

本書に関する最新情報は、『LEC司法試験サイト』
(https://www.lec-jp.com/shihou/book/) にてご案内いたします。

2-1 国会の地位

一　はじめに
二　国民の代表機関
三　国権の最高機関
四　唯一の立法機関

学習の指針

本章から、〈統治〉の中で最も短答式試験で問われる事項が多い「国会」について学習していきます。覚えるべき知識が多く、論点も数多く存在しますので、まずは全体を把握するために、スピード感を意識して一度ざっと目を通した後、次にじっくりと読み進めることによって効率的な学習が可能となるでしょう。

> 「学習の指針」でその節の構成を示しつつ、重要なポイントと必要な理解の程度を明記

一　はじめに

既に説明したとおり、日本国憲法は代表民主制を基本的に採用しているとされる。そして、代表民主制において、国民の意思は議会に代表され、議会が公開討論を通じて国政の基本方針を決定する。このような意味で、国会は憲法上も実際の政治においても、極めて重要な地位を占めていると考えられている。

このような国会には、①国民の代表機関、②国権の最高機関、③唯一の立法機関という3つの地位を有する。以下、順次説明する。

Ｂ ランク
◀渡辺ほかⅡ・239頁
芦部・302頁

二　国民の代表機関

1　全国民の代表の意味

43条1項は、「両議院は、全国民を代表する選挙された議員でこれを組織する」と規定している。

この規定によれば、国会議員は「全国民を代表する」者であり、その国会議員からなる国会は、民意を反映すべき機関であると同時に、国民の代表機関であることも意味する。では、43条1項の「全国民を代表する」とはどのような意味か。

まず、学説上で一致しているのは、代表機関の行為が法的に代表される者（国民）の行為とみなされるという趣旨の法的な意味ではないという点である。そして、国民は代表機関を通じて行動し、代表機関の行為は民意を反映するものとみなされるという政治的な意味（政治的代表・純粋代表）と、議員は実在する民意を反映すべき「事実上」の要請が認められるという社会学的な意味（社会学的代表・半代表）を含むものと解されている。

→各選挙区において選出された議員は、選挙区民から法的に責任を問われることはなく、「全国民の代表」として、選挙区民（選挙母体）の訓令に拘束されることなく自由に発言・表決することができる（自由委任の原則、命令委任の禁止）

判例（最大判昭58.4.27）も、国会議員は「その選出方法がどのようなもので

Ｂ ランク
◀渡辺ほかⅡ・240頁
芦部・302頁以下

論点

> 該当箇所の重要度をＡ・Ｂ・Ｃランクで表示し、基本書の参照先を明確に表示

2　条約

論点
◀論文・予備 H 27

問題の所在

81条は、「最高裁判所は、一切の法律、命令、規則又は処分が憲法に適合するかしないかを決定する権限を有する終審裁判所である」と規定して、法令等の違憲審査権を裁判所に与えているところ、81条の列挙から除外されている条約は、遺憲審査の対象となるか。

考え方のすじ道

まず、条約は原則として直接に国内法的効力をもつと解されるため、憲法と条約のいずれが形式的効力において優位するかが問題となる
↓この点について
条約が憲法に優位し、条約は違憲審査の対象とはならないと解する見解（条約優位説）がある
↓しかし
条約が憲法に優位すると解すると、仮に憲法に反する内容の条約が締結された場合、法律よりも容易な手続で承認される条約（61参照）によって憲法が改正されることになってしまい、硬性憲法の建前（96）に反する
↓したがって
憲法が条約に優位すると解すべきである（憲法優位説）
↓次に
憲法優位説の立場に立っても、国際協調主義や81条から「条約」が除外されていることを重視し、条約は違憲審査の対象とはならないと解する見解（消極説）もある
↓もっとも
条約は国際法ではあるものの、国内では国内法として通用する以上、その国内法としての側面については、81条の「法律」に準ずるものとして扱うべきである
↓したがって
条約は、原則として違憲審査の対象となる（積極説）
↓もっとも
高度の政治性を有する条約に関しては、その条約を締結した内閣及びこれを承認した国会の高度の政治的ないし自由裁量的判断と表裏をなす点が少なくない
↓このような場合には
一見極めて明白に違憲無効であると認められない限りは、当該条約は裁判所の司法審査権の範囲外のものであって、違憲審査の対象とはならないと解する

アドヴァンス

A　条約優位説
条約が憲法に優位するため、条約は違憲審査の対象とはならない。
→条約が憲法に優位する以上、条約締結に関する憲法の規定（73①）は、条約の効力を根拠づけるものではなく、単に条約締結の機関と手続を定めたものにすぎない
（理由）
① 憲法の最高法規性について規定する98条1項、及びそれを担保するための違憲審査権について規定する81条から「条約」が除外されていることから、憲法は条約との関係で必ずしも最高法規ではないことを示している。
② 前文の国際協調主義や、98条2項が条約の誠実遵守義務を定めていることを重視すべきである。

B　憲法優位説（判例・通説）
憲法が条約に優位する。
→憲法優位説に立つ立場でも、裁判所が立法事実の存否を判断するための資料として、条約を参照することは許される（国籍法違憲判決・最大判平20.6.4／百選Ⅰ[第7版][26]参照）
（理由）
① 条約が憲法に優位すると解すると、仮に憲法に反する内容の条約が締結された場合、法律よりも容易な手続で承認される条約（61参照）によって憲法が改正

> 「問題の所在」で問題の核となるポイントを指摘し、「考え方のすじ道」で論理的な思考プロセスを明示

> 「アドヴァンス」で判例や学説の内容を整理し、当該問題に関する理解を深める

8

●5 違憲審査制

3　立法不作為

　立法不作為とは、立法義務が存在するにもかかわらず、立法府が憲法上の権利を具体化する立法を行わない場合や、改善義務があるにもかかわらず、立法府が憲法上の権利を制限する立法を改廃しない場合をいう。

　立法不作為も違憲審査の対象に含まれると解されるが、不作為を無効とすることはできないため、違憲である場合における権利・利益の救済方法には工夫が必要となる。そこで、立法不作為を争う方法として最も利用されてきたのが、国家賠償請求訴訟である。

　在宅投票制度廃止事件（最判昭60.11.21／百選Ⅱ［第7版］[191]）は、①立法行為と立法不作為を区別せず、②国賠法上の違法性と立法内容の違憲性を区別し、③前者について、国会議員は原則として政治的責任を負うにとどまり、「立法の内容が憲法の一義的な文言に違反しているにもかかわらず国会があえて当該立法を行うというごとき、容易に想定し難いような例外的な場合でない限り」、国賠法上違法とはならないと判示した。

　その後、在外邦人選挙権制限違憲判決（最大判平17.9.14／百選Ⅱ［第7版］[147]）は、上記③の厳格な要件を事実上緩和して、当該立法不作為を違憲と判断し、国賠法上の違法性も認めた。さらに、再婚期間禁止違憲判決（最大判平27.12.16／百選Ⅰ［第7版］[28]）は、在外邦人選挙権制限違憲判決の判断枠組みを整理し直した。

判例　在宅投票制度廃止事件（最判昭60.11.21／百選Ⅱ［第7版］[191]）
事案：　公職選挙法は、歩行が著しく困難なため投票所に行けない選挙人のための在宅投票制度を定めていたが、制度を悪用した不正が後を絶たなかったことから、改正により在宅投票制度は廃止された。歩行が著しく困難なXは、在宅投票制度の廃止及び同制度を復活させる法改正を行わないという不作為が憲法15条1項等に違反し、違法な公権力の行使に当たるとして、国家賠償法1条1項に基づき損害賠償請求訴訟を提起した。
判旨：　「国会議員の立法行為は、立法の内容が憲法の一義的な文言に違反しているにもかかわらず国会があえて当該立法を行うというごとき、容易に想定し難いような例外的な場合でない限り、国家賠償法1条1項の規定の適用上、違法の評価を受けない」と判示した。

判例　在外邦人選挙権制限違憲判決（最大判平17.9.14／百選Ⅱ［第7版］[147]）
事案：　平成8年の衆議院議員選挙で選挙権を行使できなかった在外国民Xらが、選挙権を行使できなかったことに対する国賠請求を求めた。
判旨：　「立法の内容又は立法不作為が国民に憲法上保障されている権利を違法に侵害するものであることが明白な場合や、国民に憲法上保障されている権利行使の機会を確保するために所要の立法措置を執ることが必要不可欠であり、それが明白であるにもかかわらず、国会が正当な理由なく長期にわたってこれを怠る場合などには、例外的に、国会議員の立法行為又は立法不作為は、国家賠償法1条1項の規定の適用上、違法の評価を受ける」。

短答式試験 の過去問を解いてみよう

1　大日本帝国憲法の下では、内閣制度は憲法で規定されていなかった。また、帝国議会の権限が強く保障されていたので、各国務大臣は天皇ではなく帝国議会に対して責任を負うとされていた。［司R4－11＝予R4－7］

×　明治憲法下では、「国務各大臣ハ天皇ヲ輔弼シ其ノ責ニ任ス」（明憲55、単独輔弼制）と規定されていたり、内閣については規定すら存在しなかった。また、各国務大臣は議会に対して一切責任を負っていなかった。⇒3－1　一（p.69）

2　憲法第65条第1項は、「行政権は、内閣に属する」と規定している。行政権とは全ての国家作用のうちから立法作用と司法作用を除いた残りの作用であるとすると、立法作用と司法作用以外の全ての国家作用について内閣が自ら行うことが必要となる。［司H27－17＝予H27－9］

×　控除説の立場に立っても、国会が「唯一」の立法機関（41）と規定されていたり、「すべて」司法権は裁判所に属する（76Ⅰ）と規定されているのと異なり、行政権は「内閣

論点一覧表

*　「問題の所在」が記載されている箇所やその他重要な論点が掲載されている箇所を一覧化しました。「考え方のすじ道」が掲載されている論点には「○」マークを付しています。

論点名	考え方のすじ道	論文式試験出題実績	該当頁
第3編　統治機構			
第1章　統治総論			
第2章　国会			
1　「全国民を代表する」（43Ⅰ）の意味			9
2　自由委任と党議拘束			10
3　比例代表選出議員の党籍変更と議員資格の喪失			10
4　「国権の最高機関」（41）の意味			10
5　「立法」（実質的意味の立法、41）の意味			11
6　委任立法の限界		司法H20	12
7　内閣の法律案提出権			14

購入者特典

本書をご購入いただいた方に**最新判例情報**を随時提供!

書籍WebサイトへGO!!

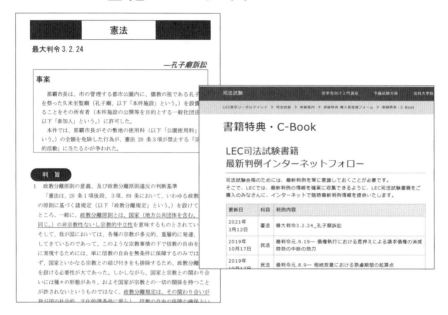

『C-Book』をご購入され、アンケートにお答えいただいた方に、Webサイト上で最新判例情報を随時提供!!

暗証番号：SHIHOU09Cbook

アクセス方法

ＬＥＣ司法試験サイトにアクセス
(https://www.lec-jp.com/shihou/)
↓
リンクからＬＥＣ司法試験書籍Webサイトへアクセス
(https://www.lec-jp.com/shihou/book/member/)
↓
購入者登録フォームにアクセスし、上記暗証番号を入力
↓
入力後に表示されるページにてアンケートに回答
↓
アンケートページでご登録いただいたメールアドレスに、
最新判例情報ページへの案内メールを送付いたします。

国家試験合格を目指す皆さんへ ．．．．．．．．．．．．

　　司法試験、予備試験、行政書士試験、公務員試験などの国家試験においては、必ず憲法が出題されます。C-Bookはこれらの国家試験受験生のニーズに応えるべく編集されています。

　　ここでは、それぞれの国家試験等で、どのように憲法が出題されているかについて、略述しました。

◆　C-Bookで受ける「司法試験」

1　司法試験の概要

　　司法試験は、裁判官・検察官・弁護士となるために必要な学力及びその応用能力を有するか否かを判定する試験です。短答式試験と論文式試験があり、両方の総合点によって合否が決せられます。短答式試験では基本的な条文・判例の知識や理解が試され、論文式試験では高度な事案分析能力・法的な論理的思考力が試されます。

2　司法試験におけるC-Book憲法Ⅱ＜統治＞活用法

(1)　短答式試験対策

　　司法試験短答式試験は、憲法の＜総論・人権＞及び＜統治＞の分野から満遍なく出題されるため、バランス良く正確に基本的な条文・判例に関する知識・理解の習得を積み重ねる必要があります。そこで、「短答式試験の過去問を解いてみよう」のコーナーを活用することで、現時点での自分の知識・理解のレベルを確認することができます。

(2)　論文式試験対策

　　司法試験論文式試験は、長文の事例問題を短時間で整理・分析し、法的な論理的思考力を駆使して、的確に問題を処理し妥当な結論を導くための思考プロセスを記述するという過酷な試験です。正しく題意を読み解き、事例中の事実を摘示しつつ、設問に的確かつ具体的に答えるためには、条文・判例や憲法上の論点について正確に理解していなければなりません。本書では、「問題の所在」、「考え方のすじ道」、「アドヴァンス」の3段階で、条文・判例や憲法上の論点の理解を深めることができるように工夫しています。

　　なお、短答式試験と異なり、論文式試験で問われる論点のほとんどが＜総論・人権＞、とりわけ「基本的人権の保障」の分野から出題されます。そのため、＜統治＞分野における論文式試験対策の重要度は相対的に低いものとなります。

ＬＥＣ司法試験サイト　　　　https://www.lec-jp.com/shihou/upper/

　ＬＥＣ　司法試験　｜検索｜

◆ C-Bookで受ける「予備試験」

1 予備試験の概要

　　予備試験は、法科大学院での教育課程を修了した者と同等の能力を有するか否かを判定する試験です。予備試験に合格し、その後に控えている司法試験に合格するためには、法科大学院での教育課程を修了したレベルに到達することが最低限の条件です。

　　そして、予備試験は、短答式試験・論文式試験のほか、口述試験があり、司法試験のように連続して実施されるのではなく、それぞれ別日程で実施されます。短答式試験では、司法試験と同じく基本的な条文・判例の知識や理解が試され、例年では、全12問中8問が司法試験と共通する問題となっています。論文式試験では、司法試験と比較して事例の分量がかなり少なく、論述すべき問題点の数も多くありませんが、その難易度自体は決して低くはありません。なお、口述試験では、2日間にかけて、法律実務基礎科目（民事・刑事）をメインとした出題がなされます。

2 予備試験におけるC-Book憲法Ⅱ＜統治＞活用法

(1) 短答式試験対策

　　司法試験と同じく、予備試験においても憲法の＜総論・人権＞及び＜統治＞分野から満遍なく出題されます。したがって、学習すべき範囲は広範なものとなり、知識として正確に定着させる必要もあるため、学習のスピードを意識しつつ、繰り返し本書をお読みいただくのが望ましいでしょう。自分の知識・理解の定着度は、「短答式試験の過去問を解いてみよう」のコーナーで確認することができます。

(2) 論文式試験対策

　　司法試験と異なり、問題文の分量や論点数は決して多くありません。もっとも、合格するためには条文・判例の知識・理解が必要不可欠であり、これを設問に応じて正確かつ具体的にアウトプットする能力が求められます。その一助を担うのが、「問題の所在」、「考え方のすじ道」、「アドヴァンス」です。これらを一体として複数回お読みいただくことで、アウトプットを意識した学習が可能となります。

| ＬＥＣ予備試験サイト | https://www.lec-jp.com/shihou/yobi/ |

LEC　予備試験　検索

◆ C-Bookで受ける「行政書士試験」

1 行政書士試験の概要

　行政書士試験は、毎年11月の第2日曜日午後1時から午後4時までの3時間で行われ、年齢、学歴、国籍等に関係なく受験することができます。試験科目は、①行政書士の業務に関し必要な法令等（46問、択一式及び記述式）と、②一般知識等（14問、択一式）です。

　また、内容については、①法令科目は、憲法、行政法、民法、商法及び基礎法学、②一般知識は、政治・経済・社会、情報通信・個人情報保護、文章理解の構成になっています。

2 行政書士試験におけるC-Book憲法Ⅱ＜統治＞活用法

　憲法は、例年、5肢択一式が5問、多肢選択式が1問出題されています。そして、＜統治＞の分野からは、5肢択一式で2問程度出題されるのが一般的です。なお、記述式では行政法から1問、民法から2問出題されるのが通例となっています。

　そのため、行政書士試験では、主に5肢択一式の対策のみを行えば必要・十分といえます。そこで、まずは本文を一通り読み、すぐに「短答式試験の過去問を解いてみよう」のコーナーを活用して問題を解いてみましょう。そして、間違った問題については、再度本文に戻って復習し、問題に再チャレンジするという反復学習が効率的です。

ＬＥＣ行政書士サイト　　https://www.lec-jp.com/gyousei/

ＬＥＣ　行政書士	検索

◆ C-Bookで受ける「公務員試験」

1 公務員試験の概要

　公務員は、国家公務員と地方公務員に大別されます。国家公務員は、中央官庁やその出先等の国家機関の職員です。専門職として裁判所職員、国税専門官等があります。地方公務員は、県庁、市役所、区役所等の職員です。試験区分は、学歴に応じて、大学院修了者を対象とした試験、大学卒業程度の人を対象とした試験、高校卒業程度の人を対象とした試験に分かれています。

2 試験内容紹介

　試験内容は、一次試験として教養科目と専門科目に関する「択一式試験」が実施され、一次試験又は二次試験で専門科目その他に関する「記述式試験」が実施されることがあります。

　憲法はあらゆる公務員試験において出題されており、その出題数は試験種によって異なりますが、国家総合職（法律区分）や裁判所事務官のように7問程度（必須）出題される試験種もあります。また、専門科目に憲法が含まれていなくても、教養科目において出題されることがあります。このように、公務員試験において、憲法は重要度の高い科目といわれています。

　なお、二次試験では、人物試験（面接試験）が実施される場合もあります。これら一次、二次試験を突破すると「最終合格」となります。もっとも、公務員試験では「最終合格」イコール採用というわけではないことに注意が必要です。

3 公務員試験におけるC-Book憲法Ⅱ＜統治＞活用法

(1) 択一式試験対策

　択一式試験では、条文や判例に関する問題が多く出題されます。各章末にある「短答式試験の過去問を解いてみよう」のコーナーを活用して問題を解き、間違った問題については再度本文に戻って復習し、問題に再チャレンジするという反復学習によって、効率的な記憶の定着が可能となるでしょう。

(2) 記述式試験対策

　記述式試験の問題について的確に解答するためには、論点を正しく理解している必要があります。そこで、本書では、「問題の所在」「考え方のすじ道」で答案の骨組みを示し、さらに巻末に「論点一覧表」を掲載して、直前期の見直しもしやすいように工夫しています。

4 公務員試験情報収集のために

　上記で公務員試験概要、本書の活用法について簡単に紹介しましたが、公務員には様々な種類・試験があります。弊社の公務員サイトでは、公務員試験ガイドや公務員試験に役立つ様々な情報を提供しております。ぜひ、ご覧ください。

LEC公務員サイト　　https://www.lec-jp.com/koumuin/

LEC　公務員　検索

CONTENTS

第3編　統治機構

第1章　統治総論

第2章　国会

第 5 章　違憲審査制

第 6 章　財政

参考文献表・文献略記表

芦部信喜・高橋和之補訂『憲法（第7版）』岩波書店 （芦部・頁）

安西文雄・巻美矢紀・宍戸常寿『憲法学読本（第3版）』有斐閣 （読本・頁）

渡辺康行・宍戸常寿・松本和彦・工藤達朗『憲法Ⅱ　総論・統治』日本評論社 （渡辺ほかⅡ・頁）

野中俊彦・中村睦男・高橋和之・高見勝利『憲法Ⅱ（第5版）』有斐閣 （野中ほかⅡ・頁）

毛利透・小泉良幸・淺野博宣・松本哲治・LEGALQUEST『憲法Ⅰ　総論・統治（第3版）』有斐閣
（ＬＱⅠ・頁）

佐藤幸治『日本国憲法論（第2版）』成文堂 （佐藤・頁）

渋谷秀樹『憲法（第3版）』有斐閣 （渋谷・頁）

高橋和之『立憲主義と日本国憲法（第5版）』有斐閣 （高橋・頁）

辻村みよ子『憲法（第7版）』日本評論社 （辻村・頁）

長谷部恭男『憲法（第8版）』新世社 （長谷部・頁）

宍戸常寿『憲法　解釈論の応用と展開（第2版）』日本評論社 （宍戸・頁）

曽我部真裕・赤坂幸一・新井誠・尾形健『憲法論点教室（第2版）』日本評論社 （教室・頁）

木下昌彦編集代表『精読憲法判例——統治編』弘文堂 （精読・統治・頁）

宍戸常寿・曽我部真裕『憲法演習サブノート210問』弘文堂 （210問・頁）

長谷部恭男・石川健治・宍戸常寿『憲法判例百選Ⅱ（第7版）』有斐閣（百選Ⅰ［第7版］〔事件番号〕）

長谷部恭男・石川健治・宍戸常寿『憲法判例百選Ⅱ（第6版）』有斐閣（百選Ⅰ［第6版］〔事件番号〕）

『令和～年度　重要判例解説』有斐閣 （令～重判〔事件番号〕）

『平成～年度　重要判例解説』有斐閣 （平～重判〔事件番号〕）

第3編

統治機構

1 統治総論

1-1　統治の基本原理

　憲法とは、国家統治の基本法のことをいう（固有の意味の憲法）。そして、近代的意味の憲法（立憲的意味の憲法）とは、「人権保障」と「権力分立」という内実が伴う意味での憲法のことをいい、国家の権力を制限して人間が生まれながらに有する権利・自由を保障するという立憲主義の思想に基づく憲法とされる（1789年のフランス人権宣言16条参照）。　⇒『総論・人権』

　近代以降の憲法は、立憲主義を支える＜人権＞と＜統治＞という２つの要素により構成されており、日本国憲法も同様である。本書では、＜統治＞について詳しく学習していく。

　まず、統治の基本原理として一般的に掲げられるのは、「権力分立」「法の支配」「国民主権」の３つである。このうち、「法の支配」（専断的な国家権力の支配を排斥し、権力を法で拘束することによって、国民の権利・自由を擁護することを目的とする原理）と「国民主権」（国家権力の正当性を基礎づける根拠は国民にあるという正当性の契機と、国の政治のあり方を最終的に決定する権力を国民自身が行使するという権力的契機が不可分に結びついた原理）については、憲法Ⅰ＜総論・人権＞において詳しく説明したので、同書を参照されたい。

　以下では、「権力分立」について詳しく説明する。

1-2　権力分立

	学習の指針
一　はじめに 二　日本国憲法における権力分立制 三　権力分立制の現代的変容 四　政党	この節では、統治の基本原理の１つである「権力分立」について学習していきます。試験対策上で重要となるのが「政党」の部分ですので、まずはざっと「権力分立」の抽象的な説明に目を通した後、重点的に「政党」の部分を読み進めていきましょう。

一　はじめに

　権力分立とは、国家権力を立法・行政・司法の各権力に区別し、それらを分離させ、互いに独立した別個の機関に担当させて、各権力の相互の抑制と均衡を図ることにより個人の自由を守る制度をいう。

　上記のとおり、権力分立の目的は、国家権力の集中によって生じる権力の濫用を防止し、国民の権利・自由を確保することにある。そこで、まず国家権力の性質に応じて異なる国家作用に「区別」し、それを異なる国家機関に「分離」する必要がある。また、国民の権利・自由を守るためには、単に「分離」させるだけではなく、各権力が互いに「抑制・均衡」させることが必要となる。

B
ランク

◀渡辺ほかⅡ・107頁
　芦部・297頁

二　日本国憲法における権力分立制

　日本国憲法においては、まず「立法」（立法権）は一般的・抽象的な法規範の定立（⇒11頁）、「司法」（司法権）は一切の法律上の争訟（⇒95頁）に及ぶという形で、国家作用が区別される。そして、立法権を担う国会が政策を法律の形式で定め、行政権を担う内閣がそれを具体的に実施し、司法権を担う裁判所がその争いを裁定する、という一連のプロセスが展開される。

　このように、日本国憲法においては、「立法」が国会（41）に、「行政」が内閣（65）に、「司法」が裁判所（76）にそれぞれ分離されている。その上で、次のとおり、国家機関相互の間で抑制・均衡の関係が構築されている。

① 　国会は、内閣総理大臣を指名（67）し、内閣不信任決議権（69）を有する一方、内閣は最高裁判所の長官を指名（6 Ⅱ）し、その他の裁判官を任命（79・80）する
　　→ある国家機関の創設に他の国家機関が関与する仕組み
② 　国会は、予算議決権（86）をはじめとする財政に関する議決権（83）を有する
　　→国会によって内閣・裁判所の活動をコントロールする仕組み
③ 　裁判所は、行政事件を含む一切の法律上の争訟を裁判する権限を有し、違憲審査権を有する（76・81）
　　→国会・内閣に対抗する抑制・均衡の担い手として機能する仕組み

　以上の国家機関相互間の抑制・均衡の仕組みは、究極的には権力の濫用から国民の権利・自由を守るという自由主義の原理に基づくものと解されている。

　もっとも、以上に述べた日本国憲法の権力分立は、これから説明するように、現代的な変容を遂げている。

三　権力分立制の現代的変容

1　行政国家現象

　近代的な憲法の中核をなすのは、「国家からの自由」たる自由権である。もっとも、現代的な憲法では、自由権の保障のみならず、国家権力の積極的な介入によって形式的な自由権の保障による不平等を是正し、実質的な人権保障を徹底する必要がある。そこで、憲法は生存権（25）をはじめとする様々な社会権を保障しており、積極国家・社会国家の要請に伴い、法の執行機関である行政府の役割が飛躍的に増大している。その結果、行政府が国の基本政策の形成決定に事実上中心的役割を営むようになっており、このような現象・状況を「行政国家現象」という。

　行政国家現象の下では、当初の権力分立の原理における「行政」と比べると、「行政」の作用が肥大化しているといえる。そこで、国民の権利・自由の確保という権力分立制の根本的な思想を維持し、国家権力の強大化を防止するために、立法府（国会）が行政府（内閣）をどこまでコントロールできるかが重要とされている。

2　政党国家現象

　今日では、社会の高度化によって様々な利害の対立が激化し、価値観も多様化している。そのため、国民と議会を媒介する組織として政党（政治上の意見を同じくする人々が、その意見を実現するために組織する任意の団体）が発達し、政党が国家意思の形成に事実上主導的な役割を演じている。このような現象・状況を「政党国家現象」という。

　内閣（政府）の存立を議会の信任の下に置き、内閣が議会に対して連帯して政治的責任を負う制度を議院内閣制といい、伝統的には「議会」と「政府」が対抗関係に立つとされるのが一般的である。もっとも、政党国家現象によって、

◀渡辺ほかⅡ・110頁以下

◀渡辺ほかⅡ・112頁
　芦部・299頁

　議会の多数を占める政党が政府を形成する議院内閣制の下では、伝統的な「議会」と「政府」の対抗関係は機能不全に陥りがちになり、政治部門における権力分立は、むしろ「政府・与党」と「野党」の対抗関係へと機能的に変化しているとされる。

　現代の民主主義は、政党の存在を抜きにして語ることはできないといわれる。そこで、後に「政党」について詳しく説明する。

3　司法国家現象

　明治憲法下での司法権は、民事・刑事の裁判に限定されていたのに対し、日本国憲法下での司法権は、これに行政事件も加わったほか、違憲審査権（81）の行使も認められたことにより、裁判所の地位が引き上げられている。その結果、司法権が国会・内閣に対抗する抑制・均衡の担い手として機能するという「司法国家現象」が進展しているものとされる。

四　政党

1　意義・機能

◀渡辺ほかⅡ・212頁以下
　芦部・300頁

　政党とは、政治上の意見を同じくする人々が、その意見を実現するために組織する任意の団体をいう。判例（共産党袴田事件・最判昭63.12.20／百選Ⅱ［第7版］〔183〕）は、政党とは「政治上の信条、意見等を共通にする者が任意に結成する政治結社」であるとしている。

　政党には、選挙と国会の活動を実際に担うとともに、国民の意見や利益を汲み上げて国政に反映させ、逆に国民を統合するという機能があるとされている。政党には、このような国家機関に類似した「公的」な性格がある一方、政党は結社の自由（21Ⅰ）に基づく「私的」な性格を有する団体という2つの性格がある。

　判例は、政党について、以下のとおり判示している。

> **判例**　**八幡製鉄事件（最大判昭45.6.24／百選Ⅰ［第7版］〔8〕）**
> 判旨：　「憲法は政党について規定するところがなく、これに特別の地位を与えてはいないのであるが、憲法の定める議会制民主主義は政党を無視しては到底その円滑な運用を期待することはできないのであるから、憲法は、政党の存在を当然に予定しているものというべきであり、政党は議会制民主主義を支える不可欠の要素なのである。そして同時に、政党は国民の政治意思を形成する最も有力な媒体である」。

> **判例**　共産党袴田事件（最判昭63.12.20／百選Ⅱ〔第7版〕〔183〕）
> 判旨：「政党は、政治上の信条、意見等を共通にする者が任意に結成する
> 政治結社であって、内部的には、通常、自律的規範を有し、その成
> 員である党員に対して政治的忠誠を要求したり、一定の統制を施す
> などの自治権能を有するものであり、国民がその政治的意思を国政
> に反映させ実現させるための最も有効な媒体であって、議会制民主
> 主義を支える上においてきわめて重要な存在であるということがで
> きる。したがって、……政党に対しては、高度の自主性と自律性を
> 与えて自主的に組織運営をなしうる自由を保障しなければならな
> い。」

2　地位

　日本国憲法は、政党について格別の規定を設けていないところ、政党に対する国家の態度としては、①敵視、②無視、③承認・法制化、④憲法的編入の4段階が存在し、日本国憲法は③承認・法制化の段階にあると説明されるのが一般的である。

　∵　日本国憲法は、ドイツのボン基本法のように政党条項を設けていない一方、結社の自由（21Ⅰ）を認めているため

　政党に関する法律としては、公職選挙法、政治資金規正法（政党の金権腐敗を防止して政治活動の公明と公正を確保し、もって民主政治の健全な発達に寄与することを目的とする法律）、政党助成法（政党への不透明な資金の流れを断絶し、もって民主政治の健全な発展に寄与することを目的とする法律）が存在し、それぞれ政党の存在が法律上正面から肯定されている。これらの規制は、政党の「公的」な性格を重視するものである。

　→なお、「政党法」の制定による党内民主主義の確立がかねてから提唱されていたが、政党の在り方によって議会制民主政治の在り方が左右されることから、いまだ制定には至っていない

　このように、政党に関する法制化が進む一方、政党は結社の自由（21Ⅰ）に基づく「私的」な性格を有する団体であるので、たとえば、政党に対する公的助成を行う場合には、法律により、政党の役員・党員等の名簿、活動計画書を提出させた上で政党の設立を許可する制度を設けることは、違憲となる。

3　戦う民主主義

　政党は、結社の自由（21Ⅰ）に基づいて任意に結成する政治結社であるが、自らの意思を国政に反映させて国家を指揮することを目指す存在である点において、憲法秩序と緊張関係に立つことがありうる。

　政党を憲法的に編入しているドイツでは、その憲法（ドイツ連邦共和国基本法）が「自由で民主的な基本秩序」の侵害・除去、又は「ドイツ連邦共和国の存立を危うくすることを目指すもの」は「違憲である」と規定している。このようないわゆる「戦う民主主義」の名のもとに、法によって党内民主主義を規制したり、反民主主義政党を排除したりすることになる。

　一方、この種の規定を欠く日本国憲法は、たとえ憲法に敵対する思想・表現や政党であっても、自由の保障が及ぶものと解されている。

　∵①　民主主義の概念は多義的であり、「自由で民主的な基本秩序」の内容も曖昧であるため、政党の自由かつ健全な発展が阻害されるおそれがある

　②　政党の目的それ自体を理由に解散などの規制措置を講ずることは、思想・良心の自由（19）と相容れない

1-3 代表民主制

代表民主制とは、有権者が議員を選出し、議員が立法を行う政治制度をいう。日本国憲法は、「権力は国民の代表者がこれを行使し」（前文）と規定し、また「両議院は、全国民を代表する選挙された議員でこれを組織する」（43 I）と規定していることから、代表民主制を基本的に採用しているとされる。

代表民主制を採用すべき実質的な論拠としては、次のものが一般的に挙げられている。

① 規模が大きい国家において直接民主制を採用することは技術的に不可能である

② 有権者の多くは立法を行う能力をもたないが、誰が国政を担当させるにふさわしいかを判断する能力はもっている

③ 有権者の多くは法案を審議する時間的な余裕や政治的な知識・意欲がないので、法案を審議して国政を担う専業的な機関として議会を設けるのが合理的である

一方、直接民主制とは、有権者が直接に政治的意思を表明する政治制度をいう。日本国憲法は、例外的に、憲法改正の国民投票（96 I）と地方特別法の住民投票（95）の2つを直接民主制的な制度として規定している。

→なお、最高裁判所裁判官の国民審査制（79 II〜IV）は、国政の内容について国民が政治的意思を表明するという性格をもたないので、直接民主制的な制度と位置づけるのは適切ではないと解される

B ランク

◀渡辺ほかII・187頁

短答式試験
の過去問を解いてみよう

1　20世紀の積極国家・社会国家の要請に伴って行政活動の役割が飛躍的に増大し、行政府が国の基本政策の形成決定に事実上中心的役割を営むようになっている。そのような状況のもとでは、立法府が行政府をどこまでコントロールできるかが問題となる。[司H22-12]

○　本肢は、行政国家現象の説明である。本肢のような状況のもとでは、立法府が行政府をどこまでコントロールできるかが重要とされている。
⇒1-2　三（p.3）

2　政党国家とは、政党が国の政治的意思形成過程に重要な役割を果たすようになった現象をいうが、そのような現象は、政党が広く国民と議会を媒介する組織として発達した段階に生じた。[司H25-15＝予H25-8]

○　本肢は、政党国家現象の説明である。政党は、広く国民と議会を媒介する組織として発達したとされる。
⇒1-2　三（p.3）

3　議会の多数党が政府を形成する議院内閣制の下では、とりわけ、伝統的な議会と政府の対抗関係は機能不全に陥りがちである。政治部門における権力分立は、むしろ、政府・与党と野党の対抗関係へと機能的に変化する。[司H22-12]

○　議院内閣制の下、政党国家現象が見られる今日においては、伝統的な「議会」と「政府」の対立関係は、むしろ政府・与党と野党の対立へと変質している。
⇒1-2　三（p.4）

4　憲法には政党について直接規定されていないが、政党は、憲法の定める議会制民主主義を支える上で極めて重要な存在であることから、憲法は、政党の存在を当然に予定しているとするのが判例の立場である。[司H29-14]

○　八幡製鉄事件（最大判昭45.6.24／百選Ⅰ[第7版]〔8〕)、共産党袴田事件判決（最判昭63.12.20／百選Ⅱ[第7版]〔183〕)参照
⇒1-2　四（p.4）

5　政党は、政治上の信条、意見等を共通にする者が任意に結成するものであって、党員に対して政治的忠誠を要求し、一定の統制を施すなどの自治権能を有する。[予H28-8]

○　共産党袴田事件判決（最判昭63.12.20／百選Ⅱ[第7版]〔183〕)参照
⇒1-2　四（p.5）

6　日本国憲法において、政党について直接規定する条文はない。憲法第21条第1項の言論の自由の中で、政党を新たに設立する自由、政党に加入する自由、そして政党を脱退する自由が保障されている。[司H19-12]

×　日本国憲法において、政党について直接規定する条文はないが、政党は結社の自由（21Ⅰ）に基づく「私的」な性格を有する団体と位置づけられており、「言論の自由」の中で本肢の各自由が保障されているわけではない。
⇒1-2　四（p.5）

7　政治過程の腐敗・わい曲を防止し、民主政治の健全な発展を図るため、政党の活動資金の適切性・透明性が確保されるよう法律で規律しても、憲法に抵触することにはならない。[司H25−15＝予H25−8]

○　本肢の法律とは、政治資金規正法や政党助成法を意味し、このような規制は、政党の公的な性格を重視するものであって、憲法に抵触しない。
⇒1−2　四（p.5）

8　法律上は、政党法を始めとして、政治資金規正法、政党助成法、政党交付金の交付を受ける政党等に対する法人格の付与に関する法律、公職選挙法などの法律で、それぞれの法律の目的に応じて政党に関する規定が置かれている。[司H19−12]

×　日本に「政党法」という法律は存在しないが、政治資金規正法、政党助成法、公職選挙法などの法律で、政党に関する規定が置かれている。
⇒1−2　四（p.5）

9　政党に対する公的助成を行う場合には、法律により、政党の役員・党員等の名簿、活動計画書を提出させた上で政党の設立を許可する制度を設けても、違憲とはならない。[司H25−15＝予H25−8]

×　政党は、結社の自由（21Ⅰ）に基づく「私的」な性格を有する任意的な政治結社であるので、本肢のような制度を設けることは、結社の自由を侵害し違憲となる。
⇒1−2　四（p.5）

10　政党を憲法で直接規定することには、問題もある。なぜなら、それによって、政党の公的機関性が強まり、「戦う民主主義」の名の下に、法律によって党内民主主義を規制したり、反民主主義政党を排除したりするおそれも出てくるからである。[司H19−12]

○　政党を憲法的に編入しているドイツでは、「戦う民主主義」を採用している。一方、日本では、この種の規定を置いていない。「戦う民主主義」の名のもとに、法によって党内民主主義を規制したり、反民主主義政党を排除したりするおそれがあるからである。
⇒1−2　四（p.5）

11　憲法は基本的に国家権力を拘束する規範であるが、国民の中で憲法に敵対的な民意が形成されると、国家権力に憲法を遵守させることが困難になる。それゆえ、憲法の基本的価値に反する表現活動等の自由は認めるべきではないとの考え方が成り立ち、日本国憲法もこのような立場を採用している。[司H21−12]

×　日本国憲法は、いわゆる「戦う民主主義」の立場を採用していないと解されている。
⇒1−2　四（p.5）

2 国会

●2-1 国会の地位 ●2-2 国会の構成・運営 ●2-3 国会・議院の権能
●2-4 国会議員の地位

2-1 国会の地位

一 はじめに	**学習の指針**
二 国民の代表機関	本章から、＜統治＞の中で最も短答式試験で問われる事項が多い「国会」について学習していきます。覚えるべき知識が多く、論点も数多く存在しますので、まずは全体を把握するために
三 国権の最高機関	
四 唯一の立法機関	

スピード感を意識して一度ざっと目を通した後、次にじっくりと読み進めることによって効率的な学習が可能となるでしょう。

一 はじめに

　既に説明したとおり、日本国憲法は代表民主制を基本的に採用しているとされる。そして、代表民主制において、国民の意思は議会に代表され、議会が公開討論を通じて国政の基本方針を決定する。このような意味で、国会は憲法上も実際の政治においても、極めて重要な地位を占めていると考えられている。

　このような国会には、①国民の代表機関、②国権の最高機関、③唯一の立法機関という３つの地位を有する。以下、順次説明する。

◀渡辺ほかⅡ・239頁
　芦部・302頁

二 国民の代表機関

1 全国民の代表の意味

　43条１項は、「両議院は、全国民を代表する選挙された議員でこれを組織する」と規定している。

　この規定によれば、国会議員は「全国民を代表する」者であり、その国会議員からなる国会は、民意を反映すべき機関であると同時に、国民の代表機関であることも意味する。では、43条１項の「全国民を代表する」とはどのような意味か。

　まず、学説上で一致しているのは、代表機関の行為が法的に代表される者（国民）の行為とみなされるという趣旨の法的な意味ではないという点である。そして、国民は代表機関を通じて行動し、代表機関の行為は民意を反映するものとみなされるという政治的な意味（政治的代表・純粋代表）と、議員は実在する民意を反映すべき「事実上」の要請が認められるという社会学的な意味（社会学的代表・半代表）を含むものと解されている。

　　→各選挙区において選出された議員は、選挙区民から法的に責任を問われることはなく、「全国民の代表」として、選挙区民（選挙母体）の訓令に拘束されることなく自由に発言・表決することができる（自由委任の原則、命令委任の禁止）

　判例（最大判昭58.4.27）も、国会議員は「その選出方法がどのようなものであるかにかかわらず特定の階級、党派、地域住民など一部の国民を代表するものではな」いとしている。

◀渡辺ほかⅡ・240頁
　芦部・302頁以下

2 自由委任と党議拘束

では、議員が選挙区民（選挙母体）には拘束されないとしても、所属政党の党議に拘束されることは自由委任の原則に反しないか。

この点については、政党は「政党は議会制民主主義を支える不可欠の要素」であると同時に「国民の政治意思を形成する最も有力な媒体」（八幡製鉄事件・最大判昭45.6.24／百選Ⅰ［第7版］〔8〕）であり、現代の政党国家においては、議員は所属政党の決定に従って行動することによって、国民の代表者としての実質を発揮することができる以上、所属政党による党議拘束の慣行は、議員が「全国民の代表」であること（自由委任の原則）と矛盾抵触せず、自由委任の枠外の問題であると解されている。

3 比例代表選出議員の党籍変更と議員資格の喪失

比例選挙（政党を基礎にその得票数に比例して議席配分を行う選挙）において選出された衆議院・参議院の国会議員も「全国民の代表」にほかならないが、国会法は、比例代表選出議員が、選出された選挙における所属政党を変更して他の政党に所属する者になったとき（党籍を変更した場合）は、退職者となる（議員の資格を失う）旨規定している（国会109の2ⅠⅡ参照）。

このような規定は、自由委任の原則との関係で問題があると指摘されている。比例代表選出議員であっても「全国民の代表」であるとの理解を強調すれば、上記の国会法109条の2の規定や、党の方針に従わない議員が当該政党を除名された場合に議員資格を失わせる制度を設けることは、自由委任の原則に抵触し、43条1項に違反すると解する余地がある。

一方、比例選挙は政党中心の選挙であるとの理解を強調すれば、上記の国会法109条の2の規定や、党の方針に従わない議員が当該政党を除名された場合に議員資格を失わせる制度を設けることは、43条1項に違反しないと考えられる。

上記の2つの理解をともに重視すると、たとえば、議員の自発的な党籍変更に限り議員資格を失うという制度を設けても43条1項には反しないと考えられるが、議員の党籍変更一般を直ちに議員資格の喪失に結びつける制度を設けることは、自由委任の原則に抵触し、43条1項に違反する疑いが生じる。

なお、いずれの考え方に立っても、比例代表選出議員ではなく小選挙区選出議員について、党の方針に従わない議員が当該政党を除名された場合に議員資格を失わせる制度を設けることは、43条1項に違反する。

∵ 小選挙区制は、1つの選挙区から1人の議員を選出する制度であり、政党中心の選挙である比例選挙と異なる

三 国権の最高機関

◀渡辺ほかⅡ・241頁以下
芦部・305頁

41条は、「国会は、国権の最高機関であつて、国の唯一の立法機関である」と規定している。この「国権の最高機関」とはどのような意味を有するか。

まず、「国権の最高機関」という条文の文言に法的な意味を認める見解がある。すなわち、国会は国政全般を統括する機関であり、法的な意味において「最高機関」であって、内閣・裁判所といった国家機関は国会の下位に位置すると解する見解（統括機関説）である。

しかし、国会は主権者でも統治権の総攬者でもなく、内閣に衆議院の解散権があることや裁判所に違憲審査権があることも考えると、国会に国政全般を統括する権能を認めることは権力分立に反して許されない。

そこで、「国権の最高機関」という条文の文言に法的な意味はないと一般に解されている。すなわち、「国権の最高機関」とは、国会が主権者たる国民によって直接選任される議員で構成される国民の代表機関であり、立法権をはじめ

重要な権能が憲法上与えられ、国政の中心的地位を占める機関であることを強調する政治的美称にすぎないと解する見解（政治的美称説）が通説とされている。

　なお、どの国家機関に帰属するのか不明確な権能については、「国権の最高機関」たる国会に属するものと推定することができるかという問題がある。前述の統括機関説によれば、「国権の最高機関」に法的な意味を認める以上、特に問題なく国会に属するものと推定することが可能である。

　一方、「国権の最高機関」に法的な意味はないと考える政治的美称説に立っても、国会に属するものと推定することは可能と解されている。

∵　国民主権の下では、帰属不明確の権能は本来的に主権者たる国民に帰属するものと解すべきであるところ、国会は国民の代表機関であり、国政の中心に位置する重要な国家機関であって最も国民に近い機関といえ、このことは政治的美称説に立っても同じである

四　唯一の立法機関

1　「立法」の意味

◀渡辺ほかⅡ・242頁以下
　芦部・305頁以下

　「立法」には、①内容のいかんを問わず、国会の議決により成立する一形式としての「法律」を定立するという意味（形式的意味の立法）と、②「法規」という特定の内容の法規範を定立するという意味（実質的意味の立法）とがあるが、41条にいう「立法」は、②実質的意味の立法と解される。

　では、実質的意味の立法とは何か、その意義が問題となる。

　かつては、実質的意味の立法とは「国民の権利を直接に制限し、義務を課す法規範」を意味するとの見解も主張されていたが、それでは実質的意味の立法の範囲が狭きに失する。

　そこで、現在の通説は、実質的意味の立法とは「一般的・抽象的な法規範」を意味すると解している。「一般的」とは、特定の人ではなくすべての人（不特定・多数の人）を対象とすることを意味し、「抽象的」とは、特定の事案ではなくすべての事案（不特定・多数の事案）に適用されることを意味する。

2　「唯一」の意味

　国会が国の「唯一」の立法機関であるとは、「国会中心立法の原則」と、「国会単独立法の原則」を意味する。

(1)　国会中心立法の原則

(a)　意義

　国会中心立法の原則とは、実質的意味の立法は、憲法の特別の定めがある場合（議院規則（58Ⅱ）・最高裁判所規則（77Ⅰ））を除いて、専ら国会が法律という形式で定めなければならないという原則である。

　明治憲法下では、法律と同じ効力を有し、しかも議会の関与なしに行政権によって制定される立法（緊急勅令・独立命令）が広く認められていた（明憲8、9）。しかし、日本国憲法下では国会中心立法の原則が妥当する以上、これらの立法（緊急勅令・独立命令）はそもそも存立の余地がないとされる。

　また、内閣の発する政令は、それが実質的意味の立法である限り、「憲法及び法律の規定を実施するため」（73⑥本文）の命令（執行命令）、又は「法律の委任」（同但書）を受けた命令（委任命令）のいずれかしか認められない。

(b)　委任立法

ア　委任立法の意義・許容性

　委任立法とは、法律がその所管事項を内閣その他の機関に委任することをいい、特に内閣に委任して制定される命令を委任命令という。

　社会福祉国家においては、国家の任務が増大するため、①専門的・技術的事項に関する事項や、②事情の変化に即応して迅速かつ柔軟に対処することが求められる事項、③政治の場からある程度距離を置いて定めるべき客観的公正が特に要請される事項などについては、国会以外の機関である行政その他の機関に委任することが必要となる。

　また、政令への罰則の「委任」に関する73条6号但書は、委任命令の存在を前提とする規定と解される（ただし、委任命令を一般的に認めたものではなく、委任命令そのものを直接明示した規定ではないことに注意が必要である）。

　これらの理由から、委任立法は条理上許容されると解されている。

　　→独立行政委員会が規則制定という（準）立法的作用を行うことも、上記の理由から、国会中心立法の原則（41）に反するものではない

イ　委任立法の限界

論点

　もっとも、委任立法を無限定に認めれば国会中心立法の原則が骨抜きになりかねない。そこで、委任立法の限界が問題となるところ、この問題は①委任する法律の側の問題と、②委任される命令の側の問題に分けられる。

　①　委任する法律の側の問題

< 論文・司法H20

　　委任する法律の側においては、立法権を事実上放棄するような一般的・包括的な白紙委任をしてはならない（最大判昭37.5.30／百選Ⅱ［第7版］〔208〕参照）。学説上では、当該法律の本質をなす部分や重要事項に関しては、国会が定めておくことが要請されると考えられている。

　　判例（猿払事件・最大判昭49.11.6／百選Ⅰ［第7版］〔12〕）は、国家公務員法102条1項が「人事院規則で定める政治的行為をしてはならない」と一般的に委任しており、この規定の合憲性が問題となった事案において、同法102条1項は「公務員の政治的中立性を損うおそれのある行動類型に属する政治的行為を具体的に定めることを委任するもの」であり、「憲法の許容する委任の限度を超えることになるものではない」として合憲と判断したが、学説上では、政治的中立性を保障された人事院に委任するという特殊性を考慮しても、やはり白紙委任にほかならないと解する見解が有力である。

　②　委任される命令の側の問題

　　委任される命令の側においては、命令が委任の範囲を逸脱していないかどうかが問題となる。

判例　**旧監獄法施行規則120条の違法性（最判平3.7.9）**

事案：　旧監獄法［注：刑事施設及び受刑者の処遇に関する法律］施行規則120条は、「原則として被勾留者と幼年者との接見を許さないこととする」と規定しているため、在監者Ｘは、義理の姪（当時10歳）との面会の許可申請を不許可処分とされた。そこで、Ｘは同規則120条の違憲性を主張した。

判旨：　同規則120条は「たとえ……幼年者の心情を害することがないようにという配慮の下に設けられたものであるとしても、それ自体、法律によらないで、被勾留者の接見の自由を著しく制限するものであって、［旧監獄法］法50条の委任の範囲を……超えた無効のもの」である。

判例　児童扶養手当事件（最判平14.1.31／百選Ⅱ[第7版]〔206〕）

事案：　Xは、婚姻によらないで懐胎した児童を出産・監護し、児童扶養手当の支給を受けてきたが、当該児童が父親から認知されたことを理由に、Y県知事から、児童扶養手当法4条1項5号の委任に基づいて制定された同法施行令1条の2第3号のかっこ書「（父から認知された児童を除く）」により、児童扶養手当受給資格喪失処分を受けた。本件では、同法施行令が児童扶養手当法4条1項5号の委任の範囲を逸脱するものかどうかが争点となった。

判旨：　法4条1項5号による「委任の範囲については、その文言はもとより、法の趣旨や目的、さらには、同項が一定の類型の児童を支給対象児童として掲げた趣旨や支給対象児童とされた者との均衡等をも考慮して解釈すべきである」。

　　　法4条の趣旨は「世帯の生計維持者としての父による現実の扶養を期待することができないと考えられる児童」を児童扶養手当の支給対象にしようということであり、「認知によって当然に母との婚姻関係が形成されるなどして世帯の生計維持者としての父が存在する状態になるわけでもない。また、父から認知されれば通常父による現実の扶養を期待することができるともいえない」から、同法施行令の括弧書きは「法の趣旨、目的に照らし両者の間の均衡を欠き、法の委任の趣旨に反するものといわざるを得ない」とした。

判例　薬事法施行規則（最判平25.1.11／百選Ⅱ[第7版]〔A19〕）

事案：　新薬事法の施行に伴って制定された新薬事法施行規則（以下「新施行規則」という）では、店舗以外の場所にいる者に対するインターネット販売は第3類医薬品に限って行うことができ、第1類・第2類医薬品の販売等及び情報提供はいずれも店舗において専門家との対面により行わなければならない旨の規定が設けられた。そこで、インターネット販売事業者であるXは、Y（国）に対し、新施行規則の上記規定が新薬事法の委任の範囲を逸脱する規制を定める違法なものであって、無効である等と主張した。

判旨：　「旧薬事法の下では違法とされていなかった郵便等販売に対する新たな規制は、郵便等販売をその事業の柱としてきた者の職業活動の自由を相当程度制約するものであることが明らかである」。「新施行規則の規定が、これを定める根拠となる新薬事法の趣旨に適合するもの……であり、その委任の範囲を逸脱したものではないというためには、……郵便等販売を規制する内容の省令の制定を委任する授権の趣旨が、上記規制の範囲や程度等に応じて明確に読み取れることを要する」。

　　　新薬事法の諸規定には郵便等販売を規制すべきとの趣旨を明確に示す規定がないこと、国会が新薬事法を可決するに際して、第1類医薬品及び第2類医薬品に係る郵便等販売を一律に禁止すべきであるとの意思を有していたとはいい難いことから、「新薬事法の授権の趣旨が、第1類医薬品及び第2類医薬品に係る郵便等販売を一律に禁止する旨の省令の制定までをも委任するものとして、上記規制の範囲や程度等に応じて明確であると解するのは困難である」。

　　　したがって、上記新施行規則は、新薬事法の委任の範囲を逸脱し
　　違法・無効である。

(2)　国会単独立法の原則

(a)　意義

　　　国会単独立法の原則とは、国会による立法は、国会以外の機関の参与を
　　必要としないで成立するという原則である。59条1項は、「法律案は、こ
　　の憲法に特別の定のある場合を除いては、両議院で可決したとき法律とな
　　る」と規定している。

　　　→「憲法に特別の定のある場合」としては、地方特別法の住民投票（95）
　　　　があり、国会単独立法の原則の例外に当たる（「一の地方公共団体の
　　　　みに適用される特別法」（地方特別法）を制定するには、その地方公
　　　　共団体の住民の投票においてその過半数の同意を得なければならない
　　　　（95））　⇒191頁

　　　明治憲法下では、法律を制定するには議会の議決のみならず、天皇の
　　「裁可」（明憲6）が必要とされていたが、国会単独立法の原則が妥当する
　　日本国憲法下では、天皇の「裁可」は廃止されている。

　　　なお、法律は天皇によって「公布」（7①）されなければならないが、こ
　　れは法律の内容を国民に周知するために求められる施行要件（効力要件）
　　にすぎず、成立要件ではない（同様のことは「条約」にも妥当する）。

　　　また、法律に対する主任の国務大臣の署名と内閣総理大臣の連署（74）
　　も、執行責任の明示のために求められるにすぎず、それ自体は成立要件で
　　はない。

　　　→これらの規定は、国会単独立法の原則の例外には当たらない

(b)　内閣の法律案提出権

　　　法律は、「提案→審議→議決」というプロセスを経て成立する。ここにい
　　う「提案」（法律案の提出）は、議員による場合（この場合を俗に「議員
　　立法」という）と内閣による場合があり、重要法案はほぼすべて内閣提出
　　法案が占めるとされる。

　　　内閣法5条（「内閣総理大臣は、内閣を代表して内閣提出の法律案、予
　　算その他の議案を国会に提出」する）は、内閣に法律案提出権を認めてい
　　るが、これは国会単独立法の原則に反しないかが問題となる。通説は、以
　　下の理由により、内閣の法律案提出権を規定する内閣法5条は合憲である
　　と解している。

　　　∵①　立法の本質は審議・議決のプロセスにあり、国会は内閣提出法案
　　　　　を自由に修正・否決できる以上、国会の判断に制約を課していると
　　　　　はいえない

　　　　②　議院内閣制の下では国会と内閣の協働が要請される

　　　　③　「議案」（72条前段）に法律案も含まれると解される

2-2　国会の構成・運営

┌───┐
│ 一　二院制　　　　　　　　　**学習の指針** │
│ 二　選挙制度 │
│ 三　国会の運営 │
└───┘

学習の指針

　この節で学ぶ事項についても、短答式試験で頻繁に出題されます。特に「衆議院の優越」（一）、「議員定数不均衡」（二）、「会期」・「緊急集会」（三）などに関する事項が多く問われる傾向にあります。覚える事項も多くなりますので、直前期に入ったら必ず復習するようにしましょう。

一　二院制

◀渡辺ほかⅡ・247頁以下
芦部・310頁

1　二院制の意義・趣旨

(1)　意義

　国会の構成について、42条は「国会は、衆議院及び参議院の両議院でこれを構成する」と規定して、二院制を採用している。二院制とは、議会を2つの議院によって構成する仕組みのことであり、一院制と対比される。

　憲法は、衆議院の解散時に参議院の緊急集会（54Ⅱ但書、同Ⅲ）を開催できる旨規定しており、これは二院制の存在意義の1つと解されている。また、両議院議員の兼職を禁止（48）するとともに、衆議院議員の任期を解散ありの4年（45）とする一方、参議院議員の任期を解散なしの6年とし、かつ3年ごとの半数改選制（46）を定めるなどして、両議院の性格を異なるものにしようと工夫している。

(2)　趣旨

　民主的な議会において民意を反映させるには、本来的には一院制で足りるはずである。にもかかわらず、二院制が採られる趣旨としては、①議会の専制の防止、②下院と政府との衝突の緩和、③下院の軽率な行為・過誤の回避、④民意の忠実な反映などが挙げられる。

　判例（最大判平24.10.17／百選Ⅱ［第7版］〔150〕）は、日本国憲法が二院制を採用した趣旨について、「議院内閣制の下で、限られた範囲について衆議院の優越を認め、機能的な国政の運営を図る一方、立法を始めとする多くの事柄について参議院にも衆議院とほぼ等しい権限を与え、参議院議員の任期をより長期とすることによって、多角的かつ長期的な視点からの民意を反映し、衆議院との権限の抑制、均衡を図り、国政の運営の安定性、継続性を確保しようとしたものと解される」と判示している。

2　二院間の関係について

(1)　組織上の関係

(a)　共通点

　衆議院・参議院ともに、「全国民を代表する選挙された議員」で組織される（43Ⅰ）。なお、成年者による普通選挙により議員を選出する（15Ⅲ、44本文）。

(b)　相違点

　衆議院議員の任期は、「4年」（ただし、衆議院解散の場合には、その期間満了前に終了する。45参照）である。

　一方、参議院議員の任期は、「6年」（解散なし。46参照）である。そして、3年ごとに議員の半数を改選する（半数改選制、46）。

　→参議院議員は衆議院議員よりも身分的に安定し、3年ごとの半数改選

制により議院としての活動の継続性が図られる

(2) 活動上の関係

(a) 独立活動の原則

両議院は、それぞれ独立して活動し、独立して意思決定を行うのが原則である。これを独立活動の原則といい、両議院は各々独立して別個に審議・議決を行う。

→二院制から導かれる当然の原則とされる

もっとも、両議院の議決が異なった場合に開催される両院協議会 (59Ⅲ、60Ⅱ、61、67Ⅱ) は、各議院において選挙された各々10人の委員によって組織されるものであり (国会89参照)、独立活動の原則の例外とされる。

(b) 同時活動の原則

両院は、同時に召集され、同時に閉会する。これを同時活動の原則という。

→二院制から導かれる当然の原則とされる

54条2項本文は、「衆議院が解散されたときは、参議院は、同時に閉会となる」と規定しており、これは同時活動の原則の表れである。

もっとも、参議院の緊急集会 (54Ⅱ但書、同Ⅲ) は、同時活動の原則の例外とされる。

(3) 権能上の関係 (衆議院の優越)

二院制の下、独立活動の原則が妥当するとしても、「法律案は……両議院で可決したとき法律となる」(59Ⅰ) と規定されているように、国会としての意思を表明するためには、両議院の意思を合致させる必要がある。しかし、両議院の多数派の意見が異なるため、両議院の意思が合致しない場合がありうる。

この場合において、両議院の意思が合致しない限りどちらの意見も通らないというルール (両議院が相互に拒否権を行使し合うという意味で「拒否権ルール」といわれる) を採用するのが、憲法改正の発議に関する96条1項の規定である。このルールには、決定に慎重を期すというメリットがある。

しかし、このルールを憲法改正の発議以外の場面でも常に用いるとすると、国政が停滞し、何も決まらない政治に陥るおそれがある。そこで、このようなデメリットを回避するために、日本国憲法は、多くの場面において衆議院の決定を優先させるというルールを採用している。これを「衆議院の優越」という。

では、なぜ「参議院」ではなく「衆議院」の決定を優先させているのか。この点については、参議院と比べて衆議院の方が議員の任期が短いこと、また衆議院には解散の制度があり、解散後に実施される衆議院議員総選挙により民意を問い直すことができることから、参議院よりも衆議院の方がより民意を直接的に反映できる会議体であるといえる、との理由が挙げられている。

【衆議院と参議院の機能上の差異】

	衆議院の優越（＊1）（＊2）	両議院対等（拒否権ルール）
議決の効力	① 法律案の議決（59Ⅱ） ② 予算の議決（60Ⅱ） ③ 条約締結の承認（61） ④ 内閣総理大臣の指名（67Ⅱ）	① 皇室の財産授受についての議決（8） ② 予備費の支出の承諾（87Ⅱ） ③ 決算の審査（90Ⅰ） ④ 憲法改正の発議（96Ⅰ前段）
権限	① 予算先議権（60Ⅰ） ② 内閣不信任決議権（69）	

＊1　「衆議院の優越」の法律上の事項としては、国会の臨時会・特別会の会期の決定、国会の会期の延長（国会13）などがある。

＊2　参議院の緊急集会の場合には、暫定的ながら参議院の意思だけで国会の意思が成立する（54Ⅱ但書、同Ⅲ）。

【議決に関する知識の整理】

	衆議院の先議権	議決に際し参議院に与えられた期間	参議院が議決しない場合の効果	再議決の要否	両院協議会
法律案	なし	60日 （59Ⅳ）	否決したものとみなすことができる（59Ⅳ）	必要 （59Ⅱ） （＊1）	任意的 （59Ⅲ）
予算	あり （60Ⅰ）	30日 （60Ⅱ）	衆議院の議決が国会の議決となる（60Ⅱ）	不要	必要的 （60Ⅱ）
条約	なし （＊2）	30日 （61・60Ⅱ）	衆議院の議決が国会の議決となる（61・60Ⅱ）	不要	必要的 （61・60Ⅱ）
内閣総理大臣の指名	なし	10日 （67Ⅱ）	衆議院の議決が国会の議決となる（67Ⅱ）	不要	必要的 （67Ⅱ）

＊1　法律案の再議決には、出席議員の3分の2以上の多数決が必要とされている（59Ⅱ）。

＊2　61条は、衆議院の優越に関する規定（60Ⅱ）のみを準用し、衆議院の予算先議権の規定（60Ⅰ）を準用していないため、条約承認の議案については、先に参議院に提出してもかまわない。

二　選挙制度

1　はじめに

43条1項は、両議院は全国民を代表する「選挙」された議員で組織すると規定している。選挙とは、有権者からなる選挙人団が公務員（代表）を選定する行為である。国政レベルにおいては、「国会」という国家機関を構成する上で不可欠の前提となる行為である。

→憲法上では国会議員の選挙について広く「総選挙」（7④）と呼んでいるが、公職選挙法上では衆議院の場合のみ「総選挙」といい、参議院の任期満了に伴う選挙（半数改選）のことを「通常選挙」と呼んでいる

代表民主制においては、国民は代表機関を通じて行動し、代表機関である議会の行動は民意を反映するものとみなされる。そして、民主主義の原理に照らすと、議会及びその構成員である議員の地位は、国民の意思によって直接に正当化されていなければならない。そのため、代表民主制と国民による選挙は密接不可分の関係にある。

2　選挙の原則

選挙の原則としては、①普通選挙、②平等選挙、③自由選挙、④秘密選挙、⑤直接選挙の5つが挙げられる。以下、順次説明する。

(1)　普通選挙

普通選挙とは、狭義では財力（財産又は納税額）を選挙権の要件としない

◀渡辺ほかⅡ・195頁以下
　芦部・272頁以下、312頁

制度（この反対概念として制限選挙がある）のことをいい、広義では財力の
ほかに教育・性別などを選挙権の要件としない制度（15Ⅲ、44但書）のこと
をいう。

　　選挙権は、「日本国民で年齢満18年以上の者」に与えられる（公選9Ⅰ）。

　　この普通選挙の保障は、選挙における投票の機会の保障まで含む（最大判
平17.9.14／百選Ⅱ［第7版］〔147〕）。

判例　**在外邦人選挙権制限違憲判決（最大判平17.9.14／百選Ⅱ[第7版]（147））**

事案：　　平成8年の衆議院議員選挙で選挙権を行使できなかった在外国民
　　　　　Ｘらは、①改正前公職選挙法違憲確認の訴え、②Ｘらが選挙権を行
　　　　　使する権利を有することの確認の訴え（当事者訴訟）、③改正後公職
　　　　　選挙法違憲確認の訴え、④平成8年の衆議院議員選挙で選挙権を行
　　　　　使できなかったことに対する国家賠償請求を求めた。

判旨：　　①は過去の法律関係の確認であるとして却下し、②④を認容した。
　　　　　そして、③は②の方が適切な訴えであり、訴えの利益を欠くとして
　　　　　却下するとともに、②について以下のように判示した（④について
　　　　　は後述する。　⇒140頁参照）。

　　　　　「憲法は、国民主権の原理に基づき、両議院の議員の選挙において
　　　　　投票をすることによって国の政治に参加することができる権利を国
　　　　　民に対して固有の権利として保障しており、その趣旨を確たるもの
　　　　　とするため、国民に対して投票をする機会を平等に保障しているも
　　　　　のと解するのが相当である」。「憲法の以上の趣旨にかんがみれば、
　　　　　……国民の選挙権又はその行使を制限することは原則として許され
　　　　　ず、国民の選挙権又はその行使を制限するためには、そのような制
　　　　　限をすることがやむを得ないと認められる事由がなければならな
　　　　　い」。そして、「そのような制限をすることなしには選挙の公正を確
　　　　　保しつつ選挙権の行使を認めることが事実上不能ないし著しく困難
　　　　　であると認められる場合でない限り、上記のやむを得ない事由があ
　　　　　るとはいえず」、また、「このことは、国が国民の選挙権の行使を可
　　　　　能にするための所要の措置を執らないという不作為によって国民が
　　　　　選挙権を行使することができない場合についても、同様である」。

　　　　　改正前の公職選挙法の憲法適合性について、国会が、10年以上在
　　　　　外選挙制度を何ら創設せず本件選挙において在外国民の投票を認め
　　　　　なかったことにつき、「やむを得ない事由があったとは到底いうこと
　　　　　ができ」ず、「本件改正前の公職選挙法が、本件選挙当時、在外国民
　　　　　であったＸらの投票を全く認めていなかったことは、憲法15条1項
　　　　　及び3項、43条1項並びに44条ただし書に違反するものであった」。

　　　また、改正後の公職選挙法において、「初めて在外選挙制度を設けるに当たり、まず問題の比較的少ない比例代表選出議員の選挙についてだけ在外国民の投票を認めることとしたことが、全く理由のないものであったとまでいうことはできない」が、通信手段の発展などによって、在外国民に候補者個人に関する情報を適正に伝達することが著しく困難であるとはいえなくなったこと、参議院比例代表選出議員の選挙の投票については、平成13年及び同16年に、在外国民についてもこの制度に基づく選挙権の行使がされていることから、「遅くとも、本判決言渡し後に初めて行われる衆議院議員の総選挙又は参議院議員の通常選挙の時点においては、衆議院小選挙区選出議員の選挙及び参議院選挙区選出議員の選挙について在外国民に投票をすることを認めないことについて、やむを得ない事由があるということはできず、公職選挙法附則8項の規定のうち、在外選挙制度の対象となる選挙を当分の間両議院の比例代表選出議員の選挙に限定する部分は、憲法15条1項及び3項、43条1項並びに44条ただし書に違反」し無効であるから、Xは次回の選挙区選出議員の選挙において投票することができる地位にある。

(2) 平等選挙
(a) 意義
　　平等選挙とは、選挙人の選挙権に平等の価値を認める原則をいう。
　　→これに対置されるのが、等級選挙(選挙人を特定の等級に分けて等級ごとに代表者を選出する制度)や複数選挙(特定の選挙人に2票以上の投票を認める制度)である

　　憲法は、選挙人の資格についての平等を保障している(14 I、15 I Ⅲ、44但書)。また、憲法上の明文はないものの、投票価値の平等についても憲法上保障されていると解されており、判例(最大判昭51.4.14／百選Ⅱ[第7版]〔148〕)は、「憲法14条1項に定める法の下の平等は、選挙権に関しては、国民はすべて政治的価値において平等であるべきであるとする徹底した平等化を志向するものであり、右15条1項等の各規定の文言上は単に選挙人資格における差別の禁止が定められているにすぎないけれども、単にそれだけにとどまらず、選挙権の内容、すなわち各選挙人の投票の価値の平等もまた、憲法の要求するところである」としている。

(b) 議員定数不均衡の合憲性

論点

　　上記のとおり、憲法は各選挙人の投票価値の平等をも保障しているものと解される。しかし、議員定数の配分と人口数(もしくは有権者数)との比率を、各選挙区で全く同一にすることは現実的に困難である。そこで、憲法上許容される較差はどの程度であるかが問題となる。
　　学説では、憲法上許容される最大較差は、原則として1：2までと解するのが通説とされる。
　　∵　一票の重みが特別の合理的な根拠もなく選挙区間で2倍以上の較差をもつと、実質上複数投票制を認めたことになり、投票価値の平等(一人一票の原則)の本質を破壊することになる
　　以下、衆議院の議員定数不均衡に関する判例と、参議院の議員定数不均衡に関する判例について説明した後、地方議会の場合について説明する。

ア　衆議院の議員定数不均衡に関する判例

判例　衆議院議員定数不均衡違憲判決（最大判昭51.4.14／百選Ⅱ〔第7版〕〔148〕）

1　投票価値の平等は考慮事項の1つにとどまるか〔各見出しはLEC注〕

　　投票価値の平等は、「明らかにこれに反するもの、その他憲法上正当な理由となりえないことが明らかな人種、信条、性別等による差別を除いては、原則として、国会が正当に考慮することのできる他の政策的目的ないしは理由との関連において調和的に実現されるべきものと解されなければならない。」

　　もっとも、「投票価値の平等」は、「単に国会の裁量権の行使の際における考慮事項の一つであるにとどまり、憲法上の要求としての意義と価値を有しないことを意味するものではない。投票価値の平等は、常にその絶対的な形における実現を必要とするものではないけれども、国会がその裁量によって決定した具体的な選挙制度において現実に投票価値に不平等の結果が生じている場合には、それは、国会が正当に考慮することのできる重要な政策的目的ないしは理由に基づく結果として合理的に是認することができるものでなければならない」。

2　議員定数配分の決定が憲法違反と判断される場合

　　衆議院議員選挙の議員定数配分の決定は、「極めて多種多様で、複雑微妙な政策的及び技術的考慮要素が含まれており、それらの諸要素のそれぞれをどの程度考慮し、これを具体的決定にどこまで反映させることができるかについては、もとより厳密に一定された客観的基準が存在するわけのものではないから、結局は、国会の具体的に決定したところがその裁量権の合理的な行使として是認されるかどうかによって決するほかはな」いが、「具体的に決定された選挙区割と議員定数の配分の下における選挙人の投票価値の不平等が、国会において通常考慮しうる諸般の要素をしんしゃくしてもなお、一般的に合理性を有するものとはとうてい考えられない程度に達しているときは、もはや国会の合理的裁量の限界を超えているものと推定されるべきものであり、このような不平等を正当化すべき特段の理由が示されない限り、憲法違反と判断するほかはない」。

　　本件衆議院議員選挙当時における「選挙人の投票価値の不平等は、……一般的に合理性を有するものとはとうてい考えられない程度に達しているばかりでなく、これを更に超えるに至っているものというほかはなく、……憲法の選挙権の平等の要求に反する程度になっていた」。

3　合理的期間論と違憲となる定数配分規定の範囲

　　しかし、「これによって直ちに当該議員定数配分規定を憲法違反とすべきものではなく、人口の変動の状態をも考慮して合理的期間内における是正が憲法上要求されていると考えられるのにそれが行われない場合に始めて憲法違反と断ぜられるべきものと解する」。

　　本件議員定数配分規定は、「憲法上要求される合理的期間内における是正がされなかったものと認めざるをえない」。そして、「選挙区割及び議員定数の配分は、議員総数と関連させながら」決定されるのであって、その決定内容は、「相互に有機的に関連し、一の部分における変動は他の部分にも波動的に影響を及ぼすべき性質を有するものと認められ、その意味において不可分の一体をなすと考えられるから、右配分規定は……全体として違憲の瑕疵を帯びる」。

4　本件選挙の効力（一般的な法の基本原則としての事情判決の法理）

　　行政事件訴訟法31条1項前段の事情判決の規定には、「行政処分の取消の場合に限られない一般的な法の基本原則に基づくものとして理解すべき要素も含まれている」。もっとも、「公選法の選挙の効力に関する訴訟についてはその準用を排除されているが（公選法219条）、……行政事件訴訟法の規定に含まれる法の基本原則の適用により、選挙を無効とすることによる不当な結果を回避する裁判をする余地もありうるものと解する」。

　　本件選挙は「憲法に違反する議員定数配分規定に基づいて行われたものである……が、そのことを理由としてこれを無効とする判決をしても、これによって直ちに違憲状態が是正されるわけではなく、かえって憲法の所期するところに必ずしも適合しない結果を生ずる……これらの事情等を考慮するときは、……前記の法理にしたがい、本件選挙は憲法に違反する議員定数配分規定に基づいて行われた点において違法である旨を判示するにとどめ、選挙自体はこれを無効としないこととするのが、相当であり、そしてまた、このような場合においては、選挙を無効とする旨の判決を求める請求を棄却するとともに、当該選挙が違法である旨を主文で宣言するのが、相当である」。

☞ One Point ▶ 違憲となる定数配分規定の範囲と選挙の効力

　　上記のとおり、判例（最大判昭51.4.14／百選Ⅱ［第7版］〔148〕）は、定数配分規定について、「単に憲法に違反する不平等を招来している部分のみでなく、全体として違憲の瑕疵を帯びる」とした上で、公職選挙法219条が事情判決の法理に関する行政事件訴訟法31条の準用を明示的に排除しているにもかかわらず、事情判決の法理には「一般的な法の基本原則」の要素もあるとして、選挙自体を無効とはしませんでした。

　　定数配分規定の違憲判断を選挙の効力と結び付けず、訴訟が提起された選挙区の選挙だけを無効とする手法も考えられますが、この手法に対しては、投票価値が不平等であるとされた選挙区からの代表者がいない状態で定数配分規定の是正が行われるという問題点が指摘されています。

判例　一人別枠方式の合理性（最大判平23.3.23／百選Ⅱ［第7版］〔153〕）

　　一人別枠方式（各都道府県にまず1議席を配分した上で、残りの議席（定数）を人口に比例して各都道府県に配分する方式）について、「人口の少ない県に居住する国民の意思をも十分に国政に反映させることができるようにすることを目的とする旨の説明がされている」が、そのような配慮は「全国的な視野から法律の制定等に当たって考慮されるべき事柄であ」り、選挙区間の「投票価値の不平等を生じさせるだけの合理性があるとはいい難い」。また、一人別枠方式の意義は、新しい選挙制度の導入に際し、「直ちに人口比例のみに基づいて各都道府県への定数の配分を行った場合には、人口の少ない県における定数が急激かつ大幅に削減されることになるため、国政における安定性、連続性の確保を図る必要」があった等の事情に対応する点にあったが、「新しい選挙制度が定着し、安定した運用がされるようになった段階においては、その合理性は失われる」。本件平成21年実施の衆議院議員総選挙の時点では、「合理性は失われていたものというべきである」。

> 　　しかし、「本件選挙までの間に本件区割基準中の一人別枠方式の廃止及び
> これを前提とする本件区割規定の是正がされなかったことをもって、憲法上
> 要求される合理的期間内に是正がされなかったものということはできない。」

＊　本判決を受けて、平成24年、一人別枠方式は廃止された。

【衆議院の議員定数不均衡に関する判例の整理】

判　例	最大較差	投票価値の平等に反するか	合理的期間内に定数是正がなされたか	備　考
最大判昭51.4.14／百選Ⅱ［第7版］〔148〕	1対4.99	反する	是正がなされなかった	事情判決の法理を用いて選挙自体は無効としなかった
最大判昭60.7.17／百選Ⅱ［第6版］〔154〕	1対4.40	反する	是正がなされなかった	事情判決の法理を用いた
最大判平11.11.10／百選Ⅱ［第7版］〔152②〕	1対2.309	反しない		1994年（平成6年）公職選挙法改正により、衆議院議員の選挙制度として小選挙区比例代表並立制が導入された
最大判平19.6.13／平19重判〔2〕	1対2.171	反しない		
最大判平23.3.23／百選Ⅱ［第7版］〔153〕	1対2.304	反する	是正がなされなかったとは断定できない	一人別枠方式を含む本件区割基準及び選挙区割りについて判断している
最大判平25.11.20／平25重判〔1〕	1対2.425	反する	是正がなされなかったとは断定できない	一人別枠方式を定めた規定が削除されたこと、及び全国の選挙区間の人口較差を2倍未満に収めることを可能とする0増5減の定数配分と区割り改定の枠組みが定められたことを考慮している
最大判平27.11.25／百選Ⅱ［第7版］〔149〕	1対2.129	反する	是正がなされなかったとは断定できない	上記判例(最大判平25.11.20／平25重判〔1〕)では0増5減の法改正に伴う選挙区割りの改正までは実現できなかったのに対し、本判決では改正が実現した0増5減に伴う選挙区割りの下での衆議院議員選挙が問題となった
最大判平30.12.19／令元重判〔5〕	1対1.979	反しない		一人別枠方式の影響は残るものの、0増6減の措置等による漸進的な是正が図られていること、較差が2倍以上の選挙区は存在しないことから、最大判平27.11.25／百選Ⅱ［第7版］〔149〕において示された違憲状態は解消されたと評価している

イ　参議院の議員定数不均衡に関する判例

判例　最大判平24.10.17／百選Ⅱ［第7版］〔150〕

判旨：　二院制の趣旨（⇒15頁）について判示した後、「憲法の趣旨、参議院の役割等に照らすと、参議院は衆議院とともに国権の最高機関として適切に民意を国政に反映する責務を負っていることは明らかであり、参議院議員の選挙であること自体から、直ちに投票価値の平等の要請が後退してよいと解すべき理由は見いだし難い」。また、「都道府県……を参議院議員の選挙区の単位としなければならないという憲法上の要請はな」いとした上で、「参議院議員の選挙制度については、限られた総定数の枠内で、半数改選という憲法上の要請を踏まえて各選挙区の定数が偶数で設定されるという制約の下で、長期にわたり投票価値の大きな較差が続いてきた。しかしながら、国民の意思を適正に反映する選挙制度が民主政治の基盤であり、投票価値の平等が憲法上の要請であることや、……国政の運営における参議院の役割に照らせば、より適切な民意の反映が可能となるよう、単に一部の選挙区の定数を増減するにとどまらず、都道府県を単位として各選挙区の定数を設定する現行の方式をしかるべき形で改めるなど、現行の選挙制度の仕組み自体の見直しを内容とする立法的措置を講じ、できるだけ速やかに違憲の問題が生ずる前記の不平等状態を解消する必要がある」。

　　　　本件では、選挙区間における投票価値の最大較差は「1対5.00」であったところ、このような投票価値の不均衡は「もはや看過し得ない程度に達しており、これを正当化すべき特別の理由も見いだせない以上、違憲の問題が生ずる程度の著しい不平等状態に至っていたというほかはない」。

評釈：　初めて参議院選挙における投票価値の平等についての判断が示されたのは最大判昭58.4.27（「昭和58年判例」という）である。昭和58年判例では、二院制を採用する趣旨から、「参議院議員については、衆議院議員とはその選出方法を異ならせることによってその代表の実質的内容ないし機能に独特の要素」を持たせる意図の下、「参議院地方選出議員の仕組みについて事実上都道府県代表的な意義ないし機能を有する要素を加味」することも許容されるとした上で、参議院議員の「選挙制度の仕組みの下では、投票価値の平等の要求は、人口比例主義を基本とする選挙制度の場合と比較して一定の譲歩、後退を免れない」としていた。しかし、上記平成24年判例は、昭和58年判例の「参議院の特殊性」論を後退させ、投票価値の平等をより重視する方向に傾斜した審査をもたらしたと評されている。

【参議院の議員定数不均衡に関する判例の整理】

判　例	最大較差	投票価値の平等に反するか	合理的期間内に定数是正がなされたか	備　考
最大判昭58.4.27	1対5.26	反しない		判示事項については、本文の判例（最大判平24.10.17／百選Ⅱ［第7版］〔150〕）の評釈参照
最大判平8.9.11／百選Ⅱ［第5版］〔163〕	1対6.59	反する	是正がなされなかったとは断定できない	「違憲の問題が生ずる程度の著しい不平等状態が生じていた」としながらも、是正のために必要となる合理的期間は未だ経過していないとした
最大判平16.1.14／百選Ⅱ［第7版］〔154②〕	1対5.06	反しない		補足意見・反対意見をあわせると、このまま推移すれば違憲となりうるとする認識を示す裁判官が多数を占めた
最大判平18.10.4／平18重判〔1〕	1対5.13	反しない		平成16年判決言渡しから本件選挙までの間に是正が困難なことから、本件選挙後協議を再開することを申し合わせ、選挙後法改正した結果、1対4.84に縮小したことなどの事情を考慮すると、本件選挙までに定数配分規定を改正しなかったことが国会の裁量権の限界を超えたものとはいえないとした
最大判平21.9.30／平21重判〔1〕	1対4.86	反しない		結論としては憲法違反ではないと判断した。しかし、「投票価値の平等という観点からは、なお大きな不平等が存する状態であり、選挙区間における選挙人の投票価値の較差の縮小を図ることが求められる状況にあるといわざるを得ない」とした上で、「現行の選挙制度の仕組みを維持する限り、各選挙区の定数を振り替える措置によるだけでは、最大較差の大幅な縮小を図ることは困難であり、これを行おうとすれば、現行の選挙制度の仕組み自体の見直しが必要となることは否定でき」ず、「国会において、速やかに、投票価値の平等の重要性を十分に踏まえて、適切な検討が行われることが望まれる」とした。

最大判平24.10.17／百選Ⅱ［第7版］〔150〕	1対5.00	反する	是正がなされなかったが、合理的期間を経過したとはいえない	判示事項については、本文の判例参照
最大判平26.11.26／平26重判〔1〕	1対4.77	反する	是正がなされなかったが、合理的期間を経過したとはいえない	平成24年判決以降の改正法による4増4減の措置は、「一部の選挙区の定数を増減するにとどまり、現に選挙区間の最大較差……については上記改正の前後を通じてなお5倍前後の水準が続いていた」として、「違憲の問題が生ずる程度の著しい不平等状態にあった」とした
最大判平29.9.27／平29重判〔1〕	1対3.08	反しない		平成27年度になされた公職選挙法の改正は、「長期間にわたり投票価値の大きな較差が継続する要因となっていた上記の仕組みを見直すべく、人口の少ない一部の選挙区を合区するというこれまでにない手法を導入して行われたものであり、これによって選挙区間の最大較差が上記の程度にまで縮小したのであるから、同改正は、……平成24年大法廷判決及び平成26年大法廷判決の趣旨に沿って較差の是正を図ったものとみることができる」
最大判令2.11.18／令3重判〔1〕	1対3.00	反しない		「本件選挙当時、平成30年改正後の本件定数配分規定の下での選挙区間における投票価値の不均衡は、違憲の問題が生ずる程度の著しい不平等状態にあったものとはいえず、本件定数配分規定が憲法に違反するに至っていたということはできない」とした。

ウ　地方議会の場合

　地方議会の場合、「各選挙区において選挙すべき地方公共団体の議会の議員の数は、人口に比例して、条例で定めなければならない」（公選15Ⅷ本文）として、定数配分における人口比例原則が法定されている一方、「特別の事情があるときは、おおむね人口を基準とし、地域間の均衡を考慮して定めることができる」（同ただし書）とされている。

　なお、選挙権の本質を国政及び地方政治の意思決定に参加する権利として、国と地方を同質的に捉えた場合、地方議会の方がより厳しく投票価値の平等が要請されるとする合理的根拠に乏しいと考えられることか

ら、国政選挙（衆議院議員選挙）の場合と差はないと一般に解されている。

> **判例**　議員定数不均衡と地方議会の特殊性（最判昭59.5.17／百選Ⅱ［第7版］（151））
>
> 「地方公共団体の議会の議員の選挙に関し、当該地方公共団体の住民が選挙権行使の資格において平等に取り扱われるべきであるにとどまらず……投票価値においても平等に取り扱われるべきであることは、憲法の要求するところである」として、判例（最大判昭51.4.14／百選Ⅱ［第7版］〔148〕）の趣旨を引用した上で、「公選法15条7項［注：現8項］は、憲法の右要請を受け、地方公共団体の議会の議員の定数配分につき、人口比例を最も重要かつ基本的な基準とし、各選挙人の投票価値が平等であるべきことを強く要求していることが明らかである。したがって、定数配分規定の制定又はその改正により具体的に決定された定数配分の下における選挙人の投票の有する価値に不平等が存し、あるいは、その後の人口の変動により右不平等が生じ、それが地方公共団体の議会において地域間の均衡を図るため通常考慮し得る諸般の要素をしんしゃくしてもなお一般的に合理性を有するものとは考えられない程度に達しているときは、右のような不平等は、もはや地方公共団体の議会の合理的裁量の限界を超えているものと推定され、これを正当化すべき特別の理由が示されない限り、公選法15条7項［注：現8項］違反と判断されざるを得ない」とした。
>
> もっとも、「選挙権の平等の要求に反する程度に至った場合には、そのことによって直ちに当該定数配分規定の同項違反までもたらすものと解すべきではなく、人口の変動の状態をも考慮して合理的期間内における是正が同項の規定上要求されているにもかかわらずそれが行われないときに、初めて当該定数配分規定が同項の規定に違反するものと断定すべきである」としている。

(3)　自由選挙

自由選挙には、①選挙人が自らの意思に基づいて候補者や政党等に投票する自由（自由投票・強制投票の禁止）と、②候補者や市民が選挙運動を行う自由（選挙運動の自由　⇒『総論・人権』参照）の2つがあるとされる。

自由選挙（①の意味）の根拠について、憲法上明文の規定がないものの、一般に15条4項・19条が挙げられる。なお、強制投票とは、正当な理由なしに棄権をした選挙人に制裁を加える制度のことをいう。自由選挙はこの強制投票を禁止するので、棄権しても罰金、公民権停止、氏名の公表などの制裁を受けない。

(4)　秘密選挙

(a)　意義

秘密選挙（秘密投票）とは、選挙人がどの候補者又は政党等に投票したかについて、第三者が知り得ない方法で選挙が行われる制度をいう（15Ⅳ）。

∵　主に社会における弱い地位にある者の自由な投票を確保するため

15条4項は、「すべて選挙における投票の秘密は、これを侵してはならない」と規定しており、これは直接私人にも適用される。なお、秘密選挙に対置されるのは公開投票（投票内容を公開しなければならないとする制度）である。

(b)　投票の検索

秘密投票との関連で問題となるのは、無資格者・不正投票者の投票用紙の検索が許されるかという点である。これは、①選挙や当選の効力に関す

る争訟と、②選挙犯罪の捜査の場面において問題となる。
　ア　①選挙や当選の効力に関する争訟

> **判例**　最判昭23.6.1
> 　選挙や当選の効力に関する争訟において、無資格者・不正投票者の投票用紙の検索が許されるかについて、「何人が何人に対して投票したかを公表することは選挙権の有無にかかわらず選挙投票の全般に亘ってその秘密を確保しようとする無記名投票制度の精神に反する」とした。

> **判例**　秘密投票制と保護範囲（最判昭25.11.9／百選Ⅱ[第7版]〔159〕）
> 　「選挙権のない者又はいわゆる代理投票をした者の投票についても、その投票が何人に対しなされたかは、議員の当選の効力を定める手続において、取り調べてはならない」。

　イ　②選挙犯罪の捜査の場面

> **判例**　最判平9.3.28
> 事案：　一般の投票者であるＸらは、選挙犯罪の捜査を目的とした特定候補者名記載の投票済用紙の差押え等により投票の秘密を害されたとして、国家賠償（国賠1Ⅰ）を求めた。
> 判旨：　「本件差押え等の一連の捜査によりＸらの投票内容が外部に知られたとの事実はうかがえないのみならず、本件差押え等の一連の捜査は詐偽投票罪の被疑者らが投票をした事実を裏付けるためにされたものであって、Ｘらの投票内容を探索する目的でされたものではな」いなどの理由により、「本件差押え等の一連の捜査がＸらの投票の秘密を侵害した」ということはできない旨判示した。
> 補足意見：　「投票の秘密は、憲法において明文で保障されている制度であって、選挙人の自由な意思による投票の確保を目的とし、代表民主制を直接支えるものであるのに対し、選挙犯罪の捜査は、選挙犯罪を取り締まることによって将来同じような不正が行われることを抑止し、もって選挙の公正の確保を図ることを本来の目的とするものであって、代表民主制を支える役割はより間接的なものであるから、投票の秘密の保持の要請の方が選挙犯罪の捜査の要請より一般的には優越した価値を有する」。したがって、「当該選挙犯罪が選挙の公正を実質的に損なう重大なものである場合において、投票の秘密を侵害するような捜査方法を採らなければ当該犯罪の立証が不可能ないし著しく困難であるという高度な捜査の必要性があり、かつ、投票の秘密を侵害する程度の最も少ない捜査方法が採られるときに限って、これが許されると解すべきである」。

(5)　直接選挙
　(a)　意義
　　　直接選挙とは、選挙人が公務員を直接に選挙する制度をいう（15、93Ⅱ）。直接選挙に対置されるのは、次に説明する「間接選挙」「複選制」である。
　(b)　間接選挙・複選制の採用の可否
　　　間接選挙とは、選挙人が一定の選挙委員（中間選挙人）を選出し、その

選挙委員が公務員を選出する制度をいう（アメリカ合衆国の大統領選挙でこの制度が採用されている）。また、複選制とは、他の本来の職務のためにあらかじめ選挙されている者（衆議院議員や地方議会議員など）が他の公務員を選出する制度をいう。

43条1項は、両議院は「全国民を代表する選挙された議員」で組織すると規定しており、「選挙」は要求しているものの、「直接選挙」まで明示的に要求しているわけではない。そこで、間接選挙や複選制がここにいう「選挙」に含まれるかが問題となる。

一般的に、間接選挙は43条の「選挙」に含まれるが、複選制は選出される議員と国民との関係が希薄であり、国民の意思との関係が間接的にすぎるため、43条の「選挙」には含まれないと解されている。

3　選挙の方法

(1)　選挙区制

選挙区とは、選挙人団を区分するための基準となる区域のことをいう。選挙区には大きく分けて、次の小選挙区と大選挙区がある（いわゆる中選挙区制は、各選挙区から3〜5人の議員を選出する制度であり、大選挙区制の一種とされるが、後に述べる単記投票法により議員を選出するものとされる）。

【選挙区制の整理】

	意　義	長　所	短　所
小選挙区	選挙人団が1人の議員を選出する選挙区	①　二大政党化への傾向が生じ、政権が安定する可能性が高くなる ②　区域が狭いので選挙費用が節約できる	①　死票が生ずる確率が高い ②　広い視野をもった候補者が選出されにくい ③　選挙腐敗などが誘発されやすい
大選挙区	選挙人団が2人以上の議員を選出する選挙区	①　死票が生ずる確率が低い ②　広い視野をもった候補者が選出されやすい ③　選挙腐敗などが誘発されにくい	①　同一政党から複数の候補者が立候補する結果、共倒れ（同士討ち）となりやすい ②　区域が広いので選挙費用がかさむ

(2)　投票の方法

(a)　単記投票法

一選挙区から選出する議員定数の数にかかわらず、投票用紙に1人の候補者の氏名を記載させる投票方法をいう。日本では、この方法がほぼ一貫して採用されている。

(b)　連記投票法

一選挙区から2人以上の議員を選出する大選挙区制において、投票用紙に2人以上の候補者の氏名を記載させる投票方法をいう。

これには、①選挙区の議員定数と同数の候補者名を記載させる完全連記制と、②議員定数より少ない候補者名を記載させる制限連記制とがある。

(3)　代表の方法

選挙区制と投票の方法の組合せによって代表の方法が変わり、民意の国政への反映のされ方も異なってくる。もっとも、上記のとおり、日本では単記投票法が採用されているため、「大選挙区制」と「完全連記制」「制限連記制」の組み合わせといったことを考える意味はあまりないと思われる。

以下の図表では、①多数代表制、②少数代表制（比例代表制）について整理する。なお、少数代表制（比例代表制）は、大選挙区制を前提としている。

【代表の方法の整理】

	意 義	長 所	短 所
多数代表制	選挙区内の有権者の多数派から議員を選出させようとする方法 →小選挙区制が典型例	安定した議会勢力を得ることができる（小選挙区制の長所と重複する）	死票が生ずる確率が高い（小選挙区制の短所と重複する）
少数代表制	選挙区内の有権者の少数派からも議員の選出を可能とする方法 →比例代表制（各政党に得票数に比例して議席を配分する制度）が典型例（＊）	① 少数派にも議員を送る機会が保障される ② 死票が比較的少なく、有権者の様々な意思が議会に反映されやすい	小党分立を招き、政権が不安定になるおそれがある

＊ 比例代表制では、一般に「名簿式」が採用されている。「名簿式」には、「拘束名簿式」（政党があらかじめ順位を付けた候補者名簿に投票し、各名簿の得票数に応じて、その順位に従って当選者を決定する制度）と「非拘束名簿式」（名簿に記載されている候補者に投票し、名簿ごとに得票数を集計して当選者数を決定した上で、名簿ごとに個人得票数が多い者から順に当選者を確定する制度）がある。

4 現行制度の仕組みと問題点

(1) 衆議院議員の選挙制度について

(a) 概要

従来、「中選挙区制」（⇒28頁）が採用されてきたが、政党・政策本位で政権交代が可能な政治を目指して、いわゆる「小選挙区比例代表並立制」が導入された。この公職選挙法の改正によって、全国の小選挙区選挙により300議席、全国を11ブロックに分けて行う拘束名簿式の比例代表選挙により200議席が選出されることとなった。

→現在の公職選挙法は、総定数465人（議席）のうち、小選挙区選出議員を289人（議席）、比例代表選出議員を176人（議席）としている（公選4Ⅰ）

また、現在の制度では、「重複立候補制」（一定の要件を満たした候補者届出政党に所属する候補者は、小選挙区選挙と比例代表選挙への重複立候補が認められるという制度であり、たとえ小選挙区選挙で落選しても名簿の順位に従い比例代表選挙の当選者になることも可能となる）が採用されている。

(b) 問題点

衆議院議員の選挙制度では、次の3つの問題提起がなされた。

まず、①小選挙区制は死票率が高く、国民代表の原理（国民の意思と議会の構成との近似を求める原理）に反するのではないかという問題が提起された。この点について、判例は次のとおり判示した。

判例 小選挙区制の合憲性(最大判平11.11.10／百選Ⅱ[第7版](152②))

「小選挙区制は、全国的にみて国民の高い支持を集めた政党等に所属する者が得票率以上の割合で議席を獲得する可能性があって、民意を集約し政権の安定につながる特質を有する反面、このような支持を集めることができれば、野党や少数派政党等であっても多数の議席を獲得することができる可能性があり、政権の交代を促す特質をも有するということができ、また、個々の選挙区においては、このような全国的な支持を得ていない政党等に所属する者でも、当該選挙区において高い支持を集めることができれば当選することができるという特質をも有するものであって、特定の政党等にとってのみ有利な制度とはいえない」。「死票を多く生む可能性があることは否定し難いが、死票はいかなる制度でも生ずるものであり、……この点をもって憲法の要請に反するということはできない」。このように「小選挙区制は、選挙を通じて国民の総意を議席に反映させる一つの合理的方法ということができ、これによって選出された議員が全国民の代表であるという性格と矛盾抵触するものではないと考えられるから、小選挙区制を採用したことが国会の裁量の限界を超えるということはでき」ない。

　次に、②拘束名簿式の比例代表制においては、候補者個人ではなく政党(候補者名簿)に対して投票を行うので、直接選挙の原則に反するのではないかという問題が提起された。この点について、判例は次のとおり判示した。

判例 比例代表制の合憲性(最大判平11.11.10／百選Ⅱ[第7版](152①))

　拘束名簿式比例代表制であっても、「投票の結果すなわち選挙人の総意により当選人が決定される点において、選挙人が候補者個人を直接選択して投票する方式と異なるところはない」から、「このことをもって比例代表選挙が直接選挙に当たらないということはでき」ない。

　最後に、③重複立候補制は小選挙区選挙で示された選挙人の意思に反する結果を認めるものであるので、選挙権を侵害するのではないか、また、重複立候補者を候補者届出政党に所属する者に限定するのは、不当に立候補の自由や選挙権の行使を制限するのではないかという問題が提起された。この点について、判例は次のとおり判示した。

判例　重複立候補制の合憲性（最大判平11.11.10／百選Ⅱ[第7版]（152①））

　　重複立候補制は、「小選挙区選挙において示された民意に照らせば、議論があり得るところ」であるが、「選挙制度の仕組みを具体的に決定することは国会の広い裁量にゆだねられているところ、同時に行われる二つの選挙に同一の候補者が重複して立候補することを認めるか否かは、右の仕組みの一つとして、国会が裁量により決定することができる事項であるといわざるを得ない」。重複立候補制においては、「一の選挙において当選人とされなかった者が他の選挙において当選人とされることがあることは、当然の帰結」であり、憲法には反しない。

　　もっとも、「被選挙権又は立候補の自由が選挙権の自由な行使と表裏の関係にある重要な基本的人権であることにかんがみれば、合理的な理由なく立候補の自由を制限することは、憲法の要請に反するといわなければならない」。しかしながら、「政党の果たしている国政上の重要な役割にかんがみれば、選挙制度を政策本位、政党本位のものとすることは、国会の裁量の範囲に属することが明らかである」。したがって、「政策本位、政党本位の選挙制度というべき比例代表選挙と小選挙区選挙とに重複して立候補することができる者が候補者届出政党の要件……を充足する政党等に所属する者に限定されていることには、相応の合理性が認められるのであって、不当に立候補の自由や選挙権の行使を制限するとはいえず、これが国会の裁量権の限界を超えるものとは解されない」。

(2)　**参議院議員の選挙制度について**

(a)　**概要**

　　かつては、全都道府県の区域を通じて選出される全国選出議員選挙（全国区選挙）と、都道府県を単位とする選挙区から選出される地方選出議員選挙の2つが採用されていたが、現在では、全国区選挙に代わり「非拘束名簿式比例代表制」が採用され、地方選出議員選挙は「選挙区選出議員選挙」という名称に変更されている。このように、参議院議員の選挙制度では、非拘束名簿式の比例代表制と都道府県を単位とする選挙区制との2本立てとなっている（公選12ⅠⅡ参照）。

　　　→現在の公職選挙法は、総定数248人（議席）のうち、比例代表選出議員を100人（議席）、選挙区選出議員を148人（議席）としている（公選4Ⅱ）

(b)　**問題点**

　　参議院議員の選挙制度では、次の2つの問題提起がなされた。

　　まず、①非拘束名簿式の比例代表制においては、名簿上の特定の候補者には投票したいが、その所属政党には投票したくないという選挙人の投票も当該政党の得票と計算されることになり、選挙人の投票意思に反する結果を生み出すものであるから、国民の選挙権を侵害し、15条に違反するのではないかという問題が提起された。この点について、判例は次のとおり判示した。

> **判例** 非拘束名簿式比例代表制の合憲性（最大判平16.1.14／百選Ⅱ[第7版](154①)）
>
> 「名簿式比例代表制は、各名簿届出政党等の得票数に応じて議席が配分される政党本位の選挙制度であり、本件非拘束名簿式比例代表制も……政党本位の名簿式比例代表制であることに変わりはない。憲法は、政党について規定するところがないが、政党の存在を当然に予定しているものであり、政党は、議会制民主主義を支える不可欠の要素であって、……国会が、参議院議員の選挙制度の仕組みを決定するに当たり、政党の上記のような国政上の重要な役割にかんがみて、政党を媒体として国民の政治意思を国政に反映させる名簿式比例代表制を採用することは、その裁量の範囲に属することが明らかである」。そして、「名簿式比例代表制は、政党の選択という意味を持たない投票を認めない制度であるから、本件非拘束名簿式比例代表制の下において、参議院名簿登載者個人には投票したいが、その者の所属する参議院名簿届出政党等には投票したくないという投票意思が認められないことをもって、国民の選挙権を侵害し、憲法15条に違反するものとまでいうことはできない」。

次に、②候補者が当選に必要以上の得票をした場合、その超過得票は同一名簿上の他の候補者のために流用されることになるから、直接選挙の原則に抵触し、43条1項に違反するのではないかという問題が提起された。この点について、判例は次のとおり判示した。

> **判例** 非拘束名簿式比例代表制の合憲性（最大判平16.1.14／百選Ⅱ[第7版](154①)）
>
> 本件非拘束名簿式比例代表制における当選人決定の方式は、「投票の結果すなわち選挙人の総意により当選人が決定される点において、選挙人が候補者個人を直接選択して投票する方式と異なるところはない」。「同一参議院名簿届出政党等内において得票数の同じ参議院名簿登載者が2人以上いる場合には、その間における順位は選挙長のくじで定められることになるが、この場合も、当選人の決定に選挙人以外の意思が介在するものではないから、上記の点をもって本件非拘束名簿式比例代表制による比例代表選挙が直接選挙に当たらないということはできず、憲法43条1項に違反するとはいえない」。

三　国会の運営

1　会期制

(1)　意義・趣旨

◀渡辺ほかⅡ・251頁以下
　芦部・320頁以下

憲法は、国会について常会（52）、臨時会（53）、特別会（54）を区別して規定していることや、「会期」（50）という文言を用いていることから、会期制を採用していると解されている。会期制とは、国会は一定の期間内である会期中しか活動しないという制度のことをいう。

会期制の趣旨は、国政全般の効率的運営の確保にある。すなわち、内閣や裁判所のように、国会も年間を通じて常時活動することとすると、政党間の抗争が激しくなることや過度の立法を招くこと、行政能率が低下することといったデメリットが指摘されているほか、特に日本における内閣提出法案の比重の大きさからして、より一層の国会審議の停滞を招くことが指摘されている。そこで、会期制を採用することにより、これらのデメリットを回避し、もって国政全般の効率的な運営を確保しようとしている。

→憲法の明文上、会期の長さが特定されていないことを理由に、国会法で

常会の会期を「1年間」と定めることは、会期制の趣旨に反するし、常会は「毎年1回」（52）召集すると規定していることからしても、許されない

(2) 会期の開始・種類

国会の会期は召集をもって開始される。国会の召集は天皇の国事行為の1つ（7②）であるが、天皇は国政に関する権能を有しておらず（4Ⅰ）、むしろ内閣の助言と承認が必要であること（7柱書、3）、臨時会の召集に関する53条後段の主語が「内閣」と定められていることから、国会の召集の実質的決定権は内閣にあると解されている。

【会期の種類】

	常　会	臨時会	特別会
意義	毎年1回召集される国会（52）	必要に応じて臨時に召集される国会（53）	衆議院の解散による衆議院議員の総選挙の後に召集される国会（54Ⅰ、国会1Ⅲ）
召集原因	常会は、毎年1月中に召集するのを常例とする（国会2）	①　内閣が必要とするとき（53前段） ②　いずれかの議院の総議員の4分の1以上の要求があるとき（53後段） ③　衆議院議員の任期満了による総選挙又は参議院議員の通常選挙が行われたとき（国会2の3）	衆議院の解散による衆議院議員の総選挙の日から30日以内に召集される（54Ⅰ） →召集の時期が常会の召集時期と重なる場合は、常会と併せて召集できる（国会2の2）
会期	150日（国会10本文） →会期中に議員の任期が満限に達する場合には、その満限の日をもって会期は終了する（同但書）	召集日に両議院一致の議決で決定する（国会11） →衆議院の優越が認められる（国会13）	
会期延長	1回だけ両議院一致の議決で延長できる（国会12Ⅱ） →衆議院の優越が認められる（国会13）	2回まで両議院一致の議決で延長できる（国会12Ⅱ） →衆議院の優越が認められる（国会13）	

(3) 会期不継続の原則

会期不継続の原則とは、国会は会期を単位として活動能力を有し、会期中に議決に至らなかった案件は、後会に継続しないという原則のことをいう（国会68本文）。

→国会法が採用する原則であり、日本国憲法にも明治憲法にも明文の規定はない

会期不継続の原則には例外（国会68但書）が認められているが、この例外によって後会に継続するのは閉会中審査した「議案」であって、「議決」ではないと一般に解されている。そのため、一院で議決された議案は、継続審査に付された後、他院で議決されても成立しない。

(4) 一事不再議の原則

一事不再議の原則とは、一度否決された議案について、同一会期中に再びこれを取り上げて審議することはできないという原則のことをいう。

→明治憲法は一事不再議の原則を明記していた（明憲39）が、日本国憲法

には明文の規定はない

会期制を採用する現行の国会制度の下においては、会議の効率的な運営のために、一事不再議の原則が妥当するものと解されている。法律案についての再議決の規定（憲59Ⅱ）は、この原則の例外に当たる。

2 会議の原則

(1) 本会議と委員会（委員会中心主義）

国会の運営における大きな特徴として挙げられるのが、委員会中心主義（委員会の審議が原則として議案の成否を左右する制度）である。

本来、法律案の「審議」「議決」を行うための舞台となるのが、各議院に所属する全議員によって組織される「本会議」であるが、案件の増加・複雑化に伴い、委員会に議事運営の中心が移っているとされる。

→国会法は、各議院に常任委員会と特別委員会を置くものとしている（国会40以下）

もっとも、憲法の規律はいまだに「本会議」に焦点を合わせており、次に説明する「定足数」「表決数」「会議の公開」も、すべて「本会議」を前提とするものである。

(2) 定足数

各議院は、「その総議員の3分の1以上の出席がなければ、議事を開き議決することができない」（56Ⅰ）。ここで求められる出席者の数が「定足数」である。

「総議員」の意味については争いがある。まず、「総議員」とは現在議員数を意味するとの見解（現在議員数説）がある。死亡や辞職により欠員となった者を「総議員」に含めると、欠員者が議事・議決に一定の態度をとったのと同じ効果が生じるので妥当でないとの理由に基づくものである。

もっとも、実務上採られている見解は、「総議員」とは法定議員数を意味するとの見解（法定議員数説）である。定足数を定める趣旨は、少数の議員によって議案などが議決されることを防止する点にあり、もともと「3分の1」という低い数に定められているものをさらに緩める解釈は望ましくないとの理由に基づいている。

論点

(3) 表決数

56条2項は、「両議院の議事は、この憲法に特別の定のある場合を除いては、出席議員の過半数でこれを決し、可否同数のときは、議長の決するところによる」と規定している。

「憲法に特別の定のある場合」としては、①議員資格争訟の裁判で議員の議席を失わせる場合（55但書）、②本会議の秘密会を開く場合（57Ⅰ但書）、③懲罰により議員を除名する場合（58Ⅱ但書）、④衆議院で法律案を再議決する場合（59Ⅱ）、⑤憲法改正の発議を行う場合（96Ⅰ前段）が挙げられる。

→上記①～④は「出席議員」の3分の2以上の多数の議決を要するが、⑤のみ「総議員」の3分の2以上の賛成が必要である

「出席議員」の意味についても争いがある。棄権者・白票・無効票が「出席議員」に算入されるかどうかの争いである。積極説はこれらの票を「出席議員」に算入すると解する見解であり、消極説はこれらの票を「出席議員」に算入しないと解する見解である。算入すると解すると、これらの票をすべて反対の表決をしたものと同じく扱うことになる一方、算入しないと解すると、出席して議事に参加した者であっても欠席者や退場者と同じく扱うことになる。

論点

→実務上採られている見解は、積極説であるとされる

(4)　会議の公開

　　57条１項本文は、「両議院の会議は、公開とする」と規定している。会議の公開には、①討論の過程に民意を反映させる道筋を設ける、②透明性を確保し理解を促進する、③有権者に投票の際の判断材料を提供するといった役割があるとされる。

　　→ただし、出席議員の３分の２以上の多数で議決したときは、秘密会を開くことができる（57 I 但書）

　　「公開」とは、傍聴の自由はもとより、報道の自由が認められることをいう。なお、委員会では原則として「傍聴を許さない」（国会52 I 本文）とされ、両院協議会も「傍聴を許さない」（国会97）とされている。

　　会議の公開の趣旨に基づき、57条２項は、両議院は「その会議の記録を保存し、秘密会の記録の中で特に秘密を要すると認められるもの以外は、これを公表し、且つ一般に頒布しなければならない」と規定している。

3　参議院の緊急集会

(1)　意義

　　衆議院が解散されたときは、参議院は、同時に閉会となるのが原則である（同時活動の原則、54 II 本文）。もっとも、内閣は、「国に緊急の必要があるときは、参議院の緊急集会を求めることができる」（54 II 但書）。このように、参議院の緊急集会は同時活動の原則の例外に当たる。

(2)　緊急集会の要件

　　参議院の緊急集会を召集するには、①衆議院が解散中であること、②国に緊急の必要があること、③内閣の求めによることという３つの要件を満たす必要がある。

　　→緊急集会を求めることができるのは「内閣」だけであり、参議院議員にその権能はない

(3)　緊急集会の権能

　　緊急集会は、国会の権能を代行するものであるから、法律・予算など国会の権能に属するすべての事項を扱うことが可能である。

　　もっとも、緊急の必要性を欠くものについては代行できないと解されており、憲法改正の発議（96 I）や、新たな内閣総理大臣の指名（67 I）は、緊急集会では代行できないと解されている。

(4)　議員の特権

　　緊急集会の期間中における参議院議員は、国会の会期中における国会議員と同じく、不逮捕特権（50）や免責特権（51）等を有する。

(5)　緊急集会において採られた措置の効力

　　緊急集会において採られた措置は、臨時のものであって、次の国会開会の後10日以内に、衆議院の同意がない場合には、将来に向かってその効力を失う（54 III）。

2-3 国会・議院の権能

一 国会の権能	学習の指針

　一　国会の権能
　二　議院の権能

　この節では、国会と各議院のそれぞれの権能について詳しくみていきます。短答式試験で問われる事項も非常に多いので、直前期に復習することを推奨します。

一　国会の権能

1　はじめに

　国会の権能として、とりわけ立法権（法律案の議決権、59Ⅰ）が重要であることはいうまでもない。そのほかにも、国会の権能として、以下のものが挙げられる。

　①　憲法改正の発議権（96Ⅰ前段）　⇒205頁
　②　条約承認権（61、73③）
　③　内閣総理大臣の指名権（67Ⅰ）
　④　行政・財政の監督権
　　　議院内閣制（⇒70頁）の下では、国会に行政監督権が認められる。また、財政民主主義（83参照　⇒168頁）から、国会には財政の監督権があるとされ、その中でも予算議決権（86）・決算審議の権能（90）が重要とされる。
　⑤　弾劾裁判所の設置権（64Ⅰ）　⇒121頁
　以下では、③条約承認権について、詳しく説明する。

2　条約承認権

(1)　趣旨

　条約の「締結」は、内閣の権能である（73③本文）。　⇒77頁
　もっとも、条約が国民の権利・義務に直接関係することもある。そこで、国会による政府の統制を確保するために、内閣が条約を締結するには、「事前に、時宜によつては事後に、国会の承認を経ることを必要とする」（73③但書）として、国会に条約承認権が与えられている。
　　→条約の承認については、予算の場合と同様に、衆議院の優越が認められている（61、60Ⅱ）　⇒17頁

(2)　「条約」の意義

　国会の承認に付される「条約」（73③）とは、文書による国家間の合意をいい、協約・協定など、名称のいかんにかかわらない。
　もっとも、国家間の文書による合意であれば、すべて国会の承認が必要というわけではない。たとえば、既存の条約を執行するための細部の取極めや、既に国会の承認を経た条約の委任の範囲内のものと認められる行政協定（砂川事件、最大判昭34.12.16／百選Ⅱ［第7版］〔163〕参照）は、ここにいう「条約」に含まれず、内閣の外交関係の処理（73②）の一環として内閣のみで締結することができ、国会の承認は不要と解されている。
　　→なお、外国と日本国が純然たる私人の立場で結んだもの（日本国が外国の国有の土地を賃借する契約など）も、ここにいう「条約」に含まれない

(3)　条約の不承認の効力

　条約承認権は、国会による政府の統制を確保するという一面もあるが、国

◀渡辺ほかⅡ・257頁以下
　芦部・324頁以下

会の承認は、国内法的かつ国際法的に、条約が有効に成立するための要件であることから、条約の締結は「国会と内閣の協働行為」という一面もあると解される。

では、「事前に、時宜によつては事後に」必要となる国会の承認が得られなかった場合の効力は、どのように解することになるか。

まず、内閣が「事前に」国会の承認を得ようとしたものの、これが得られなかった場合については、条約不成立となり、国内法的・国際法的効力は発生しないと解することに争いはない。

次に、内閣が「事前に」国会の承認を得る機会がなく、「事後に」（「署名後に」又は「批准後に」）承認を求めざるを得なかった場合において、国会の承認が得られなかったとき、条約の効力はどうなるか。

考え方としては、①国内法的にも国際法的にも有効であり、ただ内閣の政治責任が生ずるのみであるとする見解、②国内法的には無効であるが、国際法的には有効であるとする見解、③国内法的にも国際法的にも無効であるとする見解などがあるが、「条約法に関するウィーン条約」46条の趣旨に鑑み、④憲法違反が重大かつ明白である場合に限り、当該条約は無効であるとする見解（条件付無効説）が有力とされる。

　→「条約法に関するウィーン条約」46条は、「いずれの国も、条約に拘束されることについての同意が条約を締結する権能に関する国内法の規定に違反して表明されたという事実を、当該同意を無効にする根拠として援用することができない」が、「違反が明白でありかつ基本的な重要性を有する国内法の規則に係るものである場合は、この限りでない」と定めており、結論的には④条件付無効説と同じ立場に立っているとされる

(4)　条約修正権

国会の承認としては、条約を一括して承認する場合、条約を一括して承認しない場合のほか、条約を修正して承認する場合があり得るところ、このような条約修正権が国会に認められるかが問題となる。

この点については、条約の内容を確定するのは内閣の職務に属することであり、国会は「承認」か「不承認」しか行うことができず、国会に条約修正権を認めると内閣の条約締結権を侵害することになるといった理由から、国会に条約修正権を認めることはできないとする見解（条約修正権否定説）もある。

もっとも、条約の承認について、両議院が異なる議決をした場合には、必要的に両院協議会を開催しなければならない（61・60Ⅱ）ところ、これは両議院が妥協により条約を修正して承認することも可能であることを前提としているといった理由から、国会は条約を修正して承認することも許されると一般に解されている（条約修正権肯定説）。

とはいえ、「条約」は文書による国家間の合意であり、相手国の同意を得ずに修正することは実際上不可能である。そのため、国会が新たな条項を追加するなどして条約を修正した上でこれを承認しても、その実際上の効果としては、国会の修正議決に従った内容の条約の締結を内閣に一応義務づけるだけの効力しかないと解されている（修正された条約が国内法上の効力を有することになるわけではない）。

　→事前承認の手続で条約が修正された場合において、内閣が相手国と交渉したものの同意が得られなかったときは、国会の承認が得られなかったことになるので、条約は不成立となる

　→事後承認の手続で条約が修正された場合において、内閣が既に成立した条約の改定を相手国に申し入れても同意が得られなかったときは、原則

として条約は修正される前の内容のまま成立する（条件付無効説）

二　議院の権能

議院の権能は、議院自律権と国政調査権の2つに大別される。以下、順に説明していく。

◀渡辺ほかⅡ・262頁以下
芦部・327頁以下

1　議院自律権

(1)　意義

議院自律権とは、各議院がそれぞれの内部組織や運営等について、内閣・裁判所など他の国家機関や他の議院から干渉を受けることなく、自主的に決定することができる権能をいう。憲法は、両議院の別個独立の活動を確保するために、各議院にこの議院自律権を保障しているとされている。

議院自律権は、内部組織に関する「自主組織権」（議員資格争訟の裁判権(55)、役員選任権(58Ⅰ)、議員逮捕許諾権(50・国会33)・議員釈放要求権(50)）と、運営に関する「自主運営権」（議院規則制定権(58Ⅱ)、議員懲罰権(58Ⅱ)）に分けられる。

(2)　内部組織に関する自律権（自主組織権）

上記のとおり、自主組織権として、①議員資格争訟の裁判権(55)、②役員選任権(58Ⅰ)、③議員逮捕許諾権(50・国会33)・議員釈放要求権(50)がある。

(a)　議員資格争訟の裁判権(55)

44条1項は「両議院の議員……の資格は、法律でこれを定める」と規定しているところ、「その議院の資格に関する争訟」が生じた場合には、裁判所ではなく、各議院が「その議員の資格に関する争訟を裁判する」(55本文)。ただし、「議員の議席を失はせるには、出席議員の3分の2以上の多数による議決を必要とする」(55但書)。

議員の「選挙」に関する裁判は、現行法制上、裁判所の権限に属する一方、議員の「資格」争訟の裁判は、議員資格に関する判断を専ら議院の自律的な審査に委ねるため、裁判所の審査権が及ばないと解されており、司法権の限界の1つとして位置づけられている。　⇒101頁

→議員の資格争訟の裁判で出された結論を通常裁判所で争うことはできない

「資格」とは、議員の地位を保持するのに必要な資格のことであり、44条により「法律でこれを定める」とされる。これを受けて、国会法は、兼職禁止条項に反する場合（国会108）や、被選の資格を失った場合（国会109）、比例代表選出議員が他の名簿届出政党等に移籍した場合（国会109の2）に議員資格を喪失する旨規定している。

(b)　役員選任権(58Ⅰ)

58条1項は、「両議院は、各々その議長その他の役員を選任する」として、役員選任権を規定している。これを受けて、国会法16条は、議長、副議長、仮議長、常任委員長、事務総長を各議院の役員としている。

憲法58条1項の「役員」がこれらの重要な地位にある者のみを指すのかどうかについては、必ずしも明確ではない。各議院の職員は、明治憲法下のような天皇の官吏ではなく、議院の直接又は間接の選任によるとの趣旨を示したのが58条1項であると解すれば、ここにいう「役員」とは議院の職員一般を意味し、国会法16条はその「役員」のうち重要なものを例示したものと解することになる。

(c)　議員逮捕許諾権(50・国会33)・議員釈放要求権(50)

50条は、国会議員の不逮捕特権（⇒44頁）を定めている。すなわち、「両

議院の議員は、法律の定める場合を除いては、国会の会期中逮捕されず」、「会期前に逮捕された議員は、その議院の要求があれば、会期中これを釈放しなければならない」。この後半部分が議員釈放要求権（50）である。

また、50条の規定を受けて、国会法33条が「各議院の議員は、院外における現行犯罪の場合を除いては、会期中その院の許諾がなければ逮捕されない」として、議員逮捕許諾権を定めている。

(3)　運営に関する自律権（自主運営権）

上記のとおり、自主運営権として、①議院規則制定権（58Ⅱ）、②議員懲罰権（58Ⅱ）がある。

(a)　議院規則制定権（58Ⅱ）

ア　意義・趣旨

58条2項は、「両議院は、各々その会議その他の手続及び内部の規律に関する規則を定め」ると規定している。この規定は、各議院が独立して議事を審議し議決する以上、当然のことを定めた規定であり、「各々その会議その他の手続及び内部の規律に関する」事項について、原則として両議院の自主的なルールに委ねる趣旨である。ここにいう「規則」として、衆議院規則・参議院規則がそれぞれ定められている。

イ　議院規則と法律との関係

議院規則制定権に関しては、法律（特に国会法）との関係が問題となる。

58条2項が示すように、各議院の「会議その他の手続及び内部の規律」は議院規則で定めるというのが憲法の建前であり、国会法がこれらの事項について定めていても、それは両議院の合意による「紳士協定」以上の意味をもつものではないとし、あくまでも各議院の「会議その他の手続及び内部の規律」は議院規則の専管事項（法律では定めることができない）であると解する見解（規則専管説）も有力に主張されている。

しかし、各議院の「会議その他の手続及び内部の規律」も法律で定めることができる（規則・法律競管説）とした上で、議院規則と法律の規律が競合した場合には、法律が優先すると解する見解（法律優位説）が通説とされる。

∵　法律の制定に両議院の議決が必要であるのに、議院規則の成立には一院の議決だけで足りる

しかし、法律優位説に対しては、国会法の改廃について参議院が不同意でも、衆議院の優越の仕組みにより成立しうるので、参議院の自主性が損なわれるといった批判や、内閣が法律案提出権を通じて、両議院の内部事項に介入することにもなり、両議院の自主性が損なわれるといった批判がなされている。

→なお、最高裁判所の規則制定権（77Ⅰ）においても、上記と同様の問題がある　⇒114頁

(b)　議員懲罰権（58Ⅱ）

58条2項は、「両議院は……院内の秩序をみだした議員を懲罰することができる」として、議員懲罰権を規定している。議員懲罰権は、議院がその組織体としての秩序を維持し、その機能の運営を円滑ならしめるためのものである。

「院内」とは、議事堂という建物の内部（議場内）に限られず、国政調査のための派遣先など、組織体としての議院と観念できる場であれば、たとえ議場外でも「院内」に含まれる。したがって、議場外の行為でも懲罰の対象となりうるが、会議の運営と関係のない個人的な行為は、懲罰の対

象とならない。

「懲罰」の種類については、国会法が、①公開議場における戒告、②公開議場における陳謝、③一定期間の登院停止、④除名の４つを規定している（国会122）。これらのうち、④除名は議員の身分を剥奪する重い懲罰であるので、憲法58条２項但書が「議員を除名するには、出席議員の３分の２以上の多数による議決を必要とする」と定めている。

議員の懲罰については、司法権が及ばないと一般に解されている。
⇒101頁

2 国政調査権

(1) 意義

62条は、「両議院は、各々国政に関する調査を行ひ、これに関して、証人の出頭及び証言並びに記録の提出を要求することができる」と定め、各議院に強力な国政調査権を規定している。

国政調査権は、法律の制定や予算の議決といった国会又は両議院の憲法上の権限はもとより、広く行政に対する監督・統制の権限を実効的に行使するために、両議院が各々国政に関する必要な調査等を行う権限であり、各議院を構成する個々の国会議員に国政調査権の行使が認められているわけではない。

上記のとおり、各議院は「証人の出頭及び証言並びに記録の提出」を要求できるとしており、調査の実効性を確保するために「議院における証人の宣誓及び証言等に関する法律」（議院証言法）が制定されている。

→議院証言法は、証人が正当な理由なく出頭を拒否した場合や要求された書類を提出しない場合、偽証した場合などに刑罰を科す旨を定めている

(2) 法的性質

論点

国政調査権の法的性質をどのように解すべきかについては争いがある。

まず、国会は「国権の最高機関」（41）であるから、国政調査権は国会が国権を統括するための独立した権能であると解する見解（独立権能説）もかつては主張されていた。しかし、「国権の最高機関」とは政治的美称にすぎず、国会は国権を統括する機関であると解すべきではない。そこで、国政調査権は、議院の憲法上の権能を実効的に行使するための補助的権能であると捉える見解（補助的権能説）が通説とされている。

補助的権能説の立場からすると、国政調査権の範囲は憲法上の権能の及ぶ部分に限られることになるが、各議院の権能は立法権を中心に極めて広汎な事項に及んでいるので、純粋な私的事項を除き、ほぼ国政の全般が国政調査権の範囲に含まれると解されている。

☞ One Point ▶ 国民の知る権利を充足する目的の国政調査の可否

国政調査権は、国民主権の実質化という観点から、国民に対する情報の提供、資料の公開といった国民の知る権利（21 Ⅰ）に仕える機能を有するものと解されています。このような国政調査権の機能は、国政調査権の法的性質をどのように捉えるかという問題と次元を異にするものと解されており、補助的権能説に立っても、国政調査権が国民の知る権利に仕える機能を有するものと理解することには何の問題もありません。

一方、「機能」の域を超え、国会の最高機関性を根拠に、国民主権の意義を強調し、議院の憲法上の権能と直接関係のない情報提供それ自体を目的とする国政調査権の行使を認めることは、補助的権能説の立場からすると許されないことになります。

---

(3) 国政調査権の限界

上記のとおり、補助的権能説の立場に立っても、国政のほぼ全般が国政調査権の範囲に含まれることになるが、国政調査権はあくまでも議院の憲法上の権能を実効的に行使するためのものでなければならないし、権力分立の原則や人権保障の原理から、国政調査権を行使するに当たっては、その目的・対象・方法について一定の限界が存在する。

→たとえば、特定の個人の犯罪行為を発見し、これを処罰するのに必要な証拠を収集するためだけに国政調査権を行使することは、たとえその個人が現職の国会議員であっても、議院の憲法上の権能と関係のない事項を調査するものにほかならないので、許されない

(a) 司法権との関係

国会には司法や裁判に関する立法を行う権限があるから、そのために国政調査権を行使することも認められる。しかし、司法権の独立（特に裁判官の職権行使の独立）との関係で、国政調査権には一定の限界がある。⇒120頁

すなわち、裁判所に現に係属中の事件に関する訴訟指揮の当否を調査すること（吹田黙祷事件）や、又は確定した事件であっても判決の内容の当否を調査すること（浦和事件）は、司法権の独立を侵すものとして許されないと解されている。

一方、たとえ現に係属中の事件において審理されている事実と同一の事実について調査するものであっても、裁判所の審理とは異なる目的（立法目的・行政監督目的など）で行われ、その手段・方法も司法権の独立を侵さないよう配慮したもの（いわゆる並行調査）であれば、一般に許容されるものと解されている。

(b) 検察権との関係

検察事務は行政権の作用に属するから、国政調査権の範囲が及ぶ一方、裁判と密接に関連する準司法的作用でもあるから、司法権の独立に準じた配慮が必要となる。

そこで、①起訴・不起訴について、検察権の行使に不当な政治的圧力を加える「目的」でなされる調査、②起訴事件に直接関連する事項や、公訴追行の内容を「対象」とする調査、③捜査の続行に重大な支障を及ぼすような「方法」でなされる調査（起訴勾留中の被告人の喚問や、接見を禁止して取調べ中の被疑者の喚問など）は許されない（ロッキード事件日商岩井ルート・東京地判昭55.7.24 ／百選Ⅱ［第7版］〔171〕参照）。

→ある罪に関する法改正の要否に関連して、その罪についての検察権の一般的な運用状況（犯罪捜査や公訴提起の状況など）について調査することは許される

判例 ロッキード事件日商岩井ルート（東京地判昭55.7.24 ／百選Ⅱ［第7版］〔171〕）

「国政調査権の行使が、三権分立の見地から司法権独立の原則を侵害するおそれがあるものとして特別の配慮を要請されている裁判所の審理との並行調査の場合とは異り、行政作用に属する検察権の行使との並行調査は、原則的に許容されているものと解するのが一般であり、例外的に国政調査権行使の自制が要請されているのは、それがひいては司法権の独立ないし刑事司法の公正に触れる危険性があると認められる場合……に限定される」。

判例 **二重煙突事件（東京地判昭31.7.23）**

事案：　参議院決算委員会は、決算審査の必要から調査を開始し、刑事事件として裁判が係属した後も調査を中止しなかった。

判旨：　「捜査機関の見解を表明した報告書ないし証言が委員会議事録等に公表されたからといって、直ちに裁判官に予断を抱かせる性質のものとすることのできないことは、日常の新聞紙上に報道される犯罪記事や捜査当局の発表の場合と同様であって、これをもって裁判の公平を害する」ことにはならない。

問題の所在

【事案①】（司法権との関係）
　参議院法務委員会が、ある刑事事件に関する確定判決について国政調査権を行使し、量刑不当との決議を行うことは許されるか。

【事案②】（検察権との関係）
　ある罪に関する法改正の要否に関連して、その罪についての犯罪捜査や公訴提起の状況といった検察権の一般的な運用状況について国政調査権を行使することは許されるか。

考え方のすじ道

まず、国政調査権の法的性質をどのように解するべきかが問題となる
　　　↓この点について
国政調査権は、議院の憲法上の権能を実効的に行使するための補助的権能であると解する
　　　↓そして
補助的権能と解すると、国政調査権の範囲は憲法上の権能の及ぶ部分に限られることになるが、各議院の権能は立法権を中心に極めて広汎な事項に及んでいるため、純粋な私的事項を除き、ほぼ国政の全般が国政調査権の範囲に含まれる
　　　↓もっとも
国政調査権の行使に当たっては、その目的・対象・方法について一定の限界が存在する

【事案①】の場合
ある刑事事件に関する確定判決について国政調査権を行使する場合、司法権の独立、特に裁判官の職権行使の独立との関係でその限界が問題となる
　　　↓この点について
裁判所に現に係属中の事件に関する訴訟指揮の当否を調査することや、又は確定した事件であっても判決の内容の当否を調査することは、司法権の独立を侵すものとして許されないと解すべきである
　　　↓他方
たとえ現に係属中の事件において審理されている事実と同一の事実について調査するものであっても、立法目的・行政監督目的など、裁判所の審理とは異なる目的で行われ、その手段・方法も司法権の独立を侵さないよう配慮したものであれば、司法権の独立との抵触もなく許容されると解する
　　　↓あてはめ
【事案①】の調査は、確定判決の内容の当否を調査するものであり、司法権の独立を侵すものとして許されない

【事案②】の場合
検察事務は行政権の作用に属するから、国政調査権の範囲が及ぶ一方、裁判と密接に関連する準司法的作用でもあるから、司法権の独立に準じた配慮が必要となる
　　↓そこで
①起訴・不起訴について、検察権の行使に不当な政治的圧力を加える「目的」でなされる調査、②起訴事件に直接関連する事項や公訴追行の内容を「対象」とする調査、③捜査の続行に重大な支障を及ぼすような「方法」でなされる調査は許されないと解する
　　　　↓あてはめ
【事案②】の調査は、検察権の行使に不当な政治的圧力を加える「目的」は認められず（①不充足）、起訴事件に直接関連する事項や公訴追行の内容を「対象」とするものでもなく（②不充足）、捜査の続行に重大な支障を及ぼすような「方法」でなされるものともいえない（③不充足）
　　　　↓したがって
【事案②】の調査は、検察権との関係で国政調査権の限界を超えるものとはいえず、許される

(c)　一般行政権との関係

　　議院内閣制（⇒70頁）の下、国会には行政監督権が認められていることから、行政権の作用は、その適法性と妥当性について、全面的に国政調査権の対象となるのが原則である。

　　したがって、内閣は、各議院から国政調査権に基づき、必要な報告又は記録の提出を求められたときは、原則として、その求めに応じなければならない（国会104Ⅰ）。もっとも、内閣は、国家の重大な利益に悪影響を及ぼす旨の声明を出したときは、その報告又は記録の提出を拒むことができる（国会104Ⅲ）。

　　ここでは、主に公務員（現職・退職を問わない）には守秘義務があることとの関係で国政調査権の限界が問題となる。たとえば、公務員が証人喚問され、議院の求めに応じて秘密を開示してしまうと守秘義務違反で処罰されるおそれがある一方、「正当な理由」なく証言を拒むと議院証言法7条違反で処罰されるおそれがある。このようなジレンマを解決するため、議院証言法5条が以下の規律を設けている。

　　→本人（証人である公務員）又はその所属する公務所から職務上の秘密に関連しているとの申立てがあった場合には、その公務所・監督庁の承認がなければ証言等を強制できない（同Ⅰ）が、当該公務所・監督庁が承認を拒む場合にはその理由を疎明しなければならず（同Ⅱ）、議院がその理由を受諾できない場合は、内閣に「国家の重大な利益に悪影響を及ぼす旨」の声明を要求することができ、内閣がこの声明を出したときは、本人は証言等を拒むことができる（同Ⅲ）

(d)　人権との関係

　　国政調査権を行使するに当たっては、国民の権利・自由を侵害するような手段・方法であってはならない。

　　ex.1　調査の目的と関係のない個人の極めて私的な事項について証言等を求める場合、プライバシー権（13）の侵害を理由に証言等を拒むことができる

　　ex.2　証人の思想や宗教上の信条の告白を強制する場合、思想・良心の自由（19）や信教の自由（20）の侵害を理由に証言等を拒むことができる

　　ex.3　「自己に不利益な供述」の拒否権（黙秘権、38Ⅰ）の保障は、議院での証人喚問における証言にも及ぶ

　　なお、調査のためであっても、刑事訴訟法上の強制手段（住居侵入、捜

索、押収、逮捕など）が許されないのは、言うまでもない（札幌高判昭30.8.23）。

2-4 国会議員の地位

一　国会議員の権能	**学習の指針**
二　国会議員の特権	

この節では、国会議員の権能のほか、国会議員に特別に認められている不逮捕特権や免責特権に関する知識を学んでいきます。いずれの特権も試験対策上重要ですので、しっかりと読み込んでいきましょう。

一　国会議員の権能

　国会議員は、衆議院・参議院のいずれの議院に属していても、すべて全国民の代表（43Ⅰ）とみなされ、国会を構成する最小単位とされる。そのような国会議員には、様々な権能が付与されている。

　憲法上付与されている権能としては、国会召集要求権（53）、質疑・討論・表決権（56、57）、表決の会議録記載要求権（57Ⅲ）がある。

　また、国会法上付与されている権能としては、議案の発議権（国会56Ⅰ）、修正動議の提出権（国会57、57の2等）、内閣に対する質問権（国会74以下）などがある。

　さらに、国会議員は法律案の提出権も有する。その根拠については、「議案の発議権」（国会56Ⅰ）に含まれると解するものや、国会が「唯一の立法機関」（41）である以上、国会議員は当然に法律案を議院に提出できると解するものもある。

　→いずれにしても、国会議員が法律案も含む「議案」を発議するためには、国会法上、一定の要件を満たす必要がある（一般議案については、発議者のほか、衆議院では議員20人以上、参議院では議員10人以上の賛成が必要（国会56Ⅰ本文）とされ、予算を伴う法律案については、衆議院では議員50人以上、参議院では議員20人以上の賛成が必要（同Ⅰ但書）とされる）

◀渡辺ほかⅡ・272頁

二　国会議員の特権

　国会議員には、上記のように重要な権能が付与されており、国政を託された全国民の代表として自主的に活動し、その職責を十全に果たすことが期待される。そこで、国会議員には、①不逮捕特権（50）、②免責特権（51）、③歳費受領権（49）という3つの特権が与えられている。「特権」である以上、安易に内容を拡大して解釈したり、他の主体（地方議会の議員など）に類推解釈を及ぼすようなことは許されない。

◀渡辺ほかⅡ・272頁以下
　芦部・318頁以下

1　不逮捕特権

(1)　意義・趣旨

　50条は、「両議院の議員は、法律の定める場合を除いては、国会の会期中逮捕されず、会期前に逮捕された議員は、その議院の要求があれば、会期中これを釈放しなければならない」と規定し、国会議員に不逮捕特権を保障している。

　不逮捕特権が保障される目的は、①議員の身体の自由を保障して、政府の権力により議員の職務の遂行が妨げられないようにすることと、②議院の正常な活動を保障すること（議院の審議権を確保すること）にある。この2つの目的は相互に排斥し合うものではないものの、いずれの目的を重視するか

によって、下記(2)(b)で説明するいくつかの問題に対する結論に違いが生じる。

　不逮捕特権は「会期中」に認められるので、会期外（国会の閉会中）に不逮捕特権は及ばない。また、「逮捕」とは、広く公権力による身体の拘束を意味するが、訴追されないという意味までは含まない（東京地判昭37.1.22／百選Ⅱ［第7版］〔169〕）。

(2)　「法律の定める場合」

　これには、①「院外における現行犯罪」の場合（国会33）と、②当該議員の所属する議院の許諾がある場合（国会33）の2つがある。

(a)　①「院外における現行犯罪」の場合

　この場合には、犯罪事実が明白であり不当逮捕のおそれもないため、不逮捕特権は及ばない。

(b)　②当該議員の所属する議院の許諾がある場合

論点

ア　議院の許諾の判断基準

　議院の許諾の判断基準については、不逮捕特権の目的のいずれを重視するかと関連して、見解の対立がある。

　まず、①議員の身体の自由を保障して、政府の権力により議員の職務の遂行が妨げられないようにするという目的を重視する場合には、当該議員に対する逮捕請求の理由が正当かどうかが議院の許諾の判断基準になる。

　他方、②議院の正常な活動を保障すること（議院の審議権を確保すること）という目的を重視する場合には、逮捕請求を受けた当該議員が議院の審議にとって特に必要かどうかが議院の許諾の判断基準になる。

　　→この立場では、たとえ当該議員に対する逮捕請求の理由が正当であっても、当該議員が議院の審議にとって特に必要であると議院が判断すれば、議院は当該議員の逮捕を許諾しないこともできる

イ　議院の許諾に条件・期限を付けることの可否

　次に、逮捕請求を許諾する場合であっても、議院はその許諾に一定の条件・期限を付けることができるかが問題となる。

　まず、②議院の正常な活動を保障すること（議院の審議権を確保すること）という目的を重視する場合には、議院の許諾に条件・期限を付けることも許されるとの結論に結びつくものと考えられる。

　一方、①議員の身体の自由を保障して、政府の権力により議員の職務の遂行が妨げられないようにするという目的を重視する場合、積極・消極いずれの結論もとることが可能と解されている。

　積極説（議院の許諾に条件・期限を付けることも許されると解する説）は、逮捕許諾の請求に対して、議院は全面的に許諾を拒むことができる以上、その許諾に条件・期限を付けたとしても必ずしも違法ではないことを理由とする。

　これに対し、消極説（議院の許諾に条件・期限を付けることは許されないと解する説）は、逮捕を許諾しながらこれに条件・期間を付けるのは逮捕許諾権の本質を無視し、刑事司法の適正を害することを理由とする。

　裁判例（東京地決昭29.3.6／百選Ⅱ［第7版］〔168〕）は、次のとおり、消極説の立場に立っている。

> **判例** 期限付逮捕許諾の可否(東京地決昭29.3.6／百選Ⅱ[第7版](168))
>
> 憲法50条は、「国の立法機関である国会の使命の重大である点を考慮して、現に国会の審議に当っている議院の職務を尊重し、議員に犯罪の嫌疑がある場合においても……国会議員の職務の遂行を不当に阻止妨害することのないよう、……各議院自らに所属議員に対する逮捕の適法性及び必要性を判断する権能を与えたもの」であるとした上で、議院が「適法にして且必要な逮捕と認める限り無条件にこれを許諾しなければならない」とし、「逮捕を許諾しながらその期間を制限するが如きは逮捕許諾権の本質を無視した不法な措置」といわなければならないとしている。

2 免責特権

(1) 意義・趣旨

51条は、「両議院の議員は、議院で行つた演説、討論又は表決について、院外で責任を問はれない」と規定し、国会議員に**免責特権**を保障している。その趣旨は、議員の職務遂行の自由を保障する点にある。

免責特権は、国会議員にのみ認められる特権である以上、地方議会の議員には免責特権が及ばない(最大判昭42.5.24)。 ⇒190頁

(2) 免責の対象となる行為

免責の対象となる行為は、「演説、討論又は表決」に限られず、広く国会議員の職務遂行に付随する行為(議員の国会における意見の表明とみられる行為や、地方公聴会における行為など)も含まれる(東京高判昭44.12.17)。

∵ 免責特権の趣旨は、議員の職務遂行の自由を保障する点にある

もっとも、私語・野次・暴力行為等は議員の職務に付随する行為に含まれず、免責特権は及ばない。

(3) 「責任」の意味

51条にいう「責任」とは、一般国民であれば負うべき民事・刑事上の責任であり、弁護士等の懲戒責任も「責任」に含まれる。

一方、議員の発言・表決等を理由に問われる政治的・道義的責任は「責任」に含まれない。したがって、所属政党・支持団体・選挙人等が、議院において議員が行った発言・表決について、政治的責任・道義的責任を追及することも自由であり、たとえば、所属政党が議員の院内活動を理由に当該議員に一定の懲罰を加え(国会119、120参照)、除名処分を行うことも許される。

(4) 免責特権と国民の名誉・プライバシー権

議院で行った演説や発言であれば、その内容が国民の名誉・プライバシー権を侵害する内容であったとしても、当該議員は、私人との関係において法的責任を免れるのかが問題となる。

判例 国会議員の発言と国家賠償責任～病院長自殺国賠訴訟(最判平9.9.9／百選Ⅱ[第7版](170))

事案: 　衆議院のある委員会における議員Ｙの発言が夫Ａの名誉を毀損し、発言の翌日Ａを自殺にまで追い込むことになったとして、Ａの遺族である妻Ｘは、Ｙに対して民法709条・710条に基づき、国に対して国家賠償法1条1項に基づき、それぞれ損害賠償を請求した。

判旨:①　「本件発言は、国会議員であるＹによって、国会議員としての職務を行うにつきされたものであることが明らか」であるから、「仮に本件発言がＹの故意又は過失による違法な行為であるとしても」、国が「賠償責任を負うことがあるのは格別、公務員であるＹ個人は、Ｘに対してその責任を負わないと解すべきである」。したがって、「本件発言が憲法51条に規定する『演説、討論又は表決』に該当するかどうかを論じるまでもなく」、ＸのＹに対する請求は理由がない。

②　国会でした国会議員の発言が国家賠償法1条1項の適用上違法となるかどうかは、「その発言が国会議員として個別の国民に対して負う職務上の法的義務に違背してされたかどうかの問題である」。

　「国会議員は、立法に関しては、原則として、国民全体に対する関係で政治的責任を負うにとどまり、個別の国民の権利に対応した関係での法的義務を負うものではなく、国会議員の立法行為そのものは、立法の内容が憲法の一義的な文言に違反しているにもかかわらず国会があえて当該立法行為を行うというごとき、容易に想定し難いような例外的な場合でない限り、国家賠償法上の違法の評価は受けないというべきであるが……この理は、独り立法行為のみならず、条約締結の承認、財政の監督に関する議決など、多数決原理により統一的な国家意思を形成する行為一般に妥当するものである」。

③　これに対して、国会議員が行う「質疑、演説、討論等（以下「質疑等」という。）は、多数決原理により国家意思を形成する行為そのものではなく、国家意思の形成に向けられた行為であ」り、「中には具体的事例に関する、あるいは、具体的事例を交えた質疑等であるがゆえに、質疑等の内容が個別の国民の権利等に直接かかわることも起こり得る。したがって、質疑等の場面においては、国会議員が個別の国民の権利に対応した関係での法的義務を負うこともあり得ないではない」。

　「しかしながら、質疑等は、多数決原理による統一的な国家意思の形成に密接に関連し、これに影響を及ぼすべきものであり、国民の間に存する多元的な意見及び諸々の利益を反映させるべく、あらゆる面から質疑等を尽くすことも国会議員の職務ないし使命に属するものであるから、質疑等においてどのような問題を取り上げ、どのような形でこれを行うかは、国会議員の政治的判断を含む広範な裁量にゆだねられている事柄とみるべきであって、たとえ質疑等によって結果的に個別の国民の権利等が侵害されることになったとしても、直ちに当該国会議員がその職務上の法的義務に違背したとはいえない」。憲法51条が「国会議員の発言、表決につきその法的責任を免除している」ことも、「一面では国会議員の職務行為についての広い裁量の必要性を裏付けているということができる」。

④ 「国会議員が国会で行った質疑等において、個別の国民の名誉や信用を低下させる発言があったとしても、これによって当然に国家賠償法1条1項の規定にいう違法な行為があったものとして国の賠償責任が生ずるものではなく、右責任が肯定されるためには、当該国会議員が、その職務とはかかわりなく違法又は不当な目的をもって事実を摘示し、あるいは、虚偽であることを知りながらあえてその事実を摘示するなど、国会議員がその付与された権限の趣旨に明らかに背いてこれを行使したものと認め得るような特別の事情があることを必要とする」。本件発言は、そのような「特別な事情」に該当しない。

3 歳費受領権

「両議院の議員は、法律の定めるところにより、国庫から相当額の歳費を受ける」(歳費受領権、49)。「歳費」とは、国会議員の勤務に対する報酬としての性質を有するものである。もっとも、裁判官の報酬 (79Ⅵ、80Ⅱ) のように、減額されないことまで憲法上保障されているわけではない。

短答式試験
の過去問を解いてみよう

1　憲法第43条第1項は、国会が民意を反映すべき機関であると同時に、国民代表機関であることも意味する。［司H26−14］

○　43条1項は、「両議院は、全国民を代表する選挙された議員でこれを組織する」と規定している。この規定によれば、国会議員は「全国民を代表する」者であり、その国会議員からなる国会は、民意を反映すべき機関であると同時に、国民の代表機関であることも意味する。
⇒2−1　ニ（p.9）

2　各選挙区において選出された議員は、「全国民の代表」となるので、選挙区民から法的に責任を問われることはない。［司H26−14］

○　各選挙区において選出された議員は、「全国民の代表」として、選挙区民（選挙母体）の訓令に拘束されることなく自由に発言・表決することができる（自由委任の原則、命令委任の禁止）。
⇒2−1　ニ（p.9）

3　議員が実質的には政党の媒介によってのみ国民代表者となり得るとする見解に立つと、党議拘束の慣行は、議員が「全国民の代表」であることと矛盾抵触する。［司H26−14］

×　現代の政党国家においては、議員は所属政党の決定に従って行動することによって、国民の代表者としての実質を発揮することができる以上、所属政党による党議拘束の慣行は、議員が「全国民の代表」であること（自由委任の原則）と矛盾抵触せず、自由委任の枠外の問題であると解されている。
⇒2−1　ニ（p.10）

4　比例代表選挙において選出された国会議員も全国民の代表であるが、国会法は、比例代表選出議員が、選出された選挙における他の名簿届出政党に所属する者になったときは退職者となると規定している。［司H18−17］

○　比例選挙において選出された衆議院・参議院の国会議員も「全国民の代表」（43）にほかならないが、国会法は、まさに本肢のような規定を置いている（国会109の2ⅠⅡ参照）。
⇒2−1　ニ（p.10）

5　政党中心の選挙である比例選挙で選ばれた議員であっても、憲法第43条第1項にいう全国民の代表であると解する立場では、党の方針に従わない議員がその党を除名された場合に議員資格を失わせる制度を設けることは、憲法違反である。［予H27−8］

○　比例代表選出議員であっても「全国民の代表」であるとの理解を強調すれば、本肢のような制度を設けることは、自由委任の原則に抵触し、43条1項に違反すると解する余地がある。
⇒2−1　二（p.10）

6　政党を基礎にその得票数に比例して議席配分を行う比例選挙が政党中心の選挙であることを重視する立場では、当選人として議員の身分を取得した時の党籍を失った場合に議員資格を失わせる制度を設けることは、憲法違反である。［予H27−8］

×　比例選挙は政党中心の選挙であるとの理解を強調すれば、本肢のような制度（国会109の2参照）は、43条1項に違反しない。
⇒2−1　二（p.10）

7　比例選挙が政党中心の選挙であることと憲法第43条第1項の全国民の代表という文言を共に重視する立場では、党の方針に従わない議員を除名しても議員資格を失わせない制度を設けることは、憲法違反である。［予H27−8］

×　本肢のような立場からすると、党の方針に従わない議員を除名しても議員資格を失わせない制度を設けても、それは「全国民の代表」という文言を重視した結果であるので、憲法違反とはならない。
⇒2−1　二（p.10）

8　小選挙区選出の衆議院議員について、政党の方針に反したことを理由として除名された場合に議員の身分を当然喪失するとの制度を設けても、違憲とは解されない。［予H28−8］

×　比例代表選出議員ではなく小選挙区選出議員について、党の方針に従わない議員が当該政党を除名された場合に議員資格を失わせる制度を設けることは、43条1項に違反する。
⇒2−1　二（p.10）

9　憲法第41条の「国権の最高機関」につき、国政全般を統括する機関であるとの見解に立たないとしても、どの国家機関に帰属するのか不明確な権能については国会に属するものと推定することは可能である。［司R2−14］

○　「国権の最高機関」に法的な意味はないと考える見解（政治的美称説）に立っても、どの国家機関に帰属するのか不明確な権能については国会に属するものと推定することは可能と解されている。
⇒2−1　三（p.11）

10　憲法第41条にいう「立法」を国民に義務を課しあるいは権利を制限する法規範の定立と解するならば、栄典はそれを授与された者に利益を与えるにすぎないから、栄典制度を政令で定めても違憲とはいえない。［司H21－14］

○　本肢の立場に立つ場合、栄典は国民に義務を課すものでも権利を制限するものでもない以上、「立法」には当たらず、これを政令で定めても違憲とはならないことになる。
⇒2－1　四（p.11）

11　憲法第41条の「立法」につき、実質的意味の立法を意味しているとの見解に立つと、国民の権利を直接に制限し、義務を課す法規範についてのみ法律で定めれば足り、行政各部の組織の根本部分について法律で定めてはならないこととなる。［司R2－14］

×　実質的意味の立法とは、「一般的・抽象的な法規範」を意味すると解するのが通説であり、行政各部の組織の根本部分についても「一般的・抽象的な法規範」にほかならないので、法律で定めることも可能である。
⇒2－1　四（p.11）

12　「唯一の立法機関」の意味の一つは、国会中心立法の原則である。それは、形式的意味の立法が専ら国会で法律という形式で定められなければならないという原則である。［司H27－13］

×　国会中心立法の原則とは、「実質的意味の立法」は、憲法の特別の定めがある場合を除いて、専ら国会が法律という形式で定めなければならないという原則である。
⇒2－1　四（p.11）

13　国会中心立法の原則には例外がある。その例外は、憲法に特別の定めがある最高裁判所規則の制定だけである。［司H27－13］

×　憲法の特別の定めがある場合としては、議院規則の制定（58Ⅱ）と最高裁判所規則の制定（77Ⅰ）が挙げられる。
⇒2－1　四（p.11）

14　憲法第73条第6号は委任命令を一般的に認めているが、多数説は、専門技術性と迅速な対応の必要性から、権利や義務に関して法律の内容の詳細規定の命令への委任を認めている。［司H27－14］

×　政令への罰則の「委任」に関する73条6号但書は、委任命令の存在を前提とする規定と解されているが、委任命令を一般的に認めたものではなく、委任命令そのものを直接明示した規定ではない。
⇒2－1　四（p.12）

15　独立行政委員会が規則制定という準立法的作用を行うことは、国会を唯一の立法機関と定める憲法第41条に反するものではない。［司H26－15］

○　委任立法は条理上許容されると解されており、独立行政委員会が規則制定という（準）立法的作用を行うことも、国会中心立法の原則（41）に反するものではない。
⇒2－1　四（p.12）

16 憲法第41条からして、命令に委任する場合には、白紙委任が禁止される。さらに、学説は、当該法律の本質をなす部分や重要事項に関して議会が定めることを求める。[司H27-14]

○ 立法権を事実上放棄するような一般的・包括的な白紙委任は禁止される（最大判昭37.5.30／百選Ⅱ[第7版]〔208〕参照）。また、学説上では、当該法律の本質をなす部分や重要事項に関しては、国会が定めておくことが要請されると考えられている。
⇒2-1 四 (p.12)

17 国家公務員法第102条第1項は国家公務員に禁止される政治的行為の具体的定めを広く人事院規則に委任しているが、一般に公務員の政治的中立性を損なうおそれのある政治的行為を禁じることは許されるのであり、同条同項はそのような行動類型の定めを委任するものであって、委任の限界を超えることにはならない。[司H20-2]

○ 猿払事件判決（最大判昭49.11.6／百選Ⅰ[第7版]〔12〕）参照
⇒2-1 四 (p.12)

18 判例は、被勾留者には一般市民としての自由が制約されることを理由に、14歳未満の者との接見を原則として認めていなかった当時の監獄法施行規則を委任の趣旨の範囲内とした。[司H27-14]

× 判例（最判平3.7.9）は、旧監獄法施行規則120条は、[旧監獄法]法50条の委任の範囲を超えた無効のものであるとしている。
⇒2-1 四 (p.12)

19 判例は、インターネット販売が認められる医薬品を一定の医薬品に限定した薬事法施行規則について、法律の委任の範囲を逸脱した違法なものであるとした。[司H27-14]

○ 判例（最判平25.1.11／百選Ⅱ[第7版]〔A19〕）参照
⇒2-1 四 (p.13)

20 「唯一の立法機関」の意味の一つは、国会単独立法の原則である。それは、国会による立法は、国会以外の機関の参与を必要としないで成立するという原則である。[司H27-13]

○ 本肢のとおりである。
⇒2-1 四 (p.14)

21 条約は、国会による承認及び内閣による締結の後、天皇が国事行為としてこれを公布することによって有効に成立する。[司R2-18＝予R2-11]

× 天皇による「公布」（7①）は法律や条約の内容を国民に周知するために求められる施行要件にすぎず、成立要件ではない。
⇒2-1 四 (p.14)

22 日本国憲法が二院制を採用したのは、異なる選挙制度や議員の任期が異なること等によって、多角的かつ長期的な視点からの民意を反映させ、衆議院と参議院との権限の抑制、均衡を図り、国政の運営の安定性、継続性を確保しようとしたものと解される。[司H27-12]

○ 判例（最大判平24.10.17／百選Ⅱ[第7版]〔150〕）参照
⇒2-2 一 (p.15)

23 両議院は、それぞれ独立して活動し、独立して意思決定を行うのが原則である。ただし、両議院の議決が異なった場合に必要的又は任意的に開かれる両院協議会は、各議院において選挙された委員によって構成される。[司H25－16＝予H25－9]

○ 二院制から独立活動の原則が導かれるが、その例外として両院協議会の制度が設けられている（59Ⅲ、60Ⅱ、61等）。両院協議会は、各議院で選挙された各々10人の委員によって組織される（国会法89）。
⇒2－2 － (p.16)

24 参議院と比べて衆議院の方が議員の任期が短いこと、衆議院に解散の制度があることは、衆議院の優越の根拠とはならない。[司H30－15＝予H30－10]

× 参議院と比べて衆議院の方が議員の任期が短いこと、衆議院には解散の制度があることから、解散後に実施される衆議院議員総選挙により民意を問い直すことができ、参議院よりも衆議院の方がより民意を直接的に反映できる会議体であるといえる。これは、衆議院の優越の根拠となる。
⇒2－2 － (p.16)

25 憲法改正の発議及び予備費支出の承諾については、議決において衆議院の優越はなく、両議院の議決は対等である。[司H30－15＝予H30－10]

○ 本肢の事項については、両議院対等とされている。
⇒2－2 － (p.17)

26 衆議院が可決した法律案を参議院が可決しなかった場合には、衆議院が出席議員の3分の2以上の多数で再び可決して法律として成立させることができるが、衆議院の再議決の前には両院協議会を開くことが憲法上求められている。[司H24－15＝予H24－9]

× 本肢の場合、両院協議会の開催は任意的であり、開催の決定権は衆議院にある（59Ⅲ）。
⇒2－2 － (p.17)

27 衆議院と参議院の関係について、日本国憲法は、衆議院に法律案及び予算の先議権を認めているが、法律案及び予算について両議院の意見が対立した場合には、両院協議会を開かなければならないとしている。[司H27－12]

× 衆議院に予算の先議権は認めている（60Ⅰ）が、法律案の先議権は認められていない。また、法律案につき両院協議会の開催は任意的であるが（59Ⅲ）、予算につき両院協議会の開催は必要的である（60Ⅱ）。
⇒2－2 － (p.17)

28　条約締結の国会承認については、衆議院の優越が認められており、条約承認の議案は、先に衆議院に提出しなければならない。［司Ｒ２－18＝予Ｒ２－11］

× 61条は、衆議院の優越に関する規定（60Ⅱ）のみを準用し、衆議院の予算先議権の規定（60Ⅰ）を準用していないため、条約承認の議案については、先に参議院に提出しても構わない。
⇒2-2 ー（p.17）

29　条約の承認に関する衆議院の優越の程度は、法律案の議決、予算の議決のいずれの場合と比べても小さい。［司Ｈ30－15＝予Ｈ30－10］

× 予算の議決の場合は、条約の承認には認められていない先議権が認められている（60Ⅰ）ので、条約の承認に関する衆議院の優越の程度は、予算の議決の場合と比べて小さいといえる。一方、法律案の議決と条約の承認は、いずれも衆議院に先議権が認められていないが、条約の承認については、再議決の必要がない点で、法律案の議決よりも衆議院の優越の程度が大きいといえる。
⇒2-2 ー（p.17）

30　条約の締結に必要な国会の承認については、予算の場合と同様、衆議院の優越が認められており、両議院が異なる議決をした場合、衆議院で出席議員の3分の2以上の多数で再び可決したときは、条約が承認される。［司Ｈ28－20］

× 国会の承認については、予算の場合と同様に、衆議院の優越が認められている（61）。そして、両者ともに再議決の必要はない。
⇒2-2 ー（p.17）

31　条約締結の国会承認については、衆議院の優越が認められており、両議院が異なる議決をした場合で、両院協議会を開いても意見が一致しないときは、衆議院の議決が国会の議決となるが、衆議院は、両院協議会の開催を拒むことができる。［司Ｈ19－20］

× 条約締結に対する国会の承認については、衆議院の優越が認められている（61、60Ⅱ）。もっとも、両院の議決が異なった場合、両院協議会の開催は必要的である。
⇒2-2 ー（p.17）

32 国民の選挙権を制限するためには、そのような制限をすることがやむを得ない
　と認められる事由がなければならないが、選挙権の保障には投票をする機会の保
　障は含まれないため、投票機会の確保のための措置を採るか採らないかについて
　は広汎な立法裁量が認められる。[司H27-16]

× 判例（最大判平17.
9.14／百選Ⅱ[第7版]
〔147〕）は、「憲法は、
国民主権の原理に基づ
き、両議院の議員の選
挙において投票をする
ことによって国の政治
に参加することができ
る権利を国民に対して
固有の権利として保障
しており、その趣旨を
確たるものとするため、
国民に対して投票をす
る機会を平等に保障し
ている」としている。
⇒2-2　ニ (p.18)

33 判例は、平成10年の改正前の公職選挙法が在外日本国民の選挙権を全く認め
　ていなかったことは憲法第15条第1項、第3項、第43条第1項等に違反すると
　解し、さらに、同改正後の公職選挙法附則の規定が、当分の間、在外選挙制度の
　対象を比例代表選出議員の選挙に限定したことについても、同改正当時、比例代
　表選出議員の選挙についてだけ在外国民の投票を認めることとしたのには全く理
　由がなく、上記憲法各条項に違反すると解している。[司R2-13]

× 判例（最大判平17.
9.14／百選Ⅱ[第7版]
〔147〕）の趣旨に照ら
すと、本肢前段は正し
い。もっとも、同判例
は、「初めて在外選挙制
度を設けるに当たり、
まず問題の比較的少な
い比例代表選出議員の
選挙についてだけ在外
国民の投票を認めるこ
ととしたことが、全く
理由のないものであっ
たとまでいうことはで
きない」としており、
本肢後段は誤りである。
⇒2-2　ニ (p.19)

34 憲法第14条第1項に定める法の下の平等は、選挙権に関しては、国民は全て
　政治的価値において平等であるべきとする徹底した平等化を志向するものであ
　り、選挙権の内容、すなわち各選挙人の投票の価値の平等も、憲法が要求すると
　ころである。[司H23-4]

○ 判例（最大判昭51.
4.14／百選Ⅱ[第7版]
〔148〕）参照
⇒2-2　ニ (p.19)

35 議員定数配分に際しては、人口比例の原則が最も重要かつ基本的な基準ではあ
　るが、投票価値の平等は、国会が正当に考慮することのできる他の政策的な目的
　ないし理由との関連において調和的に実現されるべきものであり、国会の裁量権
　の行使の際における考慮要素にとどまる。[司H23-4]

× 判例（最大判昭51.
4.14／百選Ⅱ[第7版]
〔148〕）は、「投票価値
の平等」は、「単に国会
の裁量権の行使の際に
おける考慮事項の一つ
であるにとどまり、憲
法上の要求としての意
義と価値を有しないこ
とを意味するものでは
ない」としている。
⇒2-2　ニ (p.20)

36 選挙権の平等には各選挙人の投票価値の平等も含まれるが、国会によって定められた選挙制度における投票価値が不平等であっても、その不平等が国会の有する裁量権の行使として合理的と認められるのであれば、憲法第14条に違反しない。[司H28－3＝予H28－2]

○ 判例（最大判昭51. 4.14／百選Ⅱ［第7版］〔148〕）参照
⇒2－2 二（p.20）

37 議員定数をどのように配分するかは、立法府である国会の権限に属する立法政策の問題であるが、衆議院議員選挙において、選挙区間の投票価値の格差により選挙人の選挙権の享有に極端な不平等を生じさせるような場合には、例外的に、立法府の裁量の範囲を超えるものとして、憲法違反となる。[司H18－9]

× 判例（最大判昭51. 4.14／百選Ⅱ［第7版］〔148〕）は、「憲法の選挙権の平等の要求に反する程度になっていた」としても、「直ちに当該議員定数配分規定を憲法違反とすべきものではなく、……合理的期間内における是正が憲法上要求されていると考えられるのにそれが行われない場合に始めて憲法違反と断ぜられる」としている。
⇒2－2 二（p.20）

38 衆議院の議員定数配分規定が選挙権の平等に反して違憲と判断された場合、行政事件訴訟法の事情判決の規定には、一般的な法の基本原則に基づくものとして理解すべき要素も含まれていると考えられ、公職選挙法も選挙関係訴訟については上記規定の準用を明示的に排除していないため、事情判決の法理により、その選挙の違法を主文で宣言することができる。[司R元－16]

× 判例（最大判昭51. 4.14／百選Ⅱ［第7版］〔148〕）は、「公選法の選挙の効力に関する訴訟についてはその準用を排除されているが（公選法219条）、……行政事件訴訟法の規定に含まれる法の基本原則の適用により、選挙を無効とすることによる不当な結果を回避する裁判をする余地もありうるものと解する」としている。
⇒2－2 二（p.21）

39 投票価値の不平等が、国会において通常考慮し得る諸般の要素をしんしゃくしてもなお、一般的に合理性を有するものとは考えられない程度に達し、かつ、合理的期間内における是正が憲法上要求されているのに行われない場合、当該選挙は違憲無効となる。[司H23－4]

× 判例（最大判昭51. 4.14／百選Ⅱ［第7版］〔148〕）は、本肢のような場合であっても、「本件選挙は憲法に違反する議員定数配分規定に基づいて行われた点において違法である旨を判示するにとどめ、選挙自体はこれを無効としないこととするのが、相当であ」るとしている。
⇒2－2 二（p.21）

40 一般的な法の基本原則に基づくものとして事情判決の法理を適用して、選挙を無効とせず違法の宣言にとどめるのは、当該選挙を無効とすることによって憲法が所期していない結果を生じることを回避するためである。[司H26－17]

○ 判例（最大判昭51. 4.14／百選Ⅱ［第7版］〔148〕）参照
⇒2－2 二（p.21）

41 定数配分規定の違憲判断を選挙の効力と結び付けず、訴訟が提起された選挙区の選挙だけを無効とする手法は、投票価値が不平等であるとされた選挙区からの代表者がいない状態で定数配分規定の是正が行われるという問題がある。[司H26－17]

○ 本肢のとおりである。
⇒2－2　ニ（p.21）

42 衆議院議員選挙における1人別枠方式については、人口の少ない県に居住する国民の意思をも十分に国政に反映させるという目的は合理的であるが、その結果生じる投票価値の較差が過大であるから違憲である。[司H27－16]

× 判例（最大判平23.3.23／百選Ⅱ[第7版]〔153〕）は、1人別枠方式について、「人口の少ない県に居住する国民の意思をも十分に国政に反映させることができるようにすることを目的とする旨の説明がされている」が、そのような配慮は「全国的な視野から法律の制定等に当たって考慮されるべき事柄であ」り、選挙区間の「投票価値の不平等を生じさせるだけの合理性があるとはいい難い」としている。
⇒2－2　ニ（p.21）

43 判例は、衆議院議員選挙におけるいわゆる1人別枠方式について、小選挙区比例代表並立制の導入に当たり、直ちに人口比例のみに基づいて定数配分を行った場合の影響に配慮するための方策であり、新選挙制度が定着し運用が安定すればその合理性は失われるとしている。[司H30－13＝予H30－8]

○ 判例（最大判平23.3.23／百選Ⅱ[第7版]〔153〕）参照
⇒2－2　ニ（p.21）

44 参議院議員の選挙区選挙については、地域代表の性質を有するという参議院の特殊性により、投票価値の平等が直接的には要求されないと解されるから、衆議院議員選挙の場合とは異なり、選挙区間における投票価値の格差が5倍を超えるような場合であっても、憲法違反とはならない。[司H18－9]

× 判例（最大判昭58.4.27）は、「参議院地方選出議員の仕組みについて事実上都道府県代表的な意義ないし機能を有する要素を加味」することも許容されるとした上で、参議院議員の「選挙制度の仕組みの下では、投票価値の平等の要求は、人口比例主義を基本とする選挙制度の場合と比較して一定の譲歩、後退を免れない」としているが、「投票価値の平等が直接的には要求されない」とまではしていない。
⇒2－2　ニ（p.23）

45　参議院議員選挙に関して、判例は、半数改選という憲法上の要請、そして都道府県を単位とする参議院の選挙区選挙における地域代表的性格という特殊性を重視して、都道府県を各選挙区の単位とする仕組みを維持することを是認し続けている。［司H27－12］

46　判例は、参議院議員選挙における定数不均衡の問題について、参議院の半数改選制の要請を踏まえれば投票価値の平等が一定の限度で譲歩を求められても憲法に違反するとはいえないとして、衆議院の場合よりも広い立法裁量を認めてきており、これまで違憲状態を認定したことはない。［司H30－13＝予H30－8］

47　参議院議員選挙における議員定数配分規定の違憲性について、昭和58年4月27日大法廷判決（最大較差　1対5.26倍）は、地方選出議員の地方代表的性格は否定したが、半数改選制、参議院に解散を認めない二院制の本旨といった参議院議員選挙の特殊性を重視して、合憲とした。［司H22－14改］

48　参議院議員選挙における議員定数配分規定の違憲性について、平成8年9月11日大法廷判決（最大較差　1対6.59倍）は、違憲の問題が生じる程度の著しい不平等状態が生じているとしたが、是正のための合理的期間は徒過していないとして、合憲とした。［司H22－14改］

49　参議院議員選挙における議員定数配分規定の違憲性について、平成21年9月30日大法廷判決（最大較差　1対4.86倍）は、結論的には合憲としつつも、投票価値平等の観点からは大きな不平等が存し較差の縮小を図ることが求められること、そのためには現行の選挙制度の仕組み自体の見直しが必要となり、国会において速やかに適切な検討が行われることが望まれると判示した。［司H22－14改］

× 判例（最大判平24.10.17／百選Ⅱ［第7版］〔150〕）は、「都道府県を単位として各選挙区の定数を設定する現行の方式をしかるべき形で改めるなど、現行の選挙制度の仕組み自体の見直しを内容とする立法的措置を講じ、できるだけ速やかに違憲の問題が生ずる前記の不平等状態を解消する必要がある」としている。⇒2－2　二（p.23）

× 「違憲の問題が生ずる程度の著しい不平等状態」に至っていると判示して違憲状態を認定した判例（最大判平8.9.11／百選Ⅱ［第5版］〔163〕、最大判平24.10.17／百選Ⅱ［第7版］〔150〕、最大判平26.11.26／平26重判〔1〕）は存在する。⇒2－2　二（p.24）

× 判例（最大判昭58.4.27）は、「参議院地方選出議員の仕組みについて事実上都道府県代表的な意義ないし機能を有する要素を加味」することも許容されるとしており、地方選出議員の地方代表的性格を否定していない。⇒2－2　二（p.24）

○ 判例（最大判平8.9.11／百選Ⅱ［第5版］〔163〕）参照⇒2－2　二（p.24）

○ 判例（最大判平21.9.30／平21重判〔1〕）参照⇒2－2　二（p.24）

50 「憲法第14条第1項に定める法の下の平等は、選挙権に関しては、国民は全て政治的価値において平等であるべきとする徹底した平等化を志向するものである。」という見解は、「地方議会議員選挙においては、当該地方公共団体の住民が、選挙権行使の資格だけでなく、投票価値においても平等に取り扱われるべきである。」という見解の根拠となっている。［司R2−3＝予R2−1改］

○ 本肢前段の見解は、判例（最大判昭51.4.14／百選Ⅱ［第7版］〔148〕）が述べるところであり、地方議会の場合に関する判例（最判昭59.5.17／百選Ⅱ［第7版］〔151〕）は、これを引用して本肢後段の見解を述べている。
⇒2−2 ニ（p.26）

51 選挙や当選の効力に関する争訟において、誰が誰に対して投票したかを解明し、これを公表することは、選挙投票の全般にわたってその秘密を確保しようとする無記名投票制度の精神に反する。［司H26−13＝予H26−9］

○ 判例（最判昭23.6.1）参照
⇒2−2 ニ（p.27）

52 憲法第15条第4項は、「すべて選挙における投票の秘密は、これを侵してはならない。」として投票の秘密を明文で保障しているが、選挙の公正が担保されることは、代表民主制の根幹をなすもので極めて重要であるから、選挙権のない者又は代理投票をした者の投票のような無効投票が存在する場合における議員の当選の効力を判断する手続の中で、こうした無効投票の投票先を明らかにするとしても、その限度では投票の秘密を侵害するものではない。［司R4−13＝予R4−8］

× 判例（最判昭25.11.9／百選Ⅱ［第7版］〔159〕）は、「選挙権のない者又はいわゆる代理投票をした者の投票についても、その投票が何人に対しなされたかは、議員の当選の効力を定める手続において、取り調べてはならない」としている。
⇒2−2 ニ（p.27）

53 小選挙区制の下では、二大政党化への傾向が生じ、そのいずれかの政党が議会の過半数を占め、政権が安定する可能性が高くなる。他方で、議席に反映されない死票が多くなり、国民の間に存在する少数者の意思が議会に反映されにくくなる。［司H24−13］

○ 小選挙区制とは、選挙人団が1人の議員を選出する選挙区制のことをいう。小選挙区制の下では、本肢のような長所・短所が指摘されている。
⇒2−2 ニ（p.28）

54 いわゆる中選挙区制の下では、一つの政党が議会の過半数を占め、政権が安定する可能性が高くなる。他方で、同一政党から複数の候補者が同一選挙区に立候補する結果、小選挙区制と比べて死票が生ずる確率が高くなる。［司H24−13］

× 中選挙区制とは、各選挙区から3〜5人の議員を選出する制度であり、大選挙区制の一種とされるが、単記投票法により議員を選出するものをいう。中選挙区制についても大選挙区制と同様の長所・短所が指摘されており、小選挙区制と異なり、死票が生ずる確率が低いという長所がある。
⇒2−2 ニ（p.28）

55 比例代表制の下では、死票が比較的少なく、有権者の様々な意思が議会に反映されやすくなる。他方で、一つの政党が議会の過半数を占めることが相対的に困難となり、小党分立を招き、政権が不安定になるおそれがある。［司H 24－13］

○ 比例代表制とは、各政党に得票数に比例して議席を配分する制度であり、少数代表制（選挙区内の有権者の少数派からも議員の選出を可能とする方法）の典型例とされる。比例代表制については、本肢のような長所・短所が指摘されている。
⇒2－2 ニ（p.28）

56 名簿式比例代表制という選挙方法は、政党が作成した候補者名簿に有権者が投票するので、憲法が保障する直接選挙の原則に反するか否か問題となるが、最高裁判所は、選挙人の総意により当選人が決定される点において、直接選挙の原則に反しないと判示した。［司H 22－15］

○ 判例（最大判平11.11.10／百選Ⅱ［第7版]〔152①〕）参照
⇒2－2 ニ（p.30）

57 憲法は、政党について規定するところがないが、政党の存在を当然に予定しており、政党は、議会制民主主義を支える不可欠の要素であるから、国会が、参議院議員の選挙制度の仕組みを決めるに当たり、このような政党の国政上の重要な役割を踏まえて、政党を媒体として国民の政治意思を国政に反映させる名簿式比例代表制を採用することは、国会の裁量の範囲内である。［司R 3－12＝予R 3－8］

○ 判例（最大判平16.1.14／百選Ⅱ［第7版]〔154①〕）参照
⇒2－2 ニ（p.32）

58 憲法は、会期制を採用しているが、会期の長さを特定しているわけではないので、国会法で常会の会期を1年間と定めることは可能である。［司H 19－14］

× 常会の会期を「1年間」と定めることは、会期制の趣旨に反する上、常会は「毎年1回」（52）召集するとの規定にも反するため、許されない。
⇒2－2 三（p.32）

59 憲法上、国会の会期を開始させる召集の実質的決定権は内閣にあると解されるが、臨時会については、内閣は、いずれかの議院の総議員の4分の1以上の要求があれば、その召集を決定しなければならない。［司H 19－14］

○ 天皇は国政に関する権能を有しておらず（4Ⅰ）、むしろ内閣の助言と承認が必要であること（7柱書、3）、53条後段が「内閣」と定めていることから、国会の召集の実質的決定権は内閣にあるとされる。また、臨時会については、53条後段が本肢のとおり規定している。
⇒2－2 三（p.33）

60 憲法には、会期延長に関する規定はないが、国会法はこれについて定め、常会、臨時会及び特別会の会期延長の議決について、衆議院の優越を認めている。［司H 19－14］

○ 憲法には、会期延長に関する規定はない。また、国会法13条は、常会、臨時会及び特別会の会期延長の議決について、衆議院の優越を認めている。
⇒2－2 三（p.33）

61 国会の活動につき、憲法は、常会（第52条）、臨時会（第53条）、特別会（第54条第1項）というように一定の期間を単位として行う会期制を採用し、国会法は、会期内に議決に至らなかった議案は後会に継続しないという会期不継続の原則を採用している。［司H29－15］

○ 本肢のとおり、憲法は会期制を採用していると解されており、また、国会法は会期不継続の原則を採用している（国会68本文）。
⇒2－2 三（p.33）

62 憲法は、「会期不継続の原則」を採用しているが、議院の議決によって継続審査に付された案件はその例外としているから、一院で議決された議案は、継続審査に付された後、他院でも議決されれば成立する。［司H19－14］

× 会期不継続の原則を採用しているのは国会法であり、憲法上、同原則に関する明文の規定はない。また、会期不継続の原則には例外（国会68但書）が認められているが、この例外によって後会に継続するのは閉会中審査した「議案」であって「議決」ではないと一般に解されている。
⇒2－2 三（p.33）

63 憲法は、会期制を前提として「一事不再議の原則」を規定しているが、その例外として、法律案について衆議院が再議決することを認めている。［司H19－14］

× 憲法上、一事不再議の原則に関する明文の規定はない。なお、法律案についての再議決の規定（59Ⅱ）は、同原則の例外に当たる。
⇒2－2 三（p.33）

64 両議院の会議は公開が原則であり、本会議については傍聴が認められているほか、その記録は公表され、かつ一般に頒布されなければならない。ただし、出席議員の3分の2以上の多数で議決したときは秘密会を開くことができる。［司H25－16＝予H25－9］

○ 57条1項本文、同条1項但書、同条2項参照
⇒2－2 三（p.35）

65 参議院の緊急集会は、衆議院が解散されて総選挙が行われ、特別会が召集されるまでの間に、国会の開会を必要とする緊急の事態が生じた場合に、内閣又は参議院の総議員の4分の1以上の求めによって開かれる。［予R3－10］

× 参議院の緊急集会の召集を要求できるのは内閣だけであり、参議院議員にその権能は認められていない（54Ⅱ但書参照）。
⇒2－2 三（p.35）

66 参議院の緊急集会は、原則として国会の権能に属する全ての事項を扱うことができるが、各議院の総議員の3分の2以上の賛成による国会の発議が必要とされている憲法改正の発議を行うことはできない。［予R3－10］

○ 参議院の緊急集会（54Ⅱ但書）は、憲法改正の発議（96Ⅰ）や、新たな内閣総理大臣の指名（67Ⅰ）のように、緊急の必要性を欠くものについては代行できないと解されている。
⇒2－2 三（p.35）

67　緊急集会の期間中における参議院議員は、国会の会期中とは異なり、法律の定
　　める場合を除いて逮捕されないという特権や、議院での発言及び表決に対し院外
　　で責任を問われないという特権を有しない。［予Ｒ３－10］

× 　参議院の緊急集会
（54Ⅱ但書）の期間中
であっても、参議院議
員は、会期中の国会議
員と同様、不逮捕特権
（50）・免責特権（51）
を有している。
⇒2－2　三（p.35）

68　衆議院が解散されると参議院は同時に閉会となり、国会は機能を停止するのが
　　原則であるが、その例外が参議院の緊急集会である。ただし、そこで採られた措
　　置は、次の国会開会の後10日以内に衆議院の同意が得られない場合、遡って効
　　力を失う。［司Ｈ25－16＝予Ｈ25－9］

× 　本肢前段は正しい。
もっとも、緊急集会に
おいて採られた措置
は、臨時のものであっ
て、次の国会開会の後
10日以内に、衆議院
の同意がない場合に
は、将来に向かってそ
の効力を失う（54Ⅲ）。
⇒2－2　三（p.35）

69　内閣が条約を締結するには国会の承認を経ることが憲法上必要であるとされる
　　趣旨は、国会による政府の統制を確保することにあるから、国家間の合意の締結
　　には、名称・内容のいかんを問わず、国会の承認が必要となる。［司Ｒ３－20］

× 　国会の条約承認権の
趣旨に関する記述は正
しい。もっとも、国会
の承認が必要となる
「条約」は「名称」の
いかんを問わないもの
の、「内容」によって
は承認を要しないもの
（既存の条約を執行す
るための細部の取極め
など）も存在するので、
「内容のいかんを問わ」
ないとする点は誤りで
ある。
⇒2－3　一（p.36）

70　内閣は、Ａ国との間で、相手国から引渡請求を受けた犯罪人を相互に引き渡す
　　義務を課す犯罪人引渡条約を締結した。ところが、内閣が事後にその承認を国会
　　に求めたところ、国会は、引渡義務の対象から自国民が除外されていないことを
　　理由に、引渡義務の対象から自国民を除外するとの条項を付して、その犯罪人引
　　渡条約を承認するとの議決をした。条約の締結に際して、内閣が事前に国会の承
　　認を受けることは条約の成立要件であるから、この犯罪人引渡条約は、新たな条
　　項の有無にかかわらず国内法上効力が認められない。［司Ｈ18－6改］

× 　内閣による条約の締
結について、国会の承
認は「事前に、時宜に
よっては事後に」（73
③但書）必要となるの
で、事前に国家の承認
を受けることができな
くても、事後に受ける
ことができれば、当該
条約の効力が認められ
る。
⇒2－3　一（p.36）

71　内閣は、Ａ国との間で、相手国から引渡請求を受けた犯罪人を相互に引き渡す
　　義務を課す犯罪人引渡条約を締結した。ところが、内閣が事後にその承認を国会
　　に求めたところ、国会は、引渡義務の対象から自国民が除外されていないことを
　　理由に、引渡義務の対象から自国民を除外するとの条項を付して、その犯罪人引
　　渡条約を承認するとの議決をした。「条約の内容を確定するのは、内閣の職務に
　　属することであるから、国会が行うことができるのは承認か不承認に限られ、国
　　会は犯罪人引渡条約に新たな条項を加えることは認められていない。」との記述
　　は、条約修正権否定説の立場に立つものである。［司Ｈ18－6改］

○ 　条約修正権否定説
は、本肢のように、国
会が行うことができる
のは「承認」か「不承認」
に限られるのであり、
国会の条約修正権を認
めると内閣の条約締結
権を侵害することを理
由とする。
⇒2－3　一（p.37）

72　内閣は、A国との間で、相手国から引渡請求を受けた犯罪人を相互に引き渡す義務を課す犯罪人引渡条約を締結した。ところが、内閣が事後にその承認を国会に求めたところ、国会は、引渡義務の対象から自国民が除外されていないことを理由に、引渡義務の対象から自国民を除外するとの条項を付して、その犯罪人引渡条約を承認するとの議決をした。「国会の条約承認手続において両院協議会の手続が認められていることからして、犯罪人引渡条約に新たな条項を付する決議は、国会に認められた権限である。」との記述は、条約修正権肯定説の立場に立つものである。［司H 18－6改］

○　条約の承認について、両議院が異なる議決をした場合には、必要的に両院協議会を開催しなければならない（61・60Ⅱ）ところ、これは両議院が妥協により条約を修正して承認することも可能であることを前提としているとの理由等から、国会には条約修正権が認められるとの見解（条約修正権肯定説）が主張されている。
⇒2－3　－（p.37）

73　国会の条約修正権を肯定する見解も、修正議決に従った内容の条約を締結するためには相手国との再交渉を必要とする。［司H 26－20］

○　「条約」は国家間の合意である以上、相手国の同意を得ずに修正することは実際上不可能であるから、国会の修正議決に従った内容の条約を締結するためには、内閣が相手国と再度交渉する必要がある。
⇒2－3　－（p.37）

74　内閣は、A国との間で、相手国から引渡請求を受けた犯罪人を相互に引き渡す義務を課す犯罪人引渡条約を締結した。ところが、内閣が事後にその承認を国会に求めたところ、国会は、引渡義務の対象から自国民が除外されていないことを理由に、引渡義務の対象から自国民を除外するとの条項を付して、その犯罪人引渡条約を承認するとの議決をした。条約は国会の議決を必要とする一種の法律であるから、後法優先の原則により、新たな条項の付された条約は国内法として効力を持つことになる。［司H 18－6改］

×　条約修正権肯定説の立場に立っても、条約を修正した上でこれを承認することの効果として、その修正された条約が国内法上の効力を当然に有することにはならない。「条約」は国家間の合意であり、相手国の同意を得ずに修正することは実際上不可能だからである。
⇒2－3　－（p.37）

75　議員の資格争訟の裁判について規定している憲法第55条は、議員資格に関する判断を議院の自律的な審査に委ねる趣旨のものであるが、議員の選挙に関する争訟の裁判は裁判所の権限に属するので、各議院の下した議員資格に関する判断についても裁判所で争うことができる。［司H 28－15］

×　議員の「資格」争訟の裁判（55）は、議員の資格の有無についての判断を専ら議院の自律的な審査に委ねるため、裁判所の審査権が及ばないと解されている。したがって、議員の「資格」争訟の裁判で下された判断を裁判所で争うことはできない。
⇒2－3　ニ（p.38）

76 議院の規則制定について規定している憲法第58条第2項は、各議院が独立して議事を審議し議決する以上、当然のことを定めた規定であり、「各々その会議その他の手続及び内部の規律に関する」事項について、原則として両議院の自主的なルールに委ねる趣旨である。［司H28－15］

○ 本肢のとおりである。
⇒2－3 ニ（p.39）

77 議院規則について、両議院の会議その他の手続及び内部の規律に関する国会法の規定に法的効力を認めると、国会法の改廃について両議院の意思が異なる場合に、参議院の自主性が損なわれるおそれがある。［司R元－14］

○ 各議院の「会議その他の手続及び内部の規律」も法律で定めることができる（規則・法律競管説）とした上で、議院規則と法律の規律が競合した場合には、法律が優先すると解する見解（法律優位説）がある。しかし、法律優位説に対しては、国会法の改廃について参議院が不同意でも、衆議院の優越の仕組みにより成立しうるので、参議院の自主性が損なわれるとの批判がなされている。
⇒2－3 ニ（p.39）

78 議員の懲罰について規定している憲法第58条第2項は、議院がその組織体としての秩序を維持し、その機能の運営を円滑ならしめるためのものであるため、議場内に限らず、議場外の行為でも懲罰の対象となるが、会議の運営と関係のない個人的行為は懲罰の対象とならない。［司H28－15］

○ 議員懲罰権（58Ⅱ）の趣旨は、本肢のとおりである。そして、58条2項にいう「院内」とは、議事堂という建物の内部（議場内）に限られず、組織体としての議院と観念できる場であれば、議場外でも「院内」に含まれるので、議場外の行為でも懲罰の対象となりうる。もっとも、会議の運営と関係のない個人的な行為は、懲罰の対象とならない。
⇒2－3 ニ（p.39）

79 議院による懲罰について、公開議場における戒告、公開議場における陳謝、一定期間の登院停止、除名の4種のいずれの懲罰を科すにも、議院がその組織体としての秩序を維持するため、出席議員の過半数の議決を要する。［司R元－14］

× 「除名」に関しては、出席議員の3分の2以上の多数による議決が必要である（58Ⅱ但書）。
⇒2－3 ニ（p.40）

80 国政調査権は、各議院を構成する個々の国会議員についても認められている権能であるので、個々の国会議員も行使することができる。［司H27－15］

× 国政調査権は、各議院に認められる権能であり、個々の国会議員がこれを行使することはできない。
⇒2－3 ニ（p.40）

81　憲法第62条において、議院は、国政調査に関して、証人の出頭、証言及び記録の提出を要求することができるとされているところ、その実効性を担保するため、法律は、証人が正当な理由なく出頭を拒否した場合や、偽証した場合に刑罰を科す旨を定めている。[予R4－10]

○　国政調査権の実効性を確保・担保するため、「議院における証人の宣誓及び証言等に関する法律」(議院証言法)は、本肢のような規定を設けている。
⇒2－3　ニ (p.40)

82　国政調査権の法的性質を、議院の憲法上の権能を実効的に行使するための補助的権能であると捉える立場からすると、国政調査権が国民の知る権利に仕える機能を有すると理解することはできない。[予R4－10]

×　国政調査権には国民の知る権利(21Ⅰ)に仕える機能があると解されており、かかる機能は、国政調査権の法的性質をどのように捉えるかという問題と次元を異にする。
⇒2－3　ニ (p.40)

83　特定の個人の犯罪行為を発見し、これを処罰するのに必要な証拠を収集するためだけに国政調査権を行使することは、たとえその個人が現職の国会議員であったとしても許されない。[司H20－15]

○　本肢のような国政調査権の行使は、議院の憲法上の権能と関係のない事項を調査するものにほかならないので、たとえその個人が現職の国会議員であったとしても許されない。
⇒2－3　ニ (p.41)

84　国政調査権について、議院が保持する諸権能を実効的に行使するために認められた権能であると解する見解によれば、各議院が、国政調査権の行使として、特定の事件について裁判所の下した判決の内容の当否を調査することが認められる。[司R元－14]

×　本肢のように特定の事件について裁判所の下した判決の内容の当否を調査することは、司法権の独立(特に裁判官の職権行使の独立)を侵害するものであり、許されない。
⇒2－3　ニ (p.41)

85　議院が、係属中の刑事事件において審理されている事実と同一の事実について調査することは、その調査の方法、目的を問わず、司法権の独立を侵すものであって許されない。[予R4－10]

×　本肢のように、係属中の刑事事件において審理されている事実と同一の事実について調査する場合であっても、裁判所の審理とは異なる目的で行われ、その手段・方法も司法権の独立を侵さないよう配慮したものであれば、一般に許容されるものと解されている。
⇒2－3　ニ (p.41)

86　ある罪に関する法改正の要否に関連して、犯罪捜査や公訴提起の状況等、その罪についての検察権の一般的な運用状況について調査することは許される。[司H 20－15]

○　検察事務は行政権の作用に属するから、国政調査権の範囲が及ぶ一方、裁判と密接に関連する準司法的作用でもあるから、司法権の独立に準じた配慮が必要となる。もっとも、本肢のような事項については、特に問題なく調査できるものと考えられている。
⇒2－3　二（p.41）

87　内閣は、各議院から国政調査権に基づき報告又は記録の提出を求められた場合には、国家の重大な利益に悪影響を及ぼすときであっても拒むことができない。[司H 27－15]

×　議院内閣制の下、国会には行政監督権が認められているため、内閣は、原則として国会の求めに応じなければならない（国会104Ⅰ）。もっとも、内閣は、国家の重大な利益に悪影響を及ぼす旨の声明を出したときは、その報告又は記録の提出を拒むことができる（国会104Ⅲ）。
⇒2－3　二（p.43）

88　団体の規制に関する法改正の要否に関連して、議院における証人の宣誓及び証言等に関する法律に基づき証人として出頭したある団体の代表者は、その個人的な信条を明らかにするように尋問された場合でも、証言を拒むことは許されない。[司H 20－15]

×　国政調査権を行使するに当たっては、国民の権利・自由を侵害するような手段・方法であってはならない。したがって、本肢における団体の代表者は、19条・20条の侵害を理由に証言を拒むことができる。
⇒2－3　二（p.43）

89　国会が国の唯一の立法機関である以上、議員は当然に法案をその所属する議院に提出することができるが、この議員の法案提出につき一定の人数の賛同を得ていることを要求するなどして制限を加えることは憲法上許されないのであって、実際、国会法には議員による法案提出を制限する規定はない。[司H 18－17]

×　国会議員が法律案も含む「議案」を発議するためには、国会法上、一定の要件を満たす必要がある（国会56Ⅰ）。
⇒2－4　一（p.44）

90　憲法第50条は、両議院の議員は「法律の定める場合を除いては」国会の会期中逮捕されないと定めており、それを受けて、国会法は、議員が国会の会期中に逮捕され得る場合として、院外における現行犯の場合とその院の許諾のある場合を挙げている。[司H 18－17]

○　憲法50条、国会法33条参照
⇒2－4　二（p.44）

91 不逮捕特権を定める目的が議院の審議権の確保にあるとする見解に立つと、国会議員に対する逮捕請求の理由が正当であっても、議院は、議員の逮捕を許諾しないことができる。［予H26－10］

○ 本肢の見解に立つと、議院が「許諾」（国会33）をするかどうかは、逮捕請求を受けた議員が議院の審議権を確保する上で特に必要かどうかという基準で判断される。したがって、たとえ国会議員に対する逮捕請求の理由が正当であっても、当該国会議員が議院の審議にとって特に必要であると議院が判断すれば、議院は当該議員の逮捕を許諾しないこともできる。
⇒2－4　ニ（p.45）

92 免責特権を定める目的が議員の職務執行の自由の保障にあるとする見解に立つと、地方公聴会における行為まで免責の対象とならない。［予H26－10］

× 本肢の見解に立つと、免責の対象となる行為は、「演説、討論又は表決」に限られず、広く国会議員の職務遂行に付随する行為（議員の国会における意見の表明とみられる行為や、地方公聴会における行為など）も含まれる。
⇒2－4　ニ（p.46）

93 憲法第51条は、国会議員が「議院で行った演説、討論又は表決について、院外で責任を問はれない」と定めているので、議員が所属する政党が、議員の院内での表決などを理由に除名処分を行うことは憲法上許されないが、政党の除名処分が司法審査の対象とならないため、実際にはそうした憲法第51条違反の除名処分に法的統制が及ばないことになっている。［司H18－17］

× 51条にいう「責任」とは、民事・刑事上の責任や弁護士等の懲戒責任を含むが、議員の発言・表決等を理由に問われる政治的・道義的責任は「責任」に含まれない。したがって、議員の院内での表決などを理由に除名処分を行うことも憲法上許される。
⇒2－4　ニ（p.46）

94 国会議員は、議院で行った演説、討論又は表決に加えて、国会における意見の表明とみられる行為や、職務行為に付随する行為に関しては、国民全体に対する関係で政治的責任を負うにとどまり、個別の国民の権利に対応した関係での法的義務を負うものではないから、国会議員の上記の行為そのものが国家賠償法上の違法の評価を受けることはない。［司R3－14］

× 判例（最判平9.9.9／百選II［第7版］〔170〕）は、質疑・演説・討論等の「質疑等の場面においては、国会議員が個別の国民の権利に対応した関係での法的義務を負うこともあり得ないではない」としているので、国会議員のこれらの行為が国家賠償法上の違法の評価を受けることもあり得る。
⇒2－4　ニ（p.47）

95 国会議員が、立法、条約締結の承認、財政の監督等の審議や国政に関する調査の過程で行う質疑等は、多数決原理により国家意思を形成する行為そのものではなく、国家意思の形成に向けられた行為であり、質疑等の内容が個別の国民の権利等に直接関わることも起こり得るので、質疑等において個人の権利を侵害した国会議員は、当該個人に対して損害賠償責任を負う。［司R3−14］

× 判例（最判平9.9.9／百選Ⅱ［第7版］〔170〕）は、仮に国会議員の質疑等が故意又は過失による違法な行為であるとしても、国が賠償責任を負うことがあるのは格別、公務員である国会議員は、当該個人に対してその責任を負わない旨判示している。
⇒2−4　二（p.47）

96 国会議員が、質疑等において、職務と無関係に違法又は不当な目的をもって事実を摘示し、あるいは、あえて虚偽の事実を摘示して、個別の国民の名誉を毀損したと認められる特別の事情がある場合には、国家賠償法第1条第1項に基づいて、国に賠償を求めることができることもある。［司R3−14］

○ 判例（最判平9.9.9／百選Ⅱ［第7版］〔170〕）参照
⇒2−4　二（p.48）

3-1 行政権と内閣

一 はじめに
二 行政権の概念
三 独立行政委員会

学習の指針

本章から、「内閣」について学習していきます。「内閣」のパートでも短答式試験において問われる知識が数多くありますので、まずはざっと全体を一読し、再度読み返すことで知識がより定着しやすくなるでしょう。

一 はじめに

　国家作用の中でも、最も大きな組織・人員を擁して国民生活に密着した多様な活動を行うのは、行政作用である。特に現代の社会福祉国家においては、国民生活の全般について積極的に配慮する行政活動が要請されている。その行政活動全体を統括する地位にあるのが、内閣である。

　明治憲法下では、天皇が統治権を総攬し、「国務各大臣ハ天皇ヲ輔弼シ其ノ責ニ任ス」（明憲55、単独輔弼制）と規定され、内閣については規定すら存在しなかった。また、各国務大臣は、天皇に対して責任を負うだけであり、議会に対して一切責任を負っていなかった。これに対し、日本国憲法下では、「第5章　内閣」において、①内閣に行政権の主体としての地位を認め、②国会と政府との関係について議院内閣制を採用し、③内閣総理大臣に首長としての地位・権能を与えている。

◀渡辺ほかⅡ・276頁以下
芦部・333頁

二 行政権の概念

　65条は、「行政権は、内閣に属する」と規定している。では、内閣に属する「行政権」とは何かが問題となる。

　「行政権」とは、全ての国家作用のうちから立法作用と司法作用を除いた残りの作用をいう（控除説）。控除説が通説的地位を占めている。

　∵① 控除説は、かつての君主の包括的な支配権のうち、立法権が議会に、司法権が裁判所に分化・帰属し、残ったものが行政権になったという歴史的経緯に適合している
　　② 多様な行政活動を包括的に捉えることができる

　もっとも、控除説は、現代の社会福祉国家における行政の概念としては消極的であるため、行政権を積極的に定義しようと様々な見解が学説上主張されている。しかし、いずれの見解も多様な行政活動の全てを捉えきれていないとの問題が指摘されており、消去法ではあるものの、控除説の通説としての地位は現在も維持されているものと解される。

論点

◀渡辺ほかⅡ・282頁以下
芦部・333頁以下

三 独立行政委員会

1 問題の所在

　65条は「行政権は、内閣に属する」と定めているところ、「行政権」を全ての国家作用のうちから立法作用と司法作用を除いた残りの作用（控除説）と解すると、その残りの作用について内閣が自ら行うことが必要となるとも思える。

論点

◀渡辺ほかⅡ・296頁以下
芦部・334頁以下

しかし、国会が「唯一」の立法機関（41）と規定されていたり、「すべて」司法権は裁判所に属する（76Ⅰ）と規定されているのと異なり、行政権は「内閣に属する」としか規定されていないことから、残りの作用について内閣が自ら行うことは必要ではないと解されている。

とはいえ、65条が「行政権は、内閣に属する」と規定した趣旨は、内閣の対国会責任（66Ⅲ）を通じて、行政権の行使を全体として民主的コントロールの下におく点にある。そうすると、実際に行政権を行使する行政各部は、原則として内閣の指揮監督下におかれなければならないはずであるが、いわゆる**独立行政委員会**（政治的中立性が望まれる行政事務を内閣から独立して執行するために法律により設置された委員会組織）は、内閣から多かれ少なかれ独立して活動している。そこで、独立行政委員会の合憲性が問題となる。

2 独立行政委員会の合憲性

現在、独立行政委員会として存在しているのは、人事院、公正取引委員会、国家公安委員会のほか、最近では原子力規制委員会、個人情報保護委員会などが挙げられる。

前述のとおり、内閣の対国会責任（66Ⅲ）を通じて、行政権の行使を全体として民主的コントロールの下におくという65条の趣旨に照らすと、最終的に、**国会の直接的なコントロール（指揮監督）がその独立行政委員会に及ぶのであれば、合憲であると解されている。**また、独立行政委員会の職務には、争訟の裁決・審決や能力の検定など、政治的中立性・技術的専門性が要求されるものもあり、そもそも国会の民主的コントロールになじまない作用を担う機関については、内閣の指揮監督下におかれなくても差し支えないと考えられている。

結局のところ、65条は「行政権は、内閣に属する」と規定しているものの、内閣はあらゆる行政を自ら行う必要はなく、あらゆる行政について直接に指揮監督権を有することも要求されないことになる。

3-2 議院内閣制

> 一　議会と政府の関係
> 二　日本国憲法における議院内閣制

学習の指針

この節では、議院内閣制について説明していきます。議院内閣制について深く学習しようとすると、その歴史や各国のモデルの特徴なども勉強しなければなりませんが、これらは短答式試験で問われる知識ではありませんし、重要なのは日本国憲法下での議院内閣制に関する知識を得ることですので、試験対策上この節の記述は必要最低限の量におさえています。

一　議会と政府の関係

議会（立法権）と政府（行政権）との関係については、各国において様々な型があるとされている。代表的なものとしては、大統領制と議院内閣制がある。

大統領制とは、政府の首長である大統領が国民から実質的に直接選挙され、議会から完全に独立している制度である。大統領は議会に対して政治責任を負わないので、議会から辞職を迫られることはない一方、議会を解散することもできない。大統領も議会も別々に選挙され、それぞれの民主的な基盤をもち、相互に牽制し合う「厳格な分立」といわれる。

◀渡辺ほかⅡ・218頁
　芦部・341頁

　これに対し、議院内閣制とは、議会と政府が一応分立していることを前提に、行政権を担う内閣が議会に対して政治責任を負うという制度である。日本国憲法は、議院内閣制の統治構造を採用している。

【典型的な大統領制と議院内閣制】

	大統領制	議院内閣制
首長の選出方法	国民の直接選挙	議会により選出
議会との関係	①　大統領は議会から独立し、議会による不信任制度がなく、政治責任を負わない ②　解散制度がない ③　大臣（長官）は、議会での出席発言権がない ④　大臣（長官）は、議員を兼ねることができない	①　首相と内閣は議会の信任を基礎とし、議会に対して政治責任を負う ②　解散制度がある ③　大臣は、議会に出席し発言する権利・義務がある ④　大臣は議員を兼ねることができる
政府の中心	独任制の大統領（一人政府） →内閣は大統領に対する助言者にすぎない	首相と大臣から構成される合議体の内閣
権力分立との関係	厳格な分立	緩やかな分立

　日本国憲法は、国政の基本的な仕組みとして議院内閣制を採用しているが、地方政治では、大統領制の基本的な仕組みを一部採用している。
　→知事・市町村長などの「地方公共団体の長」（93Ⅱ）は、地方公共団体を統轄し代表する最高の執行機関であり、住民の直接選挙によって選出される（93Ⅱ）

二　日本国憲法における議院内閣制

1　日本国憲法における議院内閣制の具体的な表れ

　日本国憲法は、議院内閣制の統治構造を採用している。それは、日本国憲法が以下の規定を設けているからである。
　①　内閣の国会に対する連帯責任の原則（66Ⅲ）
　②　衆議院の内閣不信任決議権・解散（69）
　③　国会による内閣総理大臣の指名（67）
　④　内閣総理大臣及び他の国務大臣の過半数が国会議員であること（67Ⅰ、68Ⅰ但書）
　⑤　内閣総理大臣その他の国務大臣の報告・説明義務（63）
　このように、日本国憲法は内閣や国務大臣の対国会責任を制度化しており、議院内閣制を採用していることは明らかであるとされる。

2　議院内閣制の本質

　議院内閣制を採用する各国においても、その内容は一様ではない。そこで、議院内閣制の本質は何かが問題となる。
　まず、①議会（立法権）と政府（行政権）が一応分立していること、②政府が議会に対して連帯して政治責任を負うことという2つの要素が、議院内閣制の本質的要素として挙げられることに異論はない。問題は、権力の均衡の要素を重視し、内閣の衆議院解散権を議院内閣制の必須の要素とするかどうかである。
　この点について、議院内閣制の本質は、あくまでも政府が議会の信任を基礎とし、議会に対して責任を負う点にあると解する見解が**責任本質説**である。
　→責任本質説は、内閣の衆議院解散権を議院内閣制の必須の要素とは考えな

◀渡辺ほかⅡ・218頁以下
　芦部・341頁以下

い

一方、議院内閣制の本質は、政府が議会の解散権を有し、これにより議会との均衡を保持する点にあると解する見解が均衡本質説である。

→均衡本質説は、内閣の衆議院解散権を議院内閣制の必須の要素と考える

3-3 　内閣の組織と権能

3-3-1 　内閣の組織

| 一　はじめに 二　内閣の構成員 三　内閣総理大臣の地位・　権限 | **学習の指針**　ここでは、まず内閣の組織についてみていきます。特に試験対策上重要となるのが、内閣総理大臣の権限です。その他の部分は一読して試験直前期に復習することとして、内閣総理大臣の |

権限は重点的に読み込むことを推奨します。

一　はじめに

憲法は、行政権を担う組織の構成として、「内閣」（65）と「行政各部」（72）という2つの組織を規定している。65条の規定から、その中心となるのは「内閣」であるが、実際に現場において行政事務を遂行するのは「行政各部」である。「行政各部」（行政組織）は、内閣の統轄下でその専門分野ごとに縦割りで組織される官僚組織とされる。

現代の社会福祉国家では、治安維持の任務はもとより、社会保障や経済対策などの多種多様で膨大な任務が政府に課せられており、これらの任務を統一的・効率的に遂行するためには、少数の大臣から構成される内閣の統轄下で、多人数の官僚から構成される行政各部が、実際に現場において行政事務を担う必要があるとされている。

以下では、行政権を担う組織の中心である「内閣」の構成員について説明した後、内閣総理大臣の権限について詳しく説明する。

◀渡辺ほかⅡ・278頁

二　内閣の構成員

1　内閣の構成について

66条1項は、「内閣は、法律の定めるところにより、その首長たる内閣総理大臣及びその他の国務大臣でこれを組織する」と規定している。このように、「内閣」とは、首長たる内閣総理大臣とその他の国務大臣で構成される合議体である。

「内閣総理大臣」は、「国会議員の中から国会の議決」で指名（67Ⅰ前段）され、天皇によって任命される（6Ⅰ）。一方、「国務大臣」は、内閣総理大臣によって任命され（68Ⅰ本文）、天皇によって認証される（7⑤）。

内閣の構成員の資格として、憲法は、①「内閣総理大臣その他の国務大臣は、文民でなければならない」（文民条項、66Ⅱ）という要件と、②国務大臣の過半数は、国会議員でなければならない（68Ⅰ但書）という要件を定めている。以下、順に説明する。

◀渡辺ほかⅡ・291頁以下
　芦部・336頁以下

2　文民条項（66Ⅱ）

66条2項は、「内閣総理大臣その他の国務大臣は、文民でなければならない」

と規定している。この規定を**文民条項**といい、議会に責任を負う文民たる大臣によって軍事権をコントロールし、軍の独走を抑止するという文民統制の原則（シビリアン・コントロール）に基づくものと解されている。

ここでは、「文民」の意味が問題となる。9条2項前段が「前項の目的を達するため、陸海空軍その他の戦力は、これを保持しない」として戦力不保持を規定している以上、内閣に職業軍人は存在し得ない。したがって、「文民」を単に「職業軍人でない者」と解すると、文民条項の意味は特にないことにもなりかねない。そこで、自衛隊が創設され成長している現代においては、シビリアン・コントロールの趣旨から、「文民」とは「現職の自衛官でない者」を意味するものと解する見解が有力である。

→なお、シビリアン・コントロールの趣旨を徹底する観点から、退役した自衛官も「文民」ではないと解する見解も主張されているが、一定期間「文民」から除外されるのならともかく、永遠に「文民」ではないと解するのは行き過ぎであるとされる

3　国務大臣

(1)　68条1項但書について

国務大臣の過半数は、国会議員でなければならない（68Ⅰ但書）。これは、内閣が国会の信任を基礎とする議院内閣制の趣旨を徹底するために規定されたものであるから、内閣の成立要件であると同時に存続要件でもあると解されている。

なお、国会議員の中から選ばれた国務大臣は、その在任中に国会議員の身分を失ったとしても、自動的に国務大臣の身分を失うわけではない。

∵　この規定は、議院内閣制の趣旨を徹底するため、内閣全体として国務大臣の過半数が国会議員であることを求めるものであって、国会議員である国務大臣の在職の要件を定めたものではない

→国会議員である国務大臣が国会議員としての身分を失ったとしても、国務大臣の過半数が国会議員であるという要件を満たしていれば、国務大臣の地位を失うことはない

(2)　国務大臣の地位・権能

(a)　国務大臣の地位

国務大臣は、合議体としての内閣の構成員であるとともに、「主任の大臣」（各省庁の大臣）として行政事務を分担管理するのが通例である（内閣3Ⅰ）。

→もっとも、行政事務を分担管理しない大臣（無任所大臣）が存在しても構わない（同3Ⅱ）

国務大臣は、内閣総理大臣により任命され、任意に罷免される地位に立つ（68ⅠⅡ）。また、国務大臣は、その在任中、内閣総理大臣の同意がなければ、訴追されない（75本文）。　⇒75頁

(b)　国務大臣の権能

国務大臣は、合議体としての内閣の構成員として閣議に列席し（内閣4Ⅰ）、案件のいかんを問わず、内閣総理大臣に提起して閣議を求めることができる（同Ⅲ）。

また、「主任の国務大臣」は、法律・政令に署名する（74）。

さらに、国会議員でなくても、何時でも議案について発言するため議院に出席することができる（63前段）。逆に、答弁又は説明のため出席を求められた国務大臣は、出席義務を負う（63後段）。

三 内閣総理大臣の地位・権限

◀渡辺ほかⅡ・293頁以下
芦部・337頁以下

1 内閣総理大臣の地位

　繰り返しになるが、明治憲法下では、天皇が統治権を総攬し、「国務各大臣ハ天皇ヲ輔弼シ其ノ責ニ任ス」（明憲55、単独輔弼制）と規定され、国務大臣についての規定は存在したものの、内閣についての規定は存在しなかった。また、内閣総理大臣については、内閣官制において「同輩中の首席」としての地位が認められているにすぎず、他の国務大臣と対等の地位を占めるものとされていた。

　これに対し、日本国憲法は、内閣総理大臣に内閣の「首長」（66Ⅰ）としての地位を認め、その権限を強化し、内閣の一体性と統一性を確保するとともに、内閣の国会に対する連帯責任（66Ⅲ）の強化を図っている。

　判例（ロッキード事件丸紅ルート・最大判平7.2.22／百選Ⅱ［第7版］〔174〕）は、内閣総理大臣は「憲法上、行政権を行使する内閣の首長として（66条）、国務大臣の任免権（68条）、内閣を代表して行政各部を指揮監督する職務権限（72条）を有するなど、内閣を統率し、行政各部を統轄調整する地位」にあるとしている。

　具体的には、次に述べる各権限が内閣総理大臣に付与されている。

① 国務大臣の任命権・罷免権（68）
② 行政各部の指揮監督権（72）
③ 国務大臣に対する訴追同意権（75）

以下では、それぞれの権限について説明していく。

2 内閣総理大臣の権限

⑴ 国務大臣の任命権・罷免権（68）

⒜ 国務大臣の任命権（68Ⅰ）

　68条1項は、「内閣総理大臣は、国務大臣を任命する」と規定し、内閣総理大臣に国務大臣の任命権を与えている。内閣の一体性と統一性を確保するとともに、内閣の国会に対する連帯責任（66Ⅲ）の強化を図るという趣旨に基づくものである。国務大臣の任命権は内閣総理大臣の専権に属するので、閣議にかけることを要しない。

　国務大臣の任命権には、先に説明した内閣の構成員の資格に関する2つの制限がある。

　→①「内閣総理大臣その他の国務大臣は、文民でなければならない」（文民条項、66Ⅱ）、②国務大臣の過半数は、国会議員でなければならない（68Ⅰ但書）

　国務大臣の任命には、天皇の「認証」（7⑤）が必要となる。もっとも、天皇の「認証」は、一定の行為が適法になされたことを証明する行為にすぎないので、任命の効力要件ではないと一般に解されている。したがって、天皇の「認証」を待つまでもなく、内閣総理大臣が国務大臣を任命した時点で合議体としての内閣が成立する。

　また、天皇の「認証」には内閣の助言と承認が必要となるが、国務大臣の任命権は内閣総理大臣の専権に属するという事柄の性質上、内閣はこの認証に対する助言と承認を拒むことができないと解されている。

⒝ 国務大臣の罷免権（68Ⅱ）

　68条2項は、「内閣総理大臣は、任意に国務大臣を罷免することができる」と規定し、内閣総理大臣に国務大臣の罷免権を与えている。これも、内閣の一体性と統一性を確保するとともに、内閣の国会に対する連帯責任（66Ⅲ）の強化を図るという趣旨に基づくものである。国務大臣の罷免権も、内閣総理大臣の専権に属する以上、閣議にかけることを要しない。

国務大臣の罷免にも、天皇の「認証」（7⑤）が必要となるが、上記(a)で述べたのと同様、罷免の効力発生に天皇の「認証」は不要である。

また、天皇の「認証」には内閣の助言と承認が必要となるが、上記(a)で述べたのと同様、内閣はこの認証に対する助言と承認を拒むことができない。

(2) 行政各部の指揮監督権（72）

72条は、「内閣総理大臣は、内閣を代表して議案を国会に提出し、一般国務及び外交関係について国会に報告し、並びに行政各部を指揮監督する」と規定している。この文言を素直に読むと、内閣総理大臣は独自に行政各部を指揮監督できると考えることも可能と思われるが、そうではない。

65条は「行政権は、内閣に属する」と規定し、その趣旨は行政権の行使に対する民主的コントロールの確保にあることから、原則として、実際に行政権を行使する行政各部は内閣の指揮監督下におかれなければならない。したがって、行政各部の指揮監督権は、本来、内閣の権限であるといえる。

そして、72条の「内閣を代表して」という文言は、「議案を国会に提出し」という文言にのみ及んでいるわけではなく、「一般国務及び外交関係について国会に報告し、並びに行政各部を指揮監督する」という文言にまで及んでいると一般に解されている。そのため、いずれの権限についても、前提として閣議による内閣の意思決定が存在し、その結果を内閣総理大臣が「内閣を代表して」外部に表示することになると考えられている。内閣法6条も、「内閣総理大臣は、閣議にかけて決定した方針に基いて、行政各部を指揮監督する」と規定している。

以上を整理すると、行政各部の指揮監督権は内閣総理大臣の独自の権限ではなく、本来的には内閣の権限であり、内閣は行政各部の行為について、国会に対して連帯して政治責任（66Ⅲ）を負うことになる。72条が規定する行政各部の指揮監督権などの各権限は、いずれも、内閣総理大臣の「内閣を代表」する権限（内閣代表権）に事実上解消されると考えられる。

では、内閣総理大臣は、常に事前の閣議決定がなければ、行政各部の指揮監督権を行使できないのか。この点について、判例は以下のとおり判示した。

判例　ロッキード事件丸紅ルート（最大判平7.2.22／百選Ⅱ[第7版]（174））

「内閣総理大臣が行政各部に対し指揮監督権を行使するためには、閣議にかけて決定した方針が存在することを要するが、閣議にかけて決定した方針が存在しない場合においても、内閣総理大臣の……地位及び権限に照らすと、流動的で多様な行政需要に遅滞なく対応するため、内閣総理大臣は、少なくとも、内閣の明示の意思に反しない限り、行政各部に対し、随時、その所掌事務について一定の方向で処理するよう指導、助言等の指示を与える権限を有する」。

(3) 国務大臣に対する訴追同意権（75）

75条本文は、「国務大臣は、その在任中、内閣総理大臣の同意がなければ、訴追されない」と規定し、内閣総理大臣に国務大臣に対する訴追同意権を与えている。この規定は、検察組織による不当な影響を防止し、もって内閣総理大臣の首長としての地位と内閣の一体性を確保するという趣旨に基づくものである。

もっとも、75条但書が「これがため、訴追の権利は、害されない」と規定しているとおり、訴追できないのは当該国務大臣の「在任中」であって「在任中の行為」ではない。したがって、当該国務大臣は、その職を退けば訴追

されうる。

(4)　その他の権能（法律・政令の署名と連署）

　74条は、「法律及び政令には、すべて主任の国務大臣が署名し、内閣総理大臣が連署することを必要とする」と規定している。74条の趣旨は、内閣総理大臣及び主任の国務大臣の執行責任を明確にする点にあると解されており、そのため、本条にいう署名や連署は、内閣総理大臣や主任の国務大臣の権限というよりも義務であると考えられている。

3-3-2　内閣の権能

一　内閣の権能	学習の指針
二　内閣の職権行使の手続	

　ここでは、内閣の権能を詳しく学習していきます。内閣の権能に属する事項はたくさんありますが、短答式試験において問われる知識ばかりですので、気を抜かずに読み進めていきましょう。

一　内閣の権能

◀渡辺ほかⅡ・285頁以下
　芦部・338頁以下

1　はじめに

　内閣の権能は、①73条各号に列挙されたものと、②それ以外のものに大別できる。そして、②それ以外のものは、国事行為の助言と承認、国会に対する権能、裁判所に対する権能、財政に関する権能に細分化することができる。

　以下では、順に説明していく。

2　73条各号に列挙された権能

　65条は「行政権は、内閣に属する」と規定しているので、内閣は行政事務を行う一般的権限を有する。

　一方、73条柱書は「内閣は、他の一般行政事務の外、左の事務を行ふ」と規定して、内閣の特に重要な行政事務を列挙している。この規定の趣旨は、本条に列挙されていない行政事務（「他の一般行政事務」）についても内閣が権限を有することを明らかにするとともに、本条に列挙されている特に重要な行政事務については、他の機関に奪われることはないということを明確にする点にある。

(1)　「法律を誠実に執行し、国務を総理すること」（73①）

(a)　法律を誠実に執行する義務（法律執行義務）

　法律の執行は、内閣の伝統的・中心的な職務とされている。

　「誠実」に執行するとは、たとえ内閣にとって賛成できない法律であっても、内閣はその法律の執行を拒否する権限はなく、その目的にかなった執行を行う義務があるという趣旨である。

　では、最高裁判所が違憲と判断した法律であっても、国会がこれを改廃するまでの間、内閣はその法律を執行しなければならないかが問題となる。この点については、最高裁判所が違憲と判断した法律を「誠実に執行」するのは不合理であることや、内閣は憲法尊重擁護義務（99）をも負うことから、例外的にこの場合に限り、内閣はその法律の執行を差し控えることも可能と解されている。

　これに対し、内閣が法律に違憲の疑義があると自ら判断した場合であっても、その法律は合憲であるとの判断に基づいて国会が制定したものである以上、国会の判断が優先されるべきであるから、内閣は国会の判断に拘束され、内閣はその法律の執行を差し控えることは許されない（ただし、

その法律を廃止する案を国会に提出することまで禁じられるわけではない)。

(b)　国務の総理

「国務」とは、立法・司法も含めた国政に関する一切の事務をいう。そして、「国務を総理」するとは、内閣が国政に関する高度の政治的な判断を行い、事務の全般を総合調整して、国家の総合的・戦略的な方向づけを行うことを意味するものとされる。

(2)　外交関係の処理 (73②)

外交関係の処理に関する事務としては、条約の締結を除く外交交渉、外交使節の任免、批准書その他の外交文書の作成などが挙げられる。内閣は、このような外交関係の処理を行うが、これは、法律の執行という行政権の通常の作用とは異なる権限を内閣に帰属させたものといわれている。

なお、条約の締結も、本来的には外交関係の処理に含まれるが、その重要性に鑑みて、以下のとおり特別の規定が別途設けられている。

(3)　条約の締結 (73③)

条約とは、当事国に一定の権利義務関係を設定することを目的とした、文書による国家間の合意をいう。条約、規約、協約、協定、議定書、宣言、憲章など名称のいかんを問わない。

外交関係は政府(君主)の専権とされてきたという伝統や、実際に相手国との交渉に最も適しているのは政府であるといった理由から、条約の「締結」は内閣の権能とされている。

条約は、①内閣が外国と交渉し、②その任命する全権委員が署名・調印し、③内閣が批准(国家として条約を締結する旨の意思を最終的に確認する行為)することによって確定する。

→批准には天皇の認証を必要とする (7⑧参照。なお、批准を留保せず調印だけで条約が確定することもある)

もっとも、内閣が条約を締結するには、「事前に、時宜によつては事後に、国会の承認を経ることを必要とする」(73③但書)。　⇒36頁

(4)　官吏に関する事務の掌理 (73④)

明治憲法下では、官吏に関する事務は天皇の大権事項 (明憲10) とされ、その基準が勅令で定められていたが、日本国憲法下では、「法律の定める基準」に従い、内閣が官吏に関する事務を掌理することとされている。これを受けて制定されたのが国家公務員法である。

「官吏」は、公務員として「全体の奉仕者」(15Ⅱ) たる地位にある者とされており、「官吏」に関する人事行政事務を遂行するために人事院が設置されている。人事院は、内閣の所轄下にあるものの、人事行政の中立・公正を確保するために内閣からの独立性が保障された行政組織 (独立行政委員会)である。　⇒69頁

(5)　予算の作成・提出 (73⑤)

内閣は、予算を作成して国会に提出する。86条も、「内閣は、毎会計年度の予算を作成し、国会に提出して、その審議を受け議決を経なければならない」と規定して、予算の作成・提出権が内閣に専属していることを明らかにしている。

(6)　政令の制定 (73⑥)

73条6号本文は、「この憲法及び法律の規定を実施するために、政令を制定すること」を内閣の権能としている。この文言を素直に読むと、内閣は「憲法及び法律の規定を実施するため」の政令であれば、法律の委任がなくても制定することができるとも思える。

　しかし、「政令」とは、内閣が制定する一般的・抽象的な法規範であるところ、一般的・抽象的な法規範は「唯一の立法機関」(41)である国会が専ら制定するというのが憲法の建前である（国会中心立法の原則）。　⇒11頁

　したがって、内閣が政令を制定するには法律の委任が必要となる。73条6号但書は、「政令には、特にその法律の委任がある場合を除いては、罰則を設けることができない」と規定しているが、これは罰則を設ける場面に限定する趣旨ではないと解されている。

　以上より、内閣が制定を許されているのは、法律が政令に委任した事項を定める委任命令と、法律を執行するための必要な細目を定める執行命令に限定され、法律に定めのない事項を定める独立命令や、既存の法律に代替する内容を定める代行命令を制定することは許されない。

　また、内閣は、「憲法」の規定を直接実施するための政令を制定することも許されないと解されている。国会が「唯一の立法機関」であることを定める41条に鑑みれば、憲法の規定を直接実施する権限をもつのは国会のみであるから、73条6号の「憲法及び法律」は一体のものとして解する必要があるとされている。

(7)　**恩赦の決定**（73⑦）

　恩赦とは、「大赦、特赦、減刑、刑の執行の免除及び復権」(73⑦)であり、大まかにいえば犯罪者を赦免する制度である。国家の慶事に際して行われるのが通常であるとされる。

　明治憲法下では、恩赦の決定も天皇の大権事項（明憲16）とされていたが、日本国憲法下では、これを内閣の権能とし、天皇は単にそれを認証するにとどめている（7⑥）。

　なお、恩赦は、立法権及び司法権の作用を行政権者の判断で変動させるものにほかならないので、恩赦の各種類の内容と手続については、法律で定めることが必要とされており、実際に恩赦法が制定されている。

3　73条各号以外の権能

(1)　**国事行為の助言と承認**

　天皇の国事行為は、内閣の助言と承認に基づいて行われる（3、7）。この助言と承認を与える権限は、憲法が明文で定めた内閣の権限であり、「国政に関する権能を有しない」(4Ⅰ)はずの天皇が再び政治的な存在にならないよう注意し、儀礼的な存在にとどめるための権限とされている。

(2)　**国会に対する権能**

(a)　**国会の召集権**（52、53、7②）

　国会の召集は天皇の国事行為の1つ（7②）であるが、天皇は「国政に関する権能」を有しておらず（4Ⅰ）、むしろ内閣の助言と承認が必要であること（7柱書、3）、臨時会の召集に関する53条後段の主語が「内閣」と定められていることから、国会の召集の実質的決定権は内閣にあると解されている。　⇒33頁

(b)　**衆議院の解散権**

　衆議院の解散権については、項を改めて詳しく説明する。　⇒82頁

(c)　**参議院の緊急集会の請求**（54Ⅱ）

　内閣は、「国に緊急の必要があるときは、参議院の緊急集会を求めることができる」(54Ⅱ但書)。

(d)　**議案提出権**（72）

　72条は、「内閣総理大臣は、内閣を代表して議案を国会に提出」する旨定めているところ、前に説明したとおり（⇒75頁）、この議案提出権は内閣総理大臣の独自の権限ではなく、本来的に内閣の権限に属する。

ここにいう「議案」とは、通常、案を備え議院の議決の対象となるものをいう。憲法上明文の根拠があるものとしては、条約の締結について承認を求める議案（73③）、予算（86）がある。

では、憲法上明文の根拠のない法律案や憲法改正案が「議案」に含まれるかが問題となる。

ア　法律案提出権　⇒14頁

法律は、「提案→審議→議決」というプロセスを経て成立する。内閣の法律案提出権は、立法に不可欠な「提案」という段階に関わるものであるが、立法の本質は「審議」「議決」のプロセスにあり、国会は内閣提出法案を自由に修正・否決できる以上、国会の判断に制約を課しているとはいえない。また、議院内閣制の下では、国会と内閣の協働が要請される。さらに、現代の社会福祉国家においては、積極的に国の施策を具体化する政策立法の必要性が高まっており、かかる必要性に対応できるのは、「国務を総理する」（73①）内閣であると考えられる。

したがって、「議案」には法律案も含まれると解すべきであり、**内閣の法律案提出権は憲法上認められた権限**であると一般に解されている。内閣法5条も「内閣総理大臣は、内閣を代表して内閣提出の法律案……を国会に提出」すると規定しており、かかる規定は国会単独立法の原則（41）に反せず、合憲であると解されている。

　→**法律により内閣の法律案提出権を否定することは、憲法違反となる**

イ　憲法改正案提出権

上記の法律案提出権と異なり、憲法改正の重大性と改正手続の厳格性（96Ⅰ）に鑑みて、内閣の憲法改正案提出権を認めることは憲法上許されないと解すべきである。なお、「日本国憲法の改正手続に関する法律」は内閣に憲法改正案提出権を認めておらず、内閣法5条も「憲法改正案」の提出を規定していない。

(3)　裁判所に対する権能

裁判所に対する内閣の権能として、次の3つが挙げられる。

①　最高裁判所の長たる裁判官の指名（6Ⅱ）

②　最高裁判所の長たる裁判官以外の裁判官の任命（79Ⅰ）

③　下級裁判所の裁判官の任命（80Ⅰ）

　→ただし、下級裁判所の裁判官の指名権は最高裁判所にある（80Ⅰ参照）　⇒115頁

(4)　財政に関する権能

財政に関する内閣の権能として、次の3つが挙げられる。

①　予備費の設定・支出及び国会の事後承諾の要求（87）

②　決算及び会計検査院の検査報告の国会への提出（90）

③　国の財政状況についての国会及び国民への報告（91）

二　内閣の職権行使の手続

上記までに説明した内閣の権能（職権）を具体的に行使する際の手続について、憲法は特に規定を置いていない。

内閣法4条1項は、「内閣がその職権を行うのは、閣議によるものとする」と規定している。「閣議」とは、内閣の議決を意味するものと解されているため、会合しないで文書を大臣間に持ち回って署名を得る「**持ち回り閣議**」も許容されると考えられている。

内閣法には、「閣議」の定足数や表決数など、議事に関する具体的な規定は存在しない。そのため、すべて慣例に従って運用されている。たとえば、**閣議**

◀渡辺ほかⅡ・280頁
　芦部・339頁
　LQⅠ・249頁

の決定は、慣例上全員一致でなければならない。内閣は国会に対して連帯責任を負う（66Ⅲ）以上、内閣の一体性を確保する必要があるからである。したがって、閣議の決定に反対する国務大臣は辞職すべきであり、仮に辞職しないときは、内閣総理大臣は当該国務大臣を罷免（68Ⅱ）して全員一致を確保すべきであると解されている。

　　→なお、66条3項の趣旨は、全員一致であろうとなかろうと、内閣が最終的に行った決定について国会に連帯責任を負うところにあるので、閣議の決定について多数決方式を採用したとしても、憲法上は差し支えないと解する見解も有力である

　また、閣議では多くの高度に政治的な判断が行われることから、慣例上議事は秘密とされている。

3-4　内閣の責任と衆議院の解散

一　内閣の責任	**学習の指針**
二　内閣の総辞職	この節では、内閣が国会に対して負う責任について学習した後、内閣が総辞職する場面と衆議院の解散について学習していきます。衆議院の解散は非
三　衆議院の解散	

常に重要な箇所ですので、必ず理解するようにしましょう。

一　内閣の責任

1　はじめに

　憲法は、天皇の国事行為に対する内閣の「助言と承認」に関する責任（3）を規定するほか、特に「内閣は、行政権の行使について、国会に対し連帯して責任を負ふ」（66Ⅲ）と規定している。この66条3項の規定は、内閣の責任についての一般原則を示したものであり、日本国憲法が議院内閣制の統治構造を採用していることを端的に示すものと考えられる。

　内閣が国会に対して責任を負うのは、内閣が国会の信任を基礎として、国会から職務を委ねられているからである。66条3項にいう「責任」とは、政治責任を意味する。そして、内閣が国会に対して政治責任を負うということは、国会に内閣の政治責任を追及する方法があるということであり、内閣には国会の責任追及に応える義務がある。

　では、国会が内閣の政治責任を追及する方法としては、どのようなものがあるか。一般的な責任追及の方法としては、内閣に対する質問権（63参照）や国政調査権（62参照）の行使などが考えられるが、特に重要なのが、衆議院の内閣不信任決議（69）である。

2　衆議院の内閣不信任決議（69）

　69条は、「内閣は、衆議院で不信任の決議案を可決し、又は信任の決議案を否決したときは、10日以内に衆議院が解散されない限り、総辞職をしなければならない」と規定している。

　このように、内閣の政治責任を追及するべく、衆議院が内閣不信任決議案を可決した場合、内閣は総辞職するか衆議院を解散するかの二者択一を迫られる。そして、10日以内に衆議院が解散されない限りにおいて、この決議には直ちに内閣を総辞職させるという法的効力が認められる。

◀渡辺ほかⅡ・221頁以下
　芦部・339頁以下

→同様の効力は、衆議院が内閣信任決議案を否決した場合にも認められる（69）

　憲法は、衆議院にのみ内閣不信任決議権を認めているところ、これは、内閣に衆議院の解散権が与えられていることに対応しているとされる。

3　参議院の問責決議

　参議院もまた、決議という形式を用いることにより、内閣に対する不信任の意思を表明して政治責任を追及することができる。これを「問責決議」という。

　衆議院の内閣不信任決議と異なり、憲法上、法的効力は与えられておらず、あくまでも政治的な意味をもつにとどまる。

4　個別の国務大臣に対する問責決議

　66条3項によれば、内閣は「連帯して責任を負ふ」とされているので、内閣を組織する国務大臣は一体となって行動しなければならない。

　もっとも、66条3項は、特定の国務大臣が、個人的理由に基づき、又はその所管事項に関して、単独の責任（個別責任）を負うことを否定するものではない。したがって、個別の国務大臣に対する衆議院・参議院の問責決議（不信任決議）も可能ではあるが、辞職を直接的に強制する法的効力はない。

二　内閣の総辞職

1　はじめに

◀渡辺ほかⅡ・292頁
　芦部・340頁
　LQⅠ・247頁

　内閣は、その存続が適当でないと考えるときは、いつでも総辞職することができる。

　もっとも、①69条が定める場合、②内閣総理大臣が欠けた場合（70）、③衆議院議員総選挙の後に初めて国会の召集があった場合（70）には、内閣は必ず総辞職しなければならない。

　①69条が定める場合については、前に説明したとおりであるので、以下では②③の場合について説明する。その後、新しい内閣が成立するまでの流れについても説明する。

2　内閣総理大臣が欠けた場合（70）

　「内閣総理大臣が欠けたとき」とは、死亡のほか、除名（58Ⅱ但書）や議員資格争訟の裁判（55）による国会議員たる資格の喪失などを意味する。

　→病気や一時的な生死不明は暫定的な故障なので「内閣総理大臣が欠けたとき」に含まれず、「事故のあるとき」（内閣9）に当たり、内閣総理大臣があらかじめ指定する国務大臣（副総理）が臨時にその職務を代行する（内閣9参照）

　また、内閣総理大臣が辞職した場合も「内閣総理大臣が欠けたとき」に含まれると解されている。

　→なお、内閣総理大臣が辞職した場合は「内閣総理大臣が欠けたとき」に含まれないと考えたとしても、内閣総理大臣の「首長」（66Ⅰ）たる地位に鑑みれば、結局、内閣は総辞職しなければならないと考えられている

3　衆議院議員総選挙の後に初めて国会の召集があった場合（70）

　衆議院議員総選挙は、①衆議院の解散による総選挙と、②任期満了による総選挙の2パターンが存在する。そして、①の後に召集される国会が「特別会」（54Ⅰ、国会1Ⅲ）、②の後に召集される国会が「臨時会」（53）である。　⇒33頁

　いずれの場合であっても、国会が召集された日に、内閣は総辞職しなければならない。

☞ One Point ▶ 68条1項但書との関係について

　「国務大臣の過半数は、国会議員でなければならない」（68Ⅰ但書）との要件は、内閣が国会の信任を基礎とする議院内閣制の趣旨を徹底するために規定されたものであり、内閣の成立要件であると同時に存続要件でもあることは、前に説明しました。

　そうすると、国務大臣の過半数が国会議員でなくなった場合には、内閣は総辞職しなければならないとも思えますが、内閣総理大臣が国会議員ではない国務大臣を罷免した上で、新たに国会議員の中から国務大臣を任命すれば、この要件を満たすことになりますので、内閣は総辞職する必要はないものと解されています。

4　新しい内閣が成立するまでの流れ

　内閣が総辞職した後、新しい内閣が成立するまでの流れは、次のとおりである。

　まず、新たな内閣総理大臣が国務大臣を任命して新内閣を形成する必要があるから、国会が「他のすべての案件に先だつて」（67Ⅰ後段）、新たな内閣総理大臣を指名する必要がある。

　　→内閣の総辞職が国会閉会中に行われた場合には、総辞職後の内閣（旧内閣ともいわれる。71参照）が速やかに国会を召集しなければならない

　そして、新たな内閣総理大臣により新内閣が形成された後、総辞職後の内閣が閣議により、新たな内閣総理大臣の任命についての「助言と承認」を行う。その後、新たな内閣総理大臣及び国務大臣の任命・認証を経て、旧内閣総理大臣・国務大臣は当然に地位を喪失し、新しい内閣が成立する。

三　衆議院の解散

1　はじめに

　解散とは、衆議院議員の全員について、その任期満了前に議員としての身分を失わせることをいう。解散には、その後に続く衆議院議員総選挙により、改めて国民に信を問うという民主的な機能が備わっているとされる。

◀渡辺ほかⅡ・224頁以下
　芦部・49頁以下、345頁

問題の所在

　7条3号は、天皇が国事行為として「衆議院を解散する」と定めているところ、天皇は「国政に関する権能を有しない」（4Ⅰ）以上、「助言と承認」（7柱書）を行う内閣が衆議院の解散を行う実質的な主体であると考えられる。しかし、内閣の解散権を明示した規定が憲法上存在しないため、内閣に衆議院の解散権があることの実質的な根拠をどのように解するかが問題となる。

考え方のすじ道

衆議院の内閣不信任決議に伴う解散について規定した69条に解散権の実質的な根拠を求め、かつ、衆議院が内閣不信任決議案を可決した場合にのみ、内閣が衆議院を解散することができると解する見解（69条説）もある
　　　↓しかし
解散には、その後に続く衆議院議員総選挙により、改めて国民に信を問うという民主的な機能もある
　　　↓そうすると
国政上の重要な問題や新たな政治問題が生じた場合についても、国民の判断を求めるために解散は行われるべきであり、衆議院の解散を69条所定の場合に限定するべきではない
　　　↓そこで
解散権の実質的な根拠は、天皇が衆議院を解散する際に内閣によって行われる「助言と承認」（7柱書）に求めるべきである
　　　↓なぜなら

天皇による衆議院の解散は、本来、形式的・儀礼的な行為ではないが、内閣が「助言と承認」（7柱書）を通じて実質的な決定権を行使する結果として、天皇の関与が形式的・儀礼的なものになると考えられるからである
→7条説によると、衆議院の解散は69条所定の場合に限定されない

アドヴァンス

A　7条説（通説・実務）

　天皇が衆議院を解散する際に内閣によって行われる「助言と承認」（7柱書）に解散権の実質的な根拠を求める見解である。
（理由）
　　天皇による衆議院の解散は、本来、形式的・儀礼的な行為ではないが、内閣が「助言と承認」（7柱書）を通じて実質的な決定権を行使する結果として、天皇の関与が形式的・儀礼的なものになる。
（批判）
　　天皇は「国政に関する権能を有しない」（4Ⅰ）以上、天皇の国事行為はもともと形式的・儀礼的な行為にすぎないはずであり、内閣の「助言と承認」も形式的なものにすぎないので、「助言と承認」に内閣の実質的な決定権が含まれると解することはできない。
　　　→このような批判があるものの、7条説は、内閣に衆議院の解散権があることを憲法上確実に根拠づける見解として他説よりも優れているため、通説化しており、現在の実務上も7条説に従った慣行が成立しているとされる

B　69条説

　衆議院の内閣不信任決議に伴う解散について規定した69条に解散権の実質的な根拠を求め、かつ、衆議院が内閣不信任決議案を可決した場合にのみ、内閣が衆議院を解散することができると考える見解である。
　　→69条説を除き、7条説・65条説・制度説は、いずれも衆議院の解散は69条所定の場合に限定されないと解している
（批判）
　①　与党が支える内閣に対して不信任決議が成立する可能性は稀であるから、解散権が行使できる場合が著しく限定されてしまう。
　②　解散には民意を問うという民主的機能があるから、69条の場合に限らず、国政上の重要な問題や新たな政治問題が生じた場合についても、国民の判断を求めるために解散は行われるべきである。

C　65条説

　行政権の概念について控除説（⇒69頁）に立つことを前提に、衆議院の解散権は立法・司法のいずれの作用でもない以上、「行政権」（65）の一内容として内閣の権限に属すると考える見解である。
（批判）
　　仮に控除説が妥当であるとしても、控除説は国民に対する関係での議論であり、解散権のような国家機関相互の関係にはあてはまらない。

D　制度説

　衆議院の解散権を議院内閣制の本質的要素とみなし（均衡本質説）、もともと議院内閣制に内在していると考える見解である。
（批判）
　　議院内閣制には様々な形態があるので、日本国憲法が議院内閣制を採用しているからといって、一義的に内閣に解散権があるとするのは困難である。

☞ One Point ▶ 自律的解散を認める見解（自律解散説）について

　組織の解散は、当該組織の構成員の自律的な決定に基づいて行われるのが通常といえます。しかし、本文の説明では、衆議院の解散は衆議院自身によっては行われないことが当然の前提となっています。なぜかというと、衆議院自らの解散決議による解散（これを自律的解散といいます）を認めてしまうと、衆議院の多数派の意思によって辞職を拒む少数派の議員としての地位が一方的に奪われてしまうからです。そのため、明文の規定が存在しない以上、憲法上保障された議員の任期を多数派の意思によって一方的に縮減する自律的解散は、許されないと考えられています。

2 判例の立場

　上記のとおり、現在の実務は、内閣による衆議院の解散権を7条で根拠づけているが、最高裁判所は、これが妥当な憲法解釈であるかどうかについて判断を特に示していない。7条3号に基づく衆議院の抜き打ち解散の合憲性が争われた苫米地事件（最大判昭35.6.8／百選Ⅱ［第7版］〔190〕）において、判例は以下のとおり、統治行為論（⇒101頁）に依拠して判断を示さなかった。

> **判例　苫米地事件（最大判昭35.6.8／百選Ⅱ［第7版］〔190〕）**
> 事案：　衆議院の内閣不信任決議を経ずに、内閣により一方的に行われた衆議院の解散について、衆議院議員であった苫米地氏によって解散の合憲性が争われた。
> 判旨：　「現実に行われた衆議院の解散が、その依拠する憲法の条章について適用を誤ったが故に、法律上無効であるかどうか、これを行うにつき憲法上必要とせられる内閣の助言と承認に瑕疵があったが故に無効であるかどうかのごときことは裁判所の審査権に服しない」。
> 　　　　「直接国家統治の基本に関する高度に政治性のある国家行為のごときはたとえそれが法律上の争訟となり、これに対する有効無効の判断が法律上可能である場合であっても、かかる国家行為は裁判所の審査権の外にあり、その判断は主権者たる国民に対して政治的責任を負うところの政府、国会等の政治部門の判断に委ねられ、最終的には国民の政治判断に委ねられているものと解すべきである」。

3　解散権の限界

　69条説を除き、7条説・65条説・制度説は、いずれも衆議院の解散は69条所定の場合に限定されないと解している。

　もっとも、内閣は何らの限界もなく自由な判断に基づいて解散権を行使できるのか、それとも一定の限界が存在すると解すべきかどうかが問題となる。

　この点について、解散には民意を問うという民主的機能があるから、内閣はその民主的機能が期待される場合に限り解散権を行使すべきであるとして、解散権に一定の限界があると解する見解（限界説）が有力とされる。

　具体的には、内閣の衆議院の解散は、①衆議院で内閣の重要法案や予算案が否決され、又は審議未了になった場合、②政界再編成等により内閣の性格が基本的に変わった場合、③前回の総選挙時に争点ではなかった新しい重大な政治的課題に対処する場合、④内閣が基本政策を根本的に変更する場合、⑤議員の任期満了時期が接近している場合などに限定され、内閣の一方的な都合や党利党略で行われる解散は、不当であるとしている。

4　衆参同日選挙の合憲性

　参議院の通常選挙が実施されるタイミングを見計らって衆議院を解散することにより、衆議院議員総選挙と参議院議員通常選挙を同日に実施する衆参同日選挙をもたらすような衆議院の解散は、参議院の独自性を希薄化させるので二院制の趣旨に反する上、参議院の緊急集会（54Ⅱ但書）を著しく困難にすることから、解散権の濫用に当たり違憲であるとする見解もある。

　これに対し、衆参同日選挙は、国政運営の一貫性を保つ上で利益をもたらすのでむしろ積極的に評価すべきであるし、参議院のみの通常選挙であっても同じ程度の緊急集会の困難は生ずることから、衆参同日選挙を狙って行われる意図的な衆議院の解散に違憲性はないと解する見解もある。

　以下の裁判例は、衆議院の解散に基づく衆参同日選挙に関連して、公職選挙法

に衆参同日選挙の禁止規定を設けるか否かは立法政策の問題であるとしている。

> **判例**　衆参同日選挙事件（名古屋高判昭62.3.25／百選Ⅱ[第7版]（173））
>
> 事案：　内閣は衆議院を解散し、衆議院議員総選挙と参議院議員通常選挙を昭和61年（1986年）7月6日に行った。このような衆参同日選挙をもたらした解散権の行使が違憲ではないかが争われた。
>
> 判旨：　「衆議院の解散が、極めて政治性の高い国家統治の基本に関する行為であることは多言を要しないところであって、かかる行為について、その法律上の有効無効を審査することは、司法裁判所の権限の外にあるものと解すべきである」。
>
> 　「原告らは、違憲の程度の高い、かつ重要な人権である選挙権の内容の侵害を来すような国家行為については、統治行為の理論を適用するべきでない旨主張する。しかし、衆議院の解散が極めて政治性の高い国家統治の基本に関する行為である」から、その「評価は、最終的には主権者たる国民の判断の下におかるべきものである。そのうち違憲の程度の高いもののみを司法判断の対象たらしめるとするのは、結局そのすべてを司法審査の下に置くことに他ならない」。
>
> 　次に、「原告らは、同日選は憲法の趣旨に反するものであるから、その禁止規定を欠く現行公選法は違憲の法律である、或いは、同日選を回避するように同法を運用しなかったことが憲法違反であるから、右公選法のもとに行われた本件選挙は無効である」旨主張する。
>
> 　「確かに、総選挙の期日の決定は、高度の政治判断事項である解散行為と密接に関連し、これに随伴するものであるとともに、当該時期における国政の運営、政治日程などとの不可分の配慮を欠きえない政治的判断事項といわねばならないが、さりとて、衆議院の解散権の行使のように、直接国家政治の基本に関する極めて高度な政治性ある行為とまではなし難いと解されるのであって、これをもって司法審査の対象外のものとしなければならないものではない」。
>
> 　「選挙期日の決定については憲法47条に『選挙区、投票の方法その他両議院の議員の選挙に関する事項は、法律でこれを定める』と規定されており、選挙に関する平等、守秘、自由等の基本理念（同法15条1、3、4項、44条但書参照）を侵すこととなるものでない限り、これを立法府において自由に定めうると解されること、同日選が民意を反映せず憲法の趣旨に反したものであるといい難いこと」から、「結局公選法に同日選禁止規定を設けるか否かは立法政策の問題に帰するものであるというべく、従って、同規定を欠く現行公選法が違憲である、或いは、同日選を回避しない公選法の運用が違憲である、となし難いことは明らかである」。

1　大日本帝国憲法の下では、内閣制度は憲法で規定されていなかった。また、帝国議会の権限が強く保障されていたので、各国務大臣は天皇ではなく帝国議会に対して責任を負うとされていた。［司R4－11＝予R4－7］

　×　明治憲法下では、「国務各大臣ハ天皇ヲ輔弼シ其ノ責ニ任ス」（明憲55、単独輔弼制）と規定され、内閣については規定すら存在しなかった。また、各国務大臣は議会に対して一切責任を負っていなかった。
⇒3－1　一（p.69）

2　憲法第65条第1項は、「行政権は、内閣に属する」と規定している。行政権とは全ての国家作用のうちから立法作用と司法作用を除いた残りの作用であるとすると、立法作用と司法作用以外の全ての国家作用について内閣が自ら行うことが必要となる。［司H27－17＝予H27－9］

　×　控除説の立場に立っても、国会が「唯一」の立法機関（41）と規定されていたり、「すべて」司法権は裁判所に属する（76Ⅰ）と規定されているのと異なり、行政権は「内閣に属する」としか規定されていないことから、残りの作用について内閣が自ら行うことは必要ではないと解されている。
⇒3－1　二（p.69）

3　行政権が内閣に属する旨を定める憲法第65条によれば、あらゆる行政を内閣が自ら行う必要まではないとしても、全ての行政について内閣が直接に指揮監督権を持つことが要求される。［司R3－15］

　×　65条は「行政権は、内閣に属する」と規定しているものの、内閣はあらゆる行政を自ら行う必要はなく、全ての行政について直接に指揮監督権を有することも要求されない。
⇒3－1　三（p.69）

4　日本国憲法は、国会による内閣総理大臣の指名、内閣の国会に対する連帯責任のほか、衆議院の内閣不信任決議権や衆議院の解散などを定めていることから、議院内閣制を採用していると解される。［司H25－17］

　○　日本国憲法は、本肢の掲げる規定を設けていることから、議院内閣制を採用していると考えられている。
⇒3－2　二（p.71）

5　議院内閣制に関する責任本質説は、内閣の国会に対する連帯責任、衆議院の内閣不信任決議権、内閣の衆議院解散権を、議院内閣制の必須の要素としている。［司H20－16］

　×　責任本質説は、議院内閣制の本質はあくまでも政府が議会の信任を基礎とし、議会に対して責任を負う点にあると解する見解であり、衆議院解散権を必須の要素とは考えない（これを必須の要素とするのは均衡本質説である）。
⇒3－2　二（p.71）

6 　内閣総理大臣は、内閣という合議体において、単なる同輩中の首席ではなく、首長の立場にあり、その他の国務大臣の任免権を専権として有する。したがって、文民統制の観点から内閣総理大臣は文民でなければならないとしても、その他の国務大臣が文民である必要はない。［司H27-17＝予H27-9］

× 　内閣総理大臣その他の国務大臣は、文民でなければならない（66Ⅱ）。
⇒3-3-1　二
（p.72）

7 　憲法第66条第2項は、内閣総理大臣及び国務大臣が「文民」であることを要求しているが、現職の自衛官は「文民」に該当しないので、内閣総理大臣及び国務大臣に任命することはできない。［司R3-15］

○ 　66条2項参照。シビリアン・コントロールの趣旨から、「現職の自衛官」が「文民」に該当しないことに異論はない。
⇒3-3-1　二
（p.73）

8 　内閣総理大臣は国会議員以外の者を国務大臣に任命することができるが、国務大臣の過半数は国会議員の中から選ばなければならない。［司R2-15］

○ 　68条1項参照
⇒3-3-1　二
（p.73）

9 　国務大臣は、国会議員でない者からも選ぶことができるが、国会議員の中から選ばれた国務大臣は、その在任中に国会議員の身分を失った場合、その法的効果として自動的に国務大臣の身分を失う。［司R元-15］

× 　国会議員である国務大臣が国会議員としての身分を失ったとしても、国務大臣の過半数が国会議員であるという要件（68Ⅰ但書）を満たしていれば、国務大臣の地位を失うことはない。
⇒3-3-1　二
（p.73）

10 　大日本帝国憲法において内閣総理大臣は同輩中の首席にすぎなかったのに対し、日本国憲法が内閣総理大臣に首長としての地位を認め、その権限を強化しているのは、内閣の一体性と統一性を確保し、内閣の国会に対する連帯責任の強化を図るものである。［司H28-16＝予H28-10］

○ 　明治憲法下での内閣総理大臣は、内閣官制において「同輩中の首席」としての地位が認められているにすぎなかったが、日本国憲法は、内閣総理大臣に内閣の「首長」（66Ⅰ）としての地位を認め、その権限を強化し、内閣の一体性と統一性を確保するとともに、内閣の国会に対する連帯責任（66Ⅲ）の強化を図っている。
⇒3-3-1　三
（p.74）

11 内閣は、内閣総理大臣及びその他の国務大臣により構成される合議体である。国務大臣の任命は天皇により認証されるが、認証は効力要件ではないから、内閣総理大臣が国務大臣を任命した時点で、合議体としての内閣が成立する。［司H19－15］

12 内閣総理大臣による国務大臣の任命には天皇の認証が必要であるが、内閣はこの認証に対する助言と承認を拒むことができない。［司R2－15］

13 内閣は、行政権の行使について、国会に対し連帯して責任を負うことから、閣議によってその職権を行うことが求められ、したがって、国務大臣の罷免については、閣議にかけて決定しなければ、行うことができない。［司R元－15］

14 内閣総理大臣は任意に国務大臣を罷免することができるが、その効力発生には天皇の認証が必要である。［司R2－15］

15 憲法第72条は、内閣総理大臣が内閣を代表して行政各部の指揮監督を行うと規定しているが、行政各部の指揮監督は、本来、内閣の権限である。したがって、内閣は、行政各部の行為についても、国会に対して連帯して政治責任を負う。［司H19－15］

○ 内閣は、内閣総理大臣及びその他の国務大臣により構成される合議体である（66Ⅰ）。そして、国務大臣は、内閣総理大臣が任命し（68Ⅰ）、天皇がこれを認証する（7⑤）。この認証は効力要件ではないと一般に解されており、内閣総理大臣が国務大臣を任命した時点で、合議体としての内閣は成立する。
⇒3－3－1 三（p.74）

○ 内閣総理大臣の国務大臣の任命権は、内閣総理大臣の専権に属するという事柄の性質上、内閣はこの認証に対する助言と承認を拒むことができないと解されている。
⇒3－3－1 三（p.74）

× 内閣総理大臣は、任意に国務大臣を罷免することができる（68Ⅱ）。この罷免権も、内閣総理大臣の専権に属する以上、閣議にかけることを要しない。
⇒3－3－1 三（p.74）

× 天皇の「認証」は、一定の行為が適法になされたことを証明する行為にすぎず、罷免の効力要件ではないので、罷免の効力発生に天皇の「認証」は不要である。
⇒3－3－1 三（p.75）

○ 72条、66条3項参照。65条の趣旨から、実際に行政権を行使する行政各部は内閣の指揮監督下におかれなければならないので、行政各部の指揮監督権は、本来、内閣の権限であるといえる。
⇒3－3－1 三（p.75）

16　最高裁判所の判例の趣旨に照らすと、内閣総理大臣は、憲法第72条に規定された行政各部の指揮監督権限を閣議にかけて決定した方針に基づいて行使する必要があり、行政各部に対してその所掌事務について一定の方向で処理するよう指導、助言等の指示を与えたとしても、内閣としての事前の方針決定がなければ、事実上の影響力を行使したものにすぎず、内閣総理大臣の職務権限に属するものではない。[司R4-15]

×　判例（ロッキード事件丸紅ルート・最大判平7.2.22／百選Ⅱ[第7版]〔174〕）は、「閣議にかけて決定した方針が存在しない場合においても」、内閣総理大臣の地位及び権限に照らすと、「内閣総理大臣は、少なくとも、内閣の明示の意思に反しない限り、行政各部に対し、随時、その所掌事務について一定の方向で処理するよう指導、助言等の指示を与える権限を有する」としている。
⇒3-3-1　三
（p.75）

17　憲法第73条は、「他の一般行政事務の外」に内閣が行うものとして、第1号ないし第7号で重要な行政事務を列挙している。憲法上、同条以外に、内閣が行政事務を行う一般的権限を有することを示す規定はない。[司H19-15]

×　65条（「行政権は、内閣に属する」）は、内閣が行政事務を行う一般的権限を有することを示す規定である。
⇒3-3-2　一
（p.76）

18　内閣は憲法第73条第1号により法律を誠実に執行する義務を負っているが、最高裁判所が違憲と判断した法律については、国会がこれを改廃する前であっても、内閣は、その執行を差し控えることができる。[司R4-15]

○　最高裁判所が違憲と判断した法律を「誠実に執行」するのは不合理であることや、内閣は憲法尊重擁護義務（99）をも負うことから、例外的にこの場合に限り、内閣はその法律の執行を差し控えることも可能と解されている。
⇒3-3-2　一
（p.76）

19　内閣は憲法第73条第1号により法律を誠実に執行する義務を負うが、他方、憲法第99条により憲法尊重擁護義務をも負うので、内閣が違憲と解する法律が成立した場合には、一時的であれば、その執行を停止することができる。[司H20-16]

×　内閣が法律に違憲の疑義があると自ら判断した場合であっても、その法律は合憲であるとの判断に基づいて国会が制定したものである以上、国会の判断が優先されるべきであるから、一時的であっても内閣はその執行を停止することは許されない。
⇒3-3-2　一
（p.76）

20　憲法第73条第1号が内閣の法律執行義務を規定しているので、内閣は、ある法律が憲法に違反すると判断した場合でも、その法律を執行しなければならず、その法律を廃止する案を国会に提出することもできない。[司H23−16]

×　内閣は法律執行義務を負うが、その法律を廃止する案を国会に提出することまで禁じられるわけではない。
⇒3−3−2　−
（p.76）

21　内閣総理大臣は、内閣を代表して議案を国会に提出し、国務を総理するほか、外交関係について国会に報告することを職務とするが、外交関係の処理と条約の締結は内閣が行うべき事務である。[司H18−12]

×　国務を総理するのは内閣であって（73①）、内閣総理大臣ではない。その余の記述は正しい。
⇒3−3−2　−
（p.77）

22　内閣は外交関係を処理するが、これは、法律の執行という行政権の通常の作用とは異なる権限を内閣に帰属させたものである。外交関係の処理に関する事務には、条約の締結以外の外交交渉、外交使節の任免、外交文書の作成などが含まれる。[司H24−16]

○　73条2号参照
⇒3−3−2　−
（p.77）

23　条約を締結する権限は内閣にあるが、批准を要する条約についての批准書の認証は天皇の国事行為である。[司R2−18＝予R2−11]

○　条約を締結する権限は内閣にあるが（73③本文）、批准を要する条約についての批准書の認証は、天皇の国事行為である（7⑧）。よって、本肢は正しい。
⇒3−3−2　−
（p.77）

24　締結について国会の承認を要する条約は、条約、規約、協約、協定、議定書、宣言、憲章など名称の如何を問わず、国会による承認の手続のほかに、天皇の国事行為としての批准書の認証を要する。[司H28−20]

×　批准を留保せず調印だけで条約が確定する場合もある。
⇒3−3−2　−
（p.77）

25　内閣総理大臣は国務大臣の任免権、国務大臣の訴追に対する同意権及び予算の作成・提出権を有するが、これらはすべて内閣総理大臣の専権事項であるので、閣議にかけて決定する必要はない。[司H20−16]

×　予算の作成・提出権は、内閣総理大臣ではなく内閣に専属している（73⑤、86）。
⇒3−3−2　−
（p.77）

26　憲法第73条第6号が定める内閣の政令制定権について、憲法の規定を直接実施する政令は認められないとの立場によると、政令の種類は、法律の委任に基づく委任命令、法律の執行の細目を定める執行命令、既存の法律に代替する内容を定める代行命令に限定され、法律に定めのない事項を定める独立命令は認められないことになる。[司H19−15]

×　内閣が代行命令を制定することは許されない。その余の記述は正しい。
⇒3−3−2　−
（p.78）

27　日本国憲法は、大日本帝国憲法が天皇大権としていた恩赦を内閣の権能とした。恩赦は立法権及び司法権の作用を行政権者の判断で変動させるものであるので、憲法が定める恩赦の各種類の内容と手続について法律で定めることが必要である。[司H24−16]

○　本肢のとおりである。恩赦の各種類の内容と手続については、恩赦法がこれらを定めている。
⇒3−3−2　−
（p.78）

28 憲法には内閣に法律案の提出権を認める規定はないものの、憲法では議院内閣制が採用されていることや、内閣に法律案の提出権を認めたからといって当然に国会の議決権が拘束されるわけではないことは、法律で内閣に法律案の提出権を付与することが憲法上禁じられていないと解する根拠となり得る。[司R4−15]

○ 本肢のとおりである。
⇒3−3−2 −
（p.79）

29 憲法第41条の「唯一の立法機関」につき、内閣の法律案提出権を肯定する見解に立つと、法律案の提出は立法に不可欠の要素であるが、立法そのものではなく、その準備行為であって、国会が独占しなければならないものではないと解することとなる。[司R2−14]

○ 内閣の法律案提出権を肯定する見解は、内閣の法律案提出権は立法に不可欠な「提案」という段階に関わるものであるが、国会が独占しなければならないものではなく、立法の本質は「審議」「議決」のプロセスにあり、国会は内閣提出法案を自由に修正・否決できる以上、国会の判断に制約を課しているとはいえないなどと解している。
⇒3−3−2 −
（p.79）

30 「現代国家では、積極的に国の施策を具体化する政策立法の必要性が高まっている。」という見解は、内閣による法律案提出権を認める規定である内閣法第5条を合憲とする立場の論拠となる。[司H22−16改]

○ 現代の社会福祉国家においては、積極的に国の施策を具体化する政策立法の必要性が高まっており、かかる必要性に対応できるのは「国務を総理する」（73①）内閣であるから、内閣による法律案提出権を認める規定である内閣法5条を合憲と解することになる。
⇒3−3−2 −
（p.79）

31 内閣の法律案提出権が認められるのは、議院内閣制においては国会と内閣との協働が当然に要請されており、憲法第72条の「議案」に法律案も含まれるからであるとの立場に立ったとしても、法律により内閣の法律案提出権を否定することができる。[司H29−15]

× 本肢の立場に立つと、内閣の法律案提出権は憲法上認められた権限であると解することになるので、法律により内閣の法律案提出権を否定することはできない。
⇒3−3−2 −
（p.79）

32　憲法は閣議について規定していないが、内閣が行政権の行使について国会に対し連帯して責任を負うとする憲法第66条第3項の趣旨により、会合しないで文書を各大臣間に持ち回って署名を得る持ち回り閣議は許されないとされている。［司H29－16＝予H29－10］

× 憲法は閣議について特に規定を置いていない。内閣法4条1項は「内閣がその職権を行うのは、閣議によるものとする」と規定しており、「閣議」とは内閣の議決を意味するため、いわゆる「持ち回り閣議」も許容されると考えられている。
⇒3－3－2　ニ
（p.79）

33　閣議の決定は、慣例上全員一致でなければならないとされているから、一部の大臣が閣議の決定に参加せず、あくまでもその決定に反対であった場合には、内閣は総辞職しなければならない。［司H18－12］

× 閣議の決定は、慣例上全員一致でなければならないが、閣議の決定に反対する国務大臣が辞職しないときであっても、内閣総理大臣は当該国務大臣を罷免（68Ⅱ）して全員一致を確保できるので、内閣は総辞職しなければならないわけではない。
⇒3－3－2　ニ
（p.80）

34　衆議院において内閣不信任決議案が可決されたときは、10日以内に衆議院が解散されない限り、内閣は総辞職をしなければならないが、参議院における問責決議には、かかる法的効力はない。［司R元－15］

○ 69条参照。参議院の問責決議は、衆議院の内閣不信任決議と異なり、憲法上、法的効力は与えられておらず、あくまでも政治的な意味をもつにとどまる。
⇒3－4　－（p.80）

35　内閣は、行政権の行使につき、国会に対し連帯して責任を負う。これは、特定の国務大臣がその所管事項に関して単独の責任を負うことを否定するものではなく、個別の国務大臣に対する衆議院及び参議院の問責決議も認められるが、それらには法的効力はない。［司H27－17＝予H27－9］

○ 66条3項は、内閣は「連帯して責任を負ふ」と定めているが、特定の国務大臣がその所管事項に関して単独の責任（個別責任）を負うことを否定するものではない。したがって、個別の国務大臣に対する衆議院・参議院の問責決議（不信任決議）も可能ではあるが、辞職を直接的に強制する法的効力はない。
⇒3－4　－（p.81）

36　内閣の総辞職について規定している憲法第70条の「内閣総理大臣が欠けたとき」とは、内閣総理大臣が死亡した場合のほか、憲法第58条第2項に基づき内閣総理大臣が除名により国会議員の地位を失った場合に限られる。[司H29−16＝予H29−10]

× 「内閣総理大臣が欠けたとき」(70)とは、死亡のほか、除名(58Ⅱ但書)や議員資格争訟の裁判(55)による国会議員たる資格の喪失などを意味する。また、一般的には辞職もこれに含まれる。
⇒3−4　二 (p.81)

37　憲法は、内閣総理大臣が欠けたときは、内閣は総辞職をしなければならないと定めているが、ここにいう「欠けた」とは、死亡や国会議員たる資格の喪失などを意味し、病気や一時的な生死不明は含まない。[司H18−12]

○ 70条参照。病気や一時的な生死不明は暫定的な故障なので、「内閣総理大臣が欠けたとき」には含まれない。
⇒3−4　二 (p.81)

38　内閣の総辞職について定める憲法第70条の「内閣総理大臣が欠けたとき」には内閣総理大臣の辞職の場合を含まないとする見解によっても、その首長たる地位に鑑みれば、内閣総理大臣が辞職したときには、内閣は総辞職しなければならない。[司R3−15]

○ 一般的には内閣総理大臣の辞職も「欠けたとき」に含めて考えるが、そのように考えない見解によっても、内閣総理大臣の「首長」(66Ⅰ)たる地位に鑑みれば、結局、内閣は総辞職しなければならないと考えられている。
⇒3−4　二 (p.81)

39　衆議院が内閣不信任を決議した場合でも、内閣がこれに対抗して衆議院の解散に踏み切り、その後の総選挙で内閣を支持する与党が過半数の議席を獲得した場合には、内閣は総辞職するか否か自ら決することができる。[司H25−17]

× 衆議院議員総選挙の後に初めて国会の召集があったときは、内閣は総辞職をしなければならない(70)。
⇒3−4　二 (p.81)

40　内閣が総辞職した後に、国会により新たな内閣総理大臣が指名された場合、この新たな内閣総理大臣の任命は、総辞職した内閣の助言と承認により天皇が行うことになる。[司H25−14]

○ 71条参照
⇒3−4　二 (p.82)

41　内閣の助言と承認は国事行為の実質的決定権を含まないとの立場からは、憲法第69条の規定する場合以外の衆議院解散の実質的決定権の根拠を、憲法第7条以外に求めざるを得ない。[司H25−14]

○ 本肢の立場は、いわゆる7条説に対する批判であるから、憲法69条の規定する場合以外の衆議院解散の実質的決定権の根拠を、憲法7条以外に求めざるを得ない。
⇒3−4　三 (p.83)

42　内閣が衆議院解散を決定できるのは憲法第69条所定の場合に限るという説に
　　よれば、解散は新たな政治問題が生じた場合に国民の判断を求める制度であると
　　いうことになる。［司H21－15］

× 　解散は新たな政治問
題が生じた場合に国民
の判断を求める制度で
あると考えると、69
条所定の場合以外の解
散も認めるべきである
と解することになる。
⇒3－4　三 (p.83)

43　日本国憲法は議院内閣制を採っていると理解できるから、この制度の本質から
　　して内閣には自由な解散権が認められるという説に対しては、議院内閣制の概念
　　は一義的ではないという批判がなされている。［司H21－15］

○ 　本肢の説は、いわゆ
る制度説である。制度
説に対しては、本肢の
ような批判がなされて
いる。
⇒3－4　三 (p.83)

44　憲法第7条で挙げられた国事行為はもともと形式的・儀礼的行為であるから、
　　同条により内閣の衆議院解散権を根拠付けることはできないという説によれば、
　　解散は衆議院が自律的に決定したときにのみ可能であるということになる。［司H
　　21－15］

× 　7条により内閣の衆
議院解散権を根拠づけ
ることはできないとい
う本肢の説に立っても、
65条や69条、議院内
閣制の制度そのものを
根拠として、内閣は衆
議院を解散できると考
えることが可能である
ので、解散は衆議院が
自律的に決定したとき
にのみ可能であるとい
うことにはならない。
⇒3－4　三 (p.83)

45　現在の実務は、内閣の自由な衆議院解散権を憲法第7条で根拠付けているが、
　　最高裁判所は、これが妥当な憲法解釈であるか否かについて判断を示していない。
　　［司H21－15］

○ 　内閣の自由な衆議院
解散権を7条で根拠づ
ける現在の実務の解釈
が妥当な憲法解釈であ
るか否かについて、最
高裁判所の判例（苫米
地事件・最大判昭35.
6.8／百選Ⅱ［第7版］
〔190〕）は、統治行為
論に依拠して判断を示
さなかった。
⇒3－4　三 (p.84)

4-1 司法権

| 一　意義 |
| 二　範囲 |
| 三　法律上の争訟 |
| 四　限界 |
| 五　帰属 |

学習の指針

　司法権は、論文式試験・短答式試験のいずれにおいても非常に重要な学習分野です。重要な判例が多数あり、理解・記憶しなければならない事項も多くありますので、少なくとも2～3回は重ねて読むことを前提に、スピード感をもって学習することを推奨します。

一　意義

　憲法76条1項は、「すべて司法権は、最高裁判所及び法律の定めるところにより設置する下級裁判所に属する」と規定している。ここにいう「司法権」とは、「具体的な争訟について、法を適用し、宣言することによって、これを裁定する国家の作用」と定義されるのが一般的である。

　以下では、まず司法権の「範囲」について説明した後、司法権の核心部分である「法律上の争訟」について詳細に説明する。そして、司法権がどこまで及ぶのかという「限界」についても詳しく説明し、最後に司法権の「帰属」が問題となるいくつかの場面について述べていく。

◀渡辺ほかⅡ・300頁以下
　芦部・347頁

二　範囲

　明治憲法における司法権の範囲は、民事事件・刑事事件の裁判に限定されており、行政事件の裁判については、通常裁判所とは別の行政裁判所の管轄とされていた（明憲61）。

　一方、日本国憲法には、この点に関する明文の規定がないものの、行政事件の裁判も含めてすべての裁判作用を「司法権」とし、これを通常裁判所に属するものとしたと解するのが一般的である。

　∵① 日本国憲法は行政裁判所に関する規定を置いておらず、特別裁判所の設置や行政機関による終審裁判を禁止している（76Ⅱ）
　　② 憲法81条で「処分」の違憲審査権が認められている以上、行政事件の裁判権も当然に与えられているものと解される
　→裁判所法3条1項が、裁判所は「一切の」法律上の争訟を裁判すると規定しているのは、その趣旨を確認するものである

◀渡辺ほかⅡ・300頁
　芦部・349頁

三　法律上の争訟

1　意義

　繰り返しになるが、「司法権」とは、一般に「具体的な争訟について、法を適用し、宣言することによって、これを裁定する国家の作用」と定義される。この司法権の概念の中核をなす「具体的な争訟」（**事件性の要件**といわれる）と、裁判所法3条1項の「**法律上の争訟**」は同じ意味であり、この規定が司法権の

論点

◀渡辺ほかⅡ・301頁
　芦部・349頁以下

論文・予備 H 30

概念を具体化したものと解されている。

　判例（「板まんだら」事件・最判昭56.4.7／百選Ⅱ［第7版］〔184〕など）・通説によれば、「法律上の争訟」とは、①当事者間の具体的な権利義務ないし法律関係の存否（刑罰権の存否も含む）に関する紛争であって、かつ②法律の適用により終局的に解決できるものをいう。これらの2つの要件を備えなければ、「法律上の争訟」に当たらず、原則として裁判所の審査権が及ばない。

　以下では、「法律上の争訟」に当たるかどうかが問題となった事例についてみていく。この点について、抽象的に法令の解釈・効力について争う場合や、単なる事実の存否や学問上・技術上の論争について争う場合は「法律上の争訟」に当たらないと解される一方、信仰の対象の価値又は宗教上の教義について争う場合については、「法律上の争訟」に当たる場合と当たらない場合に分けられる。

2　「法律上の争訟」に当たるかどうかが問題となった事例について

(1)　抽象的に法令の解釈・効力について争う場合

　この場合は、①当事者間の具体的な権利義務ないし法律関係の存否に関する紛争とはいえないので、「法律上の争訟」には当たらないとされる。

判例　**警察予備隊違憲訴訟（最大判昭27.10.8／百選Ⅱ[第7版]（187））**

事案：　日本社会党の代表者が、警察予備隊の違憲無効を主張し、最高裁判所に直接出訴した。

判旨：　「わが裁判所が現行の制度上与えられているのは司法権を行う権限であり、そして司法権が発動するためには具体的な争訟事件が提起されることを必要とする」として、請求を却下した。

判例　**最判平3.4.19**

事案：　原告Xらが最高裁判所規則のうち福岡地家裁支部を廃止する部分は違憲であるとして、その取消しを求めた。

判旨：　本件訴えは、「Xらにかかわる具体的な紛争についてその審判を求めるものでないことは、その主張自体から明らかである。そうすると、本件各訴えは、結局、裁判所に対して抽象的に最高裁判所規則が憲法に適合するかしないかの判断を求めるものに帰し、裁判所法3条1項にいう『法律上の争訟』に当たらないというほかはない。」

---

(2)　単なる事実の存否や学問上・技術上の論争について争う場合

　この場合は、①当事者間の具体的な権利義務ないし法律関係の存否に関する紛争とはいえず、また②法律の適用により終局的に解決できるものということもできないので、「法律上の争訟」には当たらないとされる。

> **判例**　**技術士試験事件（最判昭41.2.8）**
> 事案：　国家試験である技術士試験に不合格となった者が不合格処分の取
> 　　　　消しを求めた。
> 判旨：　「国家試験における合格、不合格の判定も学問または技術上の知
> 　　　　識、能力、意見等の優劣、当否の判断を内容とする行為であるから、
> 　　　　その試験実施機関の最終判断に委せられるべきものであって、その
> 　　　　判断の当否を審査し具体的に法令を適用して、その争を解決調整で
> 　　　　きるものとはいえない」。

(3)　**信仰の対象の価値又は宗教上の教義について争う場合**

　　これに関しては、次のとおり場合分けが必要である。

　　まず、住職たる地位の確認の訴えのように、単なる宗教上の地位自体につ
いて争う場合や、純然たる信仰の対象の価値又は宗教上の教義に関する判断
それ自体について争う場合は、①当事者間の具体的な権利義務ないし法律関
係の存否に関する紛争とはいえないので、「法律上の争訟」には当たらないと
される（銀閣寺事件・最判昭44.7.10）。

> **判例**　**銀閣寺事件（最判昭44.7.10）**
> 事案：　宗教法人Ｙ寺規則において、Ｙ寺の住職は同寺の代表役員及び責
> 　　　　任役員となることと定められていることから、当該代表役員及び責
> 　　　　任役員たる地位の確認請求のほか、その前提条件としてＹ寺の住職
> 　　　　たる地位の確認を請求した。
> 判旨：　住職たる地位は宗教活動の主宰者たる地位であり、その確認を求
> 　　　　める訴えは、単に宗教上の地位の確認を求めるものであって、法律
> 　　　　上の権利関係の確認を求めるものではないから、不適法であるとし
> 　　　　て、当該訴えを却下した。

　　これに対し、不当利得返還請求訴訟のように、紛争それ自体は①の要件を
満たすものであり、その請求の当否を判定する前提問題として宗教問題が争
われる場合は、裁判所が宗教上の教義の解釈に関わらない限り、「法律上の
争訟」に当たると解される（種徳寺事件・最判昭55.1.11）。

　　　→この場合、裁判所としては、宗教上の教義の解釈など当該宗教団体の自
　　　　治によって決定すべき事項については実体的な審理判断を行わず、たと
　　　　えば住職の選任・罷免の手続上の問題についてのみ審理判断を行う（本
　　　　門寺事件・最判昭55.4.10）

> **判例**　**種徳寺事件（最判昭55.1.11）**
> 事案：　Ｙ寺が寺務放棄などを理由に住職Ｘを罷免し、本堂等の明渡しを
> 　　　　求めたのに対し、Ｘが住職の地位及び代表役員の地位の確認を求め
> 　　　　た。
> 判旨：　「他に具体的な権利又は法律関係をめぐる紛争があり、その当否を
> 　　　　判定する前提問題として特定人につき住職たる地位の存否を判断す
> 　　　　る必要がある場合には、その判断の内容が宗教上の教義の解釈にわ
> 　　　　たるものであるような場合は格別、そうでない限り、その地位の存否、
> 　　　　すなわち選任ないし罷免の適否について、裁判所が審判権を有す
> 　　　　る」。

> **判例　本門寺事件（最判昭55.4.10）**
>
> 事案：　XがY寺の代表役員であることの確認を求め、その前提としてX・Aのいずれが住職になったのかが争われた。
>
> 判旨：　XがY寺の住職としての適格を有するかどうかは審理できないが、Y寺における「住職選任の手続上の準則に従って選任されたかどうか、また、右の手続上の準則が何であるか」については、「住職の地位を有するかどうかの判断に必要不可欠のものである限り」、裁判所は審理、判断することができる。

　一方、たとえ訴訟が①の要件を満たすものであっても、その請求の当否を決するための前提問題が「信仰の対象の価値又は宗教上の教義に関する判断」であり、それが「訴訟の帰すうを左右する必要不可欠のもの」と認められ、「本件訴訟の争点及び当事者の主張立証も右の判断に関するものがその核心となっている」場合には、その実質において②法律の適用により終局的に解決できるものということはできず、「法律上の争訟」に当たらない（「板まんだら」事件・最判昭56.4.7／百選Ⅱ［第7版］〔184〕、蓮華寺事件・最判平元.9.8、日蓮正宗管長事件・最判平5.9.7／百選Ⅱ［第7版］〔185〕）。

> **判例　「板まんだら」事件（最判昭56.4.7／百選Ⅱ［第7版］〔184〕）**
>
> 事案：　Xが宗教団体Yに対して、寄付金の返還を求めて訴訟を提起し、その理由として「板まんだら」が偽物であり、寄付行為に錯誤があったと主張した。
>
> 判旨：　「本件訴訟は、具体的な権利義務ないし法律関係に関する紛争の形式をとっており、その結果信仰の対象の価値又は宗教上の教義に関する判断は請求の当否を決するについての前提問題であるにとどまるものとされてはいるが、本件訴訟の帰すうを左右する必要不可欠のものと認められ、また、……本件訴訟の争点及び当事者の主張立証も右の判断に関するものがその核心となっていると認められることからすれば、結局本件訴訟は、その実質において法令の適用による終局的な解決の不可能なものであって、裁判所法3条にいう法律上の争訟にあたらない」。

> **判例　蓮華寺事件（最判平元.9.8）**
>
> 事案：　X寺が、教義からの異説を述べ改めないとしてYを擯斥処分（僧籍剥奪）に付し、住職でなくなったことを理由に寺院建物の明渡しを求めたのに対して、Yが代表役員たる地位の確認を求めた。
>
> 判旨：　「当事者間の具体的な権利義務ないし法律関係に関する訴訟であっても、宗教団体内部においてされた懲戒処分の効力が請求の当否を決する前提問題となっており、その効力の有無が当事者間の紛争の本質的争点をなすとともに、それが宗教上の教義、信仰の内容に深くかかわっているため、右教義、信仰の内容に立ち入ることなくしてその効力の有無を判断することができず、しかも、その判断が訴訟の帰趨を左右する必要不可欠のものである場合には、右訴訟は、その実質において法令の適用による終局的解決に適しないものとして、裁判所法3条にいう『法律上の争訟』に当たらない」とした。

判例 日蓮正宗管長事件（最判平5.9.7／百選Ⅱ〔第7版〕〔185〕）

事案： 　Y寺は、Y寺所有の建物を占有しているXに対し、本件建物の所有権に基づきその明渡しを求めたが、その前提として、XをY寺の住職から罷免する旨の処分をしたAが正当な宗教法人日蓮正宗の管長としての地位にあったかどうかが争われた。

判旨： 　「日蓮正宗においては、代表役員は、管長の職にある者をもって充て、管長は、法主の職にある者をもって充てるものとされている」ところ、「法主は、日蓮正宗の宗教上の最高権威者の呼称であって、宗教活動上の地位であるというのである」。そして、「Aが代表役員及び管長の地位にあるか否かを審理、判断するには、Aが法主の地位にあるか否かを審理、判断する必要があるところ、……日蓮正宗においては、法主は、宗祖以来の唯授一人の血脈を相承する者であるとされているから、Aが法主の地位にあるか否かを審理、判断するには、血脈相承の意義を明らかにした上で、同人が血脈を相承したものということができるかどうかを審理しなければならない。そのためには、日蓮正宗の教義ないし信仰の内容に立ち入って審理、判断することが避けられないことは、明らかである。そうであるとすると、本件訴えは、結局、いずれも法律上の争訟性を欠き、不適法として却下を免れない」。

問題の所在

【事案①】
　国家試験である技術士試験に不合格となったXは、当該不合格処分の取消しを求めて訴えを提起した。

【事案②】
　Xは、宗教団体Yに対し、「板まんだら」が偽物であり、寄付行為に錯誤があったと主張して、寄付金の返還を求めて訴えを提起した。

　上記の事案において、Xの提起した訴えは裁判所法3条1項の「法律上の争訟」に当たるか。

考え方のすじ道

「司法権」（76Ⅰ）とは、「具体的な争訟について、法を適用し、宣言することによって、これを裁定する国家の作用」である
　　　　↓そして
ここにいう「具体的な争訟」と裁判所法3条1項の「法律上の争訟」は同じ意味であるところ、「法律上の争訟」とは、①当事者間の具体的な権利義務ないし法律関係の存否に関する紛争であって、かつ②法律の適用により終局的に解決できるものをいう

【事案①】の場合
国家試験における合格・不合格の判定は、学問又は技術上の知識・能力・意見等の優劣、当否の判断を内容とする行為であるため、当事者間の具体的な権利義務ないし法律関係の存否に関する紛争とはいえず（①不充足）、法律の適用により終局的に解決できるものということもできない（②不充足）
　　　　↓よって
【事案①】におけるXの訴えは、「法律上の争訟」に当たらない

【事案②】の場合
単なる宗教上の地位自体について争う場合や、純然たる信仰の対象の価値又は宗教上の教義に関する判断それ自体について争う場合は、当事者間の具体的な権利義務ないし法律関係の存否に関する紛争とはいえない（①不充足）ので、「法律上の争訟」には当たらない
　　　　↓これに対し
不当利得返還請求訴訟のように、紛争それ自体は上記①の要件を満たすものであり、その請求の当否を判定する前提問題として宗教問題が争われるにすぎない場合は、原則として「法律上の争訟」に当たる
　　　　↓もっとも
その請求の当否を決するための前提問題が信仰の対象の価値又は宗教上の教義に関する判断であり、それが訴訟の帰すうを左右する必要不可欠のものと認められ、当該訴訟の争点及び当事者の主張立証も当該判断に関するものがその核心となっている場合には、その実質において法律の適用により終局的に解決できるものということはできず、「法律上の争訟」に当たらないと解する
　　　　↓あてはめ
Ｘが宗教団体Ｙに対して寄付金の返還を求める訴えは、ＹのＸに対する寄付金の返還義務の有無に関する紛争であるという点で、当事者間の具体的な権利義務ないし法律関係の存否に関する紛争といえる（①充足）
　　　　↓そして
「板まんだら」が偽物であるかどうかの判断は、請求の当否を決する前提問題にとどまり、「法律上の争訟」に当たるとも思える
　　　　↓しかし
「板まんだら」が偽物であるかどうかの判断は、信仰の対象の価値に関する判断を伴い、当該判断をもとにＸの錯誤の有無が決せられる関係にあるから、本件訴訟の帰すうを左右する必要不可欠のものといえる上、本件訴訟の争点及び当事者の主張立証も当該判断に関するものがその核心となっていると考えられる以上、実質的に法律の適用により終局的に解決できるものということはできない（②不充足）
　　　　↓よって
【事案②】におけるＸの訴えも、「法律上の争訟」に当たらない

3　客観訴訟

　裁判所は、「一切の法律上の争訟」の裁判権のみならず、「その他法律において特に定める権限を有する」（裁判所３Ⅰ）。その1つとして、裁判所には客観訴訟の裁判権が認められている。

　客観訴訟とは、法規の客観的適正を確保することを目的とする訴訟のことをいう。個人の権利保護を目的とする一般の訴訟（主観訴訟といわれる）と対比されるのが通常である。

　客観訴訟の類型としては、民衆訴訟（国又は公共団体の機関の法規に適合しない行為の是正を求める訴訟で、選挙人たる資格その他自己の法律上の利益にかかわらない資格で提起するもの、行政事件訴訟法５条参照）や、機関訴訟（国又は公共団体の機関相互間における権限の存否又はその行使に関する紛争についての訴訟、行政事件訴訟法６条参照）が挙げられる。

　これらの客観訴訟は、「法律に定める場合において、法律に定める者に限り、提起することができる」（行訴42）。

四　限界

1　はじめに

　以上では、そもそも「法律上の争訟」に当たるかどうかの説明をしてきたが、ここからは、「法律上の争訟」に当たるにもかかわらず司法権を行使できないという司法権の「限界」について説明する。

　裁判所は、「一切の」法律上の争訟を裁判する（裁判所３Ⅰ）。しかし、例外

◀渡辺ほかⅡ・304頁以下
　芦部・352頁以下

的に、①「日本国憲法に特別の定のある場合」（裁判所3Ⅰ）、すなわち、議員の資格争訟の裁判（55）と裁判官の弾劾裁判（64）については、裁判所の審査権が及ばない。

次に、②国際法によって定められたもの（国際法上の治外法権や条約による裁判権の制限など）についても、裁判所の審査権が及ばないとされる。

そして、③事柄の性質上、裁判所の審査に適しないと認められるものについても、裁判所の審査権が及ばないとされる。最も問題となるのがこの③であり、大きく「立法権・行政権との関係における限界」「統治行為」「部分社会の法理」の3つに分けられる。

2 立法権・行政権との関係における限界

議院の自律権に属する行為や内閣の内部事項、自由裁量行為については、司法権が及ばない場面がある。

(1) 議院の自律権に属する行為や内閣の内部事項

憲法上、議院の自律権に委ねられている事項、たとえば議院の定足数・表決のような議事手続（56等）や国会議員の懲罰（58Ⅱ後段）については、司法権が及ばないと解されている。

∵① 議院の自律権が憲法上保障されているのは、院内の秩序維持のための処置を議院の自律的判断に委ねるためであり、このような議院の自律権を確保する必要がある

② 裁判所が議事手続などの瑕疵の有無について判断することにより、司法が政治化するおそれがある

判例（警察法改正無効事件・最大判昭37.3.7／百選Ⅱ［第7版］〔180〕）は、警察法の改正に際し、衆議院における会期延長の議決が有効に成立したかどうかについて争われた事案において、「同法は両院において議決を経たものとされ適法な手続によって公布されている以上、裁判所は両院の自主性を尊重すべく同法制定の議事手続に関する……事実を審理してその有効無効を判断すべきでない」と判示している。

同様に、内閣の自律権ないし自主性の確保の観点から、内閣の内部事項（内閣の閣議決定の方式など）についても司法権は及ばないと解されている。

(2) 自由裁量行為

かつては、立法・行政の自由裁量行為は司法権の限界に当たると解されていた。現在では、自由裁量行為は「当・不当」が問題となるにすぎないので、原則として司法権は及ばないものの、裁量権の逸脱・濫用があった場合には、例外的に司法権が及ぶと解するのが一般的である。

行政裁量に関しては、行政事件訴訟法30条（「行政庁の裁量処分については、裁量権の範囲をこえ又はその濫用があつた場合に限り、裁判所は、その処分を取り消すことができる。」）がこの趣旨を規定している。また、法が行政裁量をどの範囲で認めているかについては法解釈の問題である以上、行政裁量であるからといって直ちに司法権の限界に当たるとは解されていない。

立法裁量に関しても、立法と司法の役割分担の観点から、権利・自由の性質に応じて裁量統制の審査密度を高めたり、平等原則による統制が図られたりしている。　⇒『総論・人権』参照

3 統治行為論

論点

論文・予備H27

統治行為とは、「直接国家統治の基本に関する高度に政治性のある国家行為」であり、統治行為は司法権の限界に当たるという考え方を「統治行為論」という。

統治行為は、「法律上の争訟」に当たり、理論的には裁判所による法律的な判断が可能ではあるものの、事柄の性質上、司法審査の対象から除外されると解されている。

　その理由づけについては、司法の政治化を回避するといった実際的必要性の観点から、裁判所が司法判断を下すのを自制すべきであるという見解（自制説）もあるが、判例（苫米地事件・最大判昭35.6.8／百選Ⅱ［第7版］〔190〕）は、以下のとおり判示している。判例の立場を「**内在的制約説**」という。

判例　苫米地事件（最大判昭35.6.8／百選Ⅱ［第7版］〔190〕）

事案：　衆議院の内閣不信任決議を経ずに、内閣により一方的に行われた衆議院の解散について、衆議院議員であった苫米地氏によって解散の合憲性が争われた。

判旨：　「直接国家統治の基本に関する高度に政治性のある国家行為のごときはたとえそれが法律上の争訟となり、これに対する有効無効の判断が法律上可能である場合であっても、かかる国家行為は裁判所の審査権の外にあり、その判断は主権者たる国民に対して政治的責任を負うところの政府、国会等の政治部門の判断に委され、最終的には国民の政治判断に委ねられているものと解すべきである。この司法権に対する制約は、結局、三権分立の原理に由来し、当該国家行為の高度の政治性、裁判所の司法機関としての性格、裁判に必然的に随伴する手続上の制約等にかんがみ、特定の明文による規定はないけれども、司法権の憲法上の本質に内在する制約と理解すべきものである」。

　　　　「衆議院の解散は、極めて政治性の高い国家統治の基本に関する行為であって、かくのごとき行為について、その法律上の有効無効を審査することは司法裁判所の権限の外にありと解すべき」であり、「この理は、本件のごとく、当該衆議院の解散が訴訟の前提問題として主張されている場合においても同様であって、ひとしく裁判所の審査権の外にありといわなければならない。」

　上記の判例（苫米地事件・最大判昭35.6.8／百選Ⅱ［第7版］〔190〕）以外にも、統治行為論を採用したと解される判例として、以下のものがある。

判例　砂川事件（最大判昭34.12.16／百選Ⅱ［第7版］〔163〕）

事案：　デモ隊員がアメリカ空軍基地内へ侵入した行為が、日米安保条約に基づく刑事特別法違反に問われ、日米安保条約の合憲性が争われた。

判旨：　日米安保条約は「主権国としてのわが国の存立の基礎に極めて重大な関係をもつ高度の政治性を有するものというべきであって、その内容が違憲なりや否やの法的判断は、その条約を締結した内閣およびこれを承認した国会の高度の政治的ないし自由裁量的判断と表裏をなす点がすくなくない。それ故、右違憲なりや否やの法的判断は、純司法的機能をその使命とする司法裁判所の審査には、原則としてなじまない性質のものであり、従って、一見極めて明白に違憲無効であると認められない限りは、裁判所の司法審査権の範囲外のものであって、それは第一次的には、右条約の締結権を有する内閣およびこれに対して承認権を有する国会の判断に従うべく、終局的には、主権を有する国民の政治的批判に委ねらるべきものである」。

評釈：　本判例は、苫米地事件判決と異なり、「一見極めて明白に違憲無効」
　　　　という自由裁量論のような判示をしていることから、「統治行為論と
　　　　自由裁量論との混在」などと呼ばれることもある。一方、苫米地事
　　　　件判決は、正面から純粋な「統治行為論」が採用されたものと解さ
　　　　れている。

判例　沖縄代理署名訴訟（最大判平8.8.28／百選Ⅱ［第7版］〔167〕）

事案：　沖縄県のアメリカ軍基地用地を強制使用するため、内閣総理大臣
　　　　が沖縄県知事に、手続に必要な土地・物件調書への代理署名を求め
　　　　た。

判旨：　「日米安全保障条約及び日米地位協定が違憲無効であることが一見
　　　　極めて明白でない以上、裁判所としては、これが合憲であることを
　　　　前提として駐留軍用地特措法の憲法適合性についての審査をすべき
　　　　である」。

　　学説上では、統治行為論を肯定する理由づけについて、内在的制約説に自制
説の要素を加味する見解（折衷説）が通説とされている。

　　折衷説によれば、自律権・自由裁量論などで説明できるのであれば統治行為
論を用いるべきではない（苫米地事件判決では、閣議の決定方式については内
閣の自律権を、解散事由については自由裁量論を用いることで同じ結論を出す
ことが可能とされる）し、統治行為論は権力分立・民主主義を根拠とする以上、
民主政の過程では修復できない精神的自由権や選挙権を侵害する事件において
統治行為論を用いるのは背理であるとされる。

　　→さらに、現在の多数説は、そもそも「統治行為」という不明確な概念を安
　　　易に認めるのは法の支配に反するので、統治行為論を否定すべきであると
　　　解している

4　部分社会の法理

(1)　意義

　　地方議会・大学・政党・宗教団体などの団体の内部紛争に対して、司法権
が及ぶかどうかが問題となる。判例上、これらの団体は「一般市民社会とは
異なる特殊な部分社会を形成している」と解されており（富山大学事件・最
判昭52.3.15／百選Ⅱ［第7版］〔182〕）、この「部分社会」における内部紛
争は、たとえ「法律上の争訟」に当たるものでも司法審査の対象から除外し、
当該団体の自律的な判断にその最終的解決を委ねるべきであるとする考え方
を、部分社会の法理という。

　　学説上では、「部分社会」といっても多種多様な性質を有する団体が含ま
れており、その内部紛争に司法権が及ぶかどうかは、各団体の目的・性格・
機能、当該紛争の性格・程度、争われている権利の性質や侵害の程度などを
具体的に検討して決定すべきであり、「部分社会」という包括的な概念を用
いて司法権の限界を論じるべきではないと解するのが通説的な理解である。

　　判例上も、問題となっている具体的な行為が「一般市民法秩序と直接の関
係を有するもの」である場合には、司法権が及ぶと解している（富山大学事件・
最判昭52.3.15／百選Ⅱ［第7版］〔182〕）。

　　以下では、各団体に関する判例を整理しながら説明していく。

☞ ONE POINT

自衛隊航空機の夜間飛
行の差止めを求めた厚
木基地公害訴訟におい
て、判例（最判平5.2.25
／百選Ⅰ［第5版］〔29〕）
は、自衛隊機の運航に
対する防衛庁長官の権
限の行使は、「周辺住民
との関係において、公
権力の行使にあたる行
為」であるとし、「行政
訴訟としてどのような
要件の下にどのような
請求をすることができ
るかはともかくとし
て」、民事訴訟としての
差止請求は不適法であ
ることを理由に、本件
訴訟を却下しました。
本判決は、違法性の判
断にあたって、法律上
の争訟に当たらないこ
とや高度に政治的な問
題であることを理由と
していない点に注意が
必要です。

⚠ 論点

◁ **論文・司法Ｈ21**
◁ **論文・予備Ｈ30**

---

(2)　地方議会

> **判例**　最大判令2.11.25／令3重判〔2〕
>
> 事案：　市議会から科された23日間の出席停止の懲罰が違憲、違法であるとして争われた。
>
> 判旨：　「普通地方公共団体の議会は、地方自治法並びに会議規則及び委員会に関する条例に違反した議員に対し、議決により懲罰を科することができる（同法134条1項）ところ、懲罰の種類及び手続は法定されている（同法135条）。これらの規定等に照らすと、出席停止の懲罰を科された議員がその取消しを求める訴えは、法令の規定に基づく処分の取消しを求めるものであって、その性質上、法令の適用によって終局的に解決し得るものというべきである。」
>
> 　憲法は、「住民自治の原則を採用しており、普通地方公共団体の議会は、憲法にその設置の根拠を有する議事機関として、……所定の重要事項について当該地方公共団体の意思を決定するなどの権能を有する。そして、議会の運営に関する事項については、議事機関としての自主的かつ円滑な運営を確保すべく、その性質上、議会の自律的な権能が尊重されるべきであるところ、議員に対する懲罰は、会議体としての議会内の秩序を保持し、もってその運営を円滑にすることを目的として科されるものであり、その権能は上記の自律的な権能の一内容を構成する。」
>
> 　他方、「議員は、憲法上の住民自治の原則を具現化するため、……議事に参与し、議決に加わるなどして、住民の代表としてその意思を当該普通地方公共団体の意思決定に反映させるべく活動する責務を負う」ところ、「出席停止の懲罰は、上記の責務を負う公選の議員に対し、議会がその権能において科する処分であり、これが科されると、当該議員はその期間、会議及び委員会への出席が停止され、議事に参与して議決に加わるなどの議員としての中核的な活動をすることができず、住民の負託を受けた議員としての責務を十分に果たすことができなくなる。このような出席停止の懲罰の性質や議員活動に対する制約の程度に照らすと、これが議員の権利行使の一時的制限にすぎないものとして、その適否が専ら議会の自主的、自律的な解決に委ねられるべきであるということはできない。」
>
> 　そうすると、「出席停止の懲罰は、議会の自律的な権能に基づいてされたものとして、議会に一定の裁量が認められるべきであるものの、裁判所は、常にその適否を判断することができるというべきである。」
>
> 　したがって、「普通地方公共団体の議会の議員に対する出席停止の懲罰の適否は、司法審査の対象となるというべきである」。
>
> 評釈：　「自律的な法規範をもつ社会ないしは団体に在っては、当該規範の実現を内部規律の問題として自治的措置に任せ、必ずしも、裁判にまつを適当としないものがあるからである。本件における出席停止の如き懲罰はまさにそれに該当する」としていたかつての判例（最大判昭35.10.19／百選Ⅱ［第7版］〔181〕）等は、いずれも変更される。なお、同判例は、地方議会議員に対する懲罰としての除名処分については、「議員の身分の喪失に関する重大事項」であることなどを理由に、司法審査の対象になるとしていた。

判例　中津川市代読拒否訴訟（名古屋高判平24.5.11／平24重判（3））

事案：　Y市議会議員Xは、下咽頭がん手術に伴う発声障害により発声が
困難となったため、Y市議会に対し、代読等の方法による発言を認
めるよう求めた。Y市議会がこれを拒否したため、Xは、表現の自
由等が侵害されたとして、Y市に対し、国家賠償請求を行った。

判旨：　「議会が、議員の発言方法等について規制したとしても、それが議
会の内部規律の問題にとどまる限り、裁判所法3条1項にいう『法
律上の争訟』にはあたらない」。「しかし、他方、議会の議員に対す
る措置が、一般市民法秩序において保障されている権利利益を侵害
する場合、もはや議会の内部規律の問題にとどまるものとはいえな
いから、当該措置に関する紛争は、裁判所法3条1項にいう『法律
上の争訟』にあたる」。「地方議会の議員には、表現の自由（憲法21
条）及び参政権の一態様として、地方議会等において発言する自由
が保障されていて、議会等で発言することは、議員としての最も基
本的・中核的な権利というべきである。」「したがって、地方議会が、
地方議会議員の当該議会等における発言を一般的に阻害し、その機
会を与えないに等しい状態を惹起するなど、地方議会議員に認めら
れた上記権利、自由を侵害していると認められる場合には、一般市
民法秩序に関わるものとして、裁判所法3条1項にいう『法律上の
争訟』にあたる」。以上から、本件訴えは適法であり、これを却下す
ることはできない。

判例　愛知県議会発言取消命令事件（最判平30.4.26／平30重判（1））

事案：　Y県議会議員であるXは、地方自治法129条1項に基づき、議会
における発言の一部を取り消すよう命令されたため、本件命令の取
消しを求めて訴えを提起した。

判旨：　地方自治法は、「議員の議事における発言に関しては、議長に当該
発言の取消しを命ずるなどの権限を認め、もって議会が当該発言を
めぐる議場における秩序の維持等に関する係争を自主的、自律的に
解決することを前提としている」。そして、「取消しを命じられた発
言が配布用会議録に掲載されないことをもって、当該発言の取消命
令の適否が一般市民法秩序と直接の関係を有するものと認めること
はできず、その適否は県議会における内部的な問題としてその自主
的、自律的な解決に委ねられるべきものというべきである」。

　　　「以上によれば、県議会議長の県議会議員に対する発言の取消命令
の適否は、司法審査の対象とはならない」。

判例　最判平31.2.14／令元重判〔10〕

事案：　　Y市議会議員であるXは、Y市議会議長に対し、視察旅行は財政状況等に照らし、実施すべきでないとする旨を記載した欠席願を提出し、同旅行を欠席した。その後、Y市の議会運営委員会は、Xが公務を正当な理由なく欠席したことを理由に、Xを厳重注意処分（以下、「本件措置」という。）とする旨、及び今後、議員としての責務を全うするよう強く求める旨を記載した厳重注意処分通知書（以下、「本件通知書」という。）を作成し、これを議会運営委員会の正副委員長等のほか新聞記者5、6名のいる議長室において朗読し、交付した。

　　　　Xは、これにより名誉が毀損されたとして、国家賠償法1条1項に基づき、慰謝料等の支払を求めた。

判旨：　　Xの請求は、「私法上の権利利益の侵害を理由とする国家賠償請求であり、その性質上、法令の適用による終局的な解決に適しないものとはいえないから、本件訴えは、裁判所法3条1項にいう法律上の争訟に当たり、適法というべきである」。

　　　　もっとも、「普通地方公共団体の議会は、地方自治の本旨に基づき自律的な法規範を有するものであり、議会の議員に対する懲罰その他の措置については、議会の内部規律の問題にとどまる限り、その自律的な判断に委ねるのが適当である」。「このことは、上記の措置が私法上の権利利益を侵害することを理由とする国家賠償請求の当否を判断する場合であっても、異なることはない」。

　　　　「したがって、普通地方公共団体の議会の議員に対する懲罰その他の措置が当該議員の私法上の権利利益を侵害することを理由とする国家賠償請求の当否を判断するに当たっては、当該措置が議会の内部規律の問題にとどまる限り、議会の自律的な判断を尊重し、これを前提として請求の当否を判断すべき」である。

　　　　本件措置は、「Xの議員としての行為に対する市議会の措置であり、かつ、……特段の法的効力を有するものではない。また、市議会議長が、相当数の新聞記者のいる議長室において、本件通知書を朗読し、これをXに交付したことについても、殊更にXの社会的評価を低下させるなどの態様、方法によって本件措置を公表したものとはいえない」。「以上によれば、本件措置は議会の内部規律の問題にとどまるものであるから、その適否については議会の自律的な判断を尊重すべきであり、本件措置等が違法な公権力の行使に当たるものということはできない」。

（3）　大学

> **判例**　**富山大学事件（最判昭52.3.15／百選Ⅱ〔第7版〕（182））**
>
> 事案：　富山大学経済学部の学生Xらは、Aの担当する授業を履修していたところ、経済学部長Yは、Aに不正行為があったとして、Aに対し授業担当停止の措置をとるとともに、Xらを含めた学生に代替授業を受講するよう指示した。しかし、Aは授業を継続し、Xらも引き続きこれに出席し続けて試験を受験し、Aより合格との判定を得た。これに対し、大学側はAの授業及び試験は正規のものではないとして、Xらの単位取得を認めなかった。
>
> 判旨：　「一般市民社会の中にあってこれとは別個に自律的な法規範を有する特殊な部分社会における法律上の係争のごときは、それが一般市民法秩序と直接の関係を有しない内部的な問題にとどまる限り、その自主的、自律的な解決に委ねるのを適当とし、裁判所の司法審査の対象にはならない」。
>
> 　「大学は、国公立であると私立であるとを問わず、学生の教育と学術の研究とを目的とする教育研究施設であって、その設置目的を達成するために必要な諸事項については、法令に格別の規定がない場合でも、学則等によりこれを規定し、実施することのできる自律的、包括的な権能を有し、一般市民社会とは異なる特殊な部分社会を形成しているのであるから、このような特殊な部分社会である大学における法律上の係争のすべてが当然に裁判所の司法審査の対象になるものではなく、一般市民法秩序と直接の関係を有しない内部的な問題は右司法審査の対象から除かれるべき」である。
>
> 　これを大学の単位の授与（認定）行為について見ると、これは「学生が当該授業科目を履修し試験に合格したことを確認する教育上の措置であり、卒業の要件をなすものではあるが、当然に一般市民法秩序と直接の関係を有するものでないことは明らかである。それゆえ、単位授与（認定）行為は、他にそれが一般市民法秩序と直接の関係を有するものであることを肯認するに足りる特段の事情のない限り、純然たる大学内部の問題として大学の自主的、自律的な判断に委ねられるべきものであって、裁判所の司法審査の対象にはならない」。ただ、「特定の授業科目の単位の取得それ自体が一般市民法上一種の資格要件とされる場合」については、「その限りにおいて単位授与（認定）行為が一般市民法秩序と直接の関係を有することは否定できない」。
>
> 評釈：　本判例以降、大学以外も含めたその後の判例において「特殊な部分社会」という包括的な概念はほとんど用いられなくなった。もっとも、「**一般市民法秩序と直接の関係を有するもの**」かどうかという判断枠組みは、本判例以降も用いられている。

> **判 例**　**最判昭52.3.15**
>
> 事案：　富山大学事件（最判昭52.3.15／百選Ⅱ［第7版］〔182〕）と同
> 様の事案において、大学側が、Aの授業を受講していた学生Xに対
> して、専攻科の修了認定を行わなかった。
>
> 判旨：　「専攻科に入学した学生は、大学所定の教育課程に従いこれを履修
> し専攻科を修了することによって、専攻科入学の目的を達すること
> ができるのであって、学生が専攻科修了の要件を充足したにもかか
> わらず大学が専攻科修了の認定をしないときは、学生は専攻科を修
> 了することができず、専攻科入学の目的を達することができないの
> であるから、国公立の大学において右のように大学が専攻科修了の
> 認定をしないことは、実質的にみて、一般市民としての学生の国公
> 立大学の利用を拒否することにほかならないものというべく、その
> 意味において、学生が一般市民として有する公の施設を利用する権
> 利を侵害するものである」。そのため、「専攻科修了の認定、不認定
> に関する争いは司法審査の対象になる」。

(4)　政党

> **判 例**　**共産党袴田事件（最判昭63.12.20／百選Ⅱ［第7版］〔183〕）**
>
> 事案：　Yは政党Xの幹部であり、Xが所有し、党役員等に利用させてき
> た家屋に居住していた。YがXにより除名処分を受けたため、Xは、
> Yに対し、上記家屋の明渡しを求める訴えを提起した。
>
> 判旨：　「政党は、政治上の信条、意見等を共通にする者が任意に結成する
> 政治結社であって、……国民がその政治的意思を国政に反映させ実
> 現させるための最も有効な媒体であって、議会制民主主義を支える
> 上においてきわめて重要な存在であるということができる。したが
> って、……**政党に対しては、高度の自主性と自律性を与えて自主的
> に組織運営をなしうる自由を保障しなければならない。**」また、「自
> 由な意思によって政党を結成し、あるいはそれに加入した以上、党
> 員が政党の存立及び組織の秩序維持のために、自己の権利や自由に
> 一定の制約を受ける」。
>
> 　上記のような「**政党の結社としての自主性**にかんがみると、政党
> の内部的自律権に属する行為は、法律に特別の定めのない限り尊重
> すべきであるから、政党が組織内の自律的運営として党員に対して
> した除名その他の処分の当否については、原則として自律的な解決
> に委ねるのを相当とし、したがって、**政党が党員に対してした処分
> が一般市民法秩序と直接の関係を有しない内部的な問題にとどまる
> 限り、裁判所の審判権は及ばない**というべきであり、他方、右処分
> が一般市民としての権利利益を侵害する場合であっても、右処分の
> 当否は、当該政党の自律的に定めた規範が公序良俗に反するなどの
> 特段の事情のない限り右規範に照らし、右規範を有しないときは条
> 理に基づき、適正な手続に則ってされたか否かによって決すべきで
> あり、その審理も右の点に限られる」。

評釈：　本判例において、原則として司法権が及ばず自律的な解決に委ねるとされた根拠は「政党の結社としての自主性」の尊重であり、「特殊な部分社会」という包括的な概念は用いられていないが、「一般市民法秩序と直接の関係を有しない内部的な問題にとどまる」かどうかという判断枠組みは、本判例でも用いられている。

判例　**日本新党繰上補充事件（最判平7.5.25／百選Ⅱ【第7版】（155））**

事案：　Xは、政党Zの参議院議員選挙における候補者名簿に登載されていたが、後にZより除名された。この除名により、Xは参議院議員の繰上補充による当選の対象者となることができなかったため、Zのした除名は違法・無効であると主張して、公職選挙法208条に基づく当選訴訟を提起した。

判旨：　「政党等の内部的自律権をできるだけ尊重すべきものとした立法の趣旨にかんがみれば、当選訴訟において、名簿届出政党等から名簿登載者の除名届が提出されているのに、その除名の存否ないし効力という政党等の内部的自律権に属する事項を審理の対象とすることは、かえって、右立法の趣旨に反する」。

---

(5)　宗教団体

　　宗教団体に関しては、前に述べた。　⇒97頁以下

五　帰属

1　はじめに

　　憲法76条1項は、「すべて司法権は、最高裁判所及び法律の定めるところにより設置する下級裁判所に属する」と規定し、さらにその趣旨を明確化するため、同条2項は、「特別裁判所は、これを設置することができない。行政機関は、終審として裁判を行ふことができない」と規定している。

2　特別裁判所の禁止（76Ⅱ前段）

　　「特別裁判所」とは、特別の人間又は事件について裁判するために、通常裁判所の系列から独立して設けられる裁判機関をいう。明治憲法下の軍法会議（明憲60）がこれに当たる。

　　憲法が特別裁判所を禁止した76条2項前段の趣旨は、法の下の平等（14）及び裁判を受ける権利（32）の保障を徹底するとともに、法の統一的解釈に基づく法の秩序維持を図る点にある。

　　家庭裁判所が「特別裁判所」に当たるかどうかが問題となった事案において、判例（最大判昭31.5.30）は、家庭裁判所は「司法裁判権を行うべき第1審の通常裁判所として設置されたもの」であり、「特別裁判所」には当たらない旨判示している。

　　なお、憲法自身が認めた「特別裁判所」として、裁判官の弾劾裁判（64）がある。

3　行政機関による終審裁判の禁止（76Ⅱ後段）

　　行政機関による終審裁判の禁止について規定する76条2項後段の趣旨も、76条1項の趣旨を明確化するものであり、76条2項前段の趣旨と同じである。

　　「行政機関は、終審として裁判を行ふことができない」との規定を反対解釈すると、行政機関は「前審」としてであれば裁判（審判）を行うことも可能と解されている。

◀渡辺ほかⅡ・314頁
　芦部・358頁以下、366頁

ex. 国家公務員法による人事院の行う公平審査・判定手続（国公89以下）

裁判所法３条２項も、「行政機関が前審として審判することを妨げない」と規定している。

> ☞ **One Point ▶ 実質的証拠法則**
>
> 「行政機関の認定した事実は、これを立証する実質的な証拠があるときには、裁判所を拘束する」旨の定めは、「実質的証拠法則」と呼ばれています。実質的証拠法則は、裁判所の事実認定を拘束するため、裁判を受ける権利を保障する32条及び行政機関による終審裁判を禁止した76条２項後段に反するのではないかが問題となります。行政機関の事実認定が裁判所を無条件に拘束するのではなく、裁判所がその実質的な証拠の有無を判断するとの規定がある場合には、結局、行政機関の事実認定に拘束されるかどうかは裁判所の判断により決定されるので、上記の憲法の規定には反しないと考えられています。なお、現在、電波法99条が実質的証拠法則を定めていますが、同条は合憲であると解されています。

4 国民の司法参加

一般的に、国民が司法に参加する制度として、陪審制（事件ごとに一般市民の中から抽選で選ばれた陪審員が事実認定を担当し、裁判官が法的判断を行う制度）、参審制（一般市民が職業裁判官とともに合議体を構成して裁判を行う制度）がある。

わが国では、国民の司法参加に関する制度として裁判員制度が導入されている。**裁判員制度**とは、裁判官と国民の中から選任された裁判員が重大事件を対象として、事実認定・法令の適用・刑の量定を行う制度をいう。

→裁判官とともに共同して事実認定と量刑を行うため、陪審制ではなく参審制の一種である（ただし、量刑まで行う点で通常の参審制には見られない特殊性もある）

裁判員制度の趣旨は、「司法に対する国民の理解の増進とその信頼の向上に資する」点にある（裁判員１参照）。

判例　**裁判員制度の合憲性（最大判平23.11.16／百選Ⅱ〔第7版〕〔175〕）**

事案：　①憲法には国民の司法参加を想定した規定はないところ、裁判員制度に基づき裁判員が構成員となった裁判体は、憲法上の「裁判所」に当たらず、これによる裁判は憲法31条・32条・37条1項・76条1項・80条1項に違反しないか、②裁判員制度の下では、裁判官は裁判員の判断に影響・拘束されることになるから、裁判官の職権行使の独立を保障した憲法76条3項に違反しないかが、本件で問題となった。

　　　　また、本件では、③裁判員が構成員となった裁判体は「特別裁判所」（76Ⅱ前段）に該当しないか、④裁判員制度は裁判員となる国民に意に反する苦役に服させるものとして、憲法18条後段に違反しないかも問題となった。

判旨：　1　上記①について

　　　　憲法に「明文の規定が置かれていないことが、直ちに国民の司法参加の禁止を意味するものではない」。

　　　　刑事裁判を行うに当たっては、適正手続の保障など、適正な刑事裁判を実現するための「諸原則が厳格に遵守されなければならず、それには高度の法的専門性が要求される。憲法は、これらの諸原則を規定し、かつ、三権分立の原則の下に、『第6章　司法』において、裁判官の職権行使の独立と身分保障について周到な規定を設けている。こうした点を総合考慮すると、**憲法は、刑事裁判の基本的な担い手として裁判官を想定していると考えられる**」。

　　　　他方、大日本帝国憲法では、「法律ニ定メタル裁判官ノ裁判」を受ける権利が保障されていたのに対し、現憲法32条が保障するのは「裁判所において裁判を受ける権利」であり、表現が改められたこと、「最高裁判所と異なり、下級裁判所については、裁判官のみで構成される旨を明示した規定を置いていない」こと等からすると、「国民の司法参加と適正な刑事裁判を実現するための諸原則とは、十分調和させることが可能であり、憲法上国民の司法参加がおよそ禁じられていると解すべき理由はなく、国民の司法参加に係る制度の合憲性は、具体的に設けられた制度が、適正な刑事裁判を実現するための諸原則に抵触するか否かによって決せられるべきものである。換言すれば、**憲法は、一般的には国民の司法参加を許容しており**、これを採用する場合には、上記の諸原則が確保されている限り、陪審制とするか参審制とするかを含め、その内容を立法政策に委ねていると解される」。

　　　　「憲法80条1項が、裁判所は裁判官のみによって構成されることを要求しているか否かは、結局のところ、憲法が国民の司法参加を許容しているか否かに帰着する問題である。既に述べたとおり、**憲法は、最高裁判所と異なり、下級裁判所については、国民の司法参加を禁じているとは解されない**。したがって、裁判官と国民とで構成する裁判体が、それゆえ直ちに憲法上の『裁判所』に当たらないということはできない」。

　裁判員法が定める「裁判員制度の仕組みを考慮すれば、公平な『裁判所』における法と証拠に基づく適正な裁判が行われること（憲法31条、32条、37条１項）は制度的に十分保障されている上、裁判官は刑事裁判の基本的な担い手とされているものと認められ、憲法が定める刑事裁判の諸原則を確保する上での支障はないということができる」。

　したがって、憲法31条、32条、37条１項、76条１項、80条１項に違反しない。

2　上記②について

　憲法76条３項によれば、裁判官は憲法及び法律に拘束されるところ、上記のように「憲法が一般的に国民の司法参加を許容しており、裁判員法が憲法に適合するようにこれを法制化したものである以上、……裁判官が時に自らの意見と異なる結論に従わざるを得ない場合があるとしても、それは憲法に適合する法律に拘束される結果であるから、同項違反との評価を受ける余地はない」。

　また、「元来、憲法76条３項は、裁判官の職権行使の独立性を保障することにより、他からの干渉や圧力を受けることなく、裁判が法に基づき公正中立に行われることを保障しようとするものであるが、裁判員制度の下においても、法令の解釈に係る判断や訴訟手続に関する判断を裁判官の権限にするなど、裁判官を裁判の基本的な担い手として、法に基づく公正中立な裁判の実現が図られており」、こうした点からも、裁判員制度は、憲法76条３項の趣旨に反するものではない。

3　上記③について

　「裁判員制度による裁判体は、地方裁判所に属するものであり、その第１審判決に対しては、高等裁判所への控訴及び最高裁判所への上告が認められており、裁判官と裁判員によって構成された裁判体が特別裁判所に当たらないことは明らかである」。

4　上記④について

　「裁判員としての職務に従事し、又は裁判員候補者として裁判所に出頭すること……により、国民に一定の負担が生ずることは否定できない」。しかし、「裁判員の職務等は、司法権の行使に対する国民の参加という点で参政権と同様の権限を国民に付与するものであり、これを『苦役』ということは必ずしも適切ではない」。また、裁判員法は、国民の負担を過重にしないという観点から、辞退に関し柔軟な制度や負担を軽減するための経済的措置が講じられている。「これらの事情を考慮すれば、裁判員の職務等は、憲法18条後段が禁ずる『苦役』に当たらないことは明らか」である。

4-2　裁判所の組織・運営

学習の指針

　この節では、主に短答式試験で問わ
れる事項が多いので、気を抜かずに読
み進めていきましょう。また、最高裁
判所裁判官の国民審査に関しては、平
成24年予備試験で正面からその理解
が問われていますので、判例・通説を
的確に理解しておく必要があります。

一　裁判所の組織・関係

1　裁判所の組織

　憲法76条1項は、「すべて司法権は、最高裁判所及び法律の定めるところにより設置する下級裁判所に属する」と規定している。「最高裁判所」は、憲法により直接に設置が要請される「終審裁判所」(81) である。一方、「下級裁判所」は、裁判所法2条1項により「高等裁判所」「地方裁判所」「家庭裁判所」「簡易裁判所」の4つに分けられる。

◀渡辺ほかⅡ・320頁
　芦部・358頁

2　裁判所間の関係

　現行法では、事件は原則として「地方裁判所」→「高等裁判所」→「最高裁判所」の順に上訴されるという三審制が採用されている。もっとも、上記のとおり、司法権は「最高裁判所」と「法律の定めるところにより設置する下級裁判所」に属するとしか規定されていないため、三審制は憲法上要求されていないと考えられており、「最高裁判所」を頂点とする二審制を導入しても違憲ではないと解されている。

　判例 (最判平13.2.13／百選Ⅱ [第7版] [127]) の趣旨に照らすと、三審制を採用するかどうか、81条の場合を除いて最高裁判所への上訴を制限するかといった審級制度の構築は、すべて立法の裁量に委ねられる。

二　最高裁判所の構成・権能

1　最高裁判所の構成

(1)　最高裁判所は、「その長たる裁判官」(最高裁判所長官・1名) と「法律の定める員数のその他の裁判官」(最高裁判所判事・14名) で構成される (79Ⅰ、裁判所5)。

　最高裁判所長官は、内閣の指名に基づいて、天皇が任命する (6Ⅱ、裁判所39Ⅰ)。その他の最高裁判所判事は、内閣が任命 (79Ⅰ・裁判所39Ⅱ) し、天皇が認証する (7⑤、裁判所39Ⅲ)。これらは、権力分立上の均衡の観点に基づく制度とされる。

(2)　最高裁判所の審理・裁判は、大法廷又は小法廷で行われる (裁判所9Ⅰ)。大法廷は15名全員の裁判官の合議体であり、小法廷は最高裁判所の定める員数 (3人以上) の裁判官の合議体である。

　法令等の憲法適合性を判断したり、判例の変更を行うなど、一定の場合には大法廷で裁判することが必要となる (裁判所10)。

◀渡辺ほかⅡ・321頁、
　325頁以下
　芦部・360頁以下

2　最高裁判所の権能

　最高裁判所の権能を大きく分けると、①裁判権、②違憲審査権、③規則制定

権、④司法行政権、⑤下級裁判所裁判官の指名権、に分けられる。
(1) ①裁判権
　最高裁判所は、「上告」及び「訴訟法において特に定める抗告」について最終的な判断を下す権能を有する終審裁判所である（裁判所7）。
(2) ②違憲審査権（81）⇒134頁以下
　最高裁判所は、「一切の法律、命令、規則又は処分が憲法に適合するかしないかを決定する権限」（違憲審査権）を有する「終審裁判所」である（81）。
(3) ③規則制定権（77）
(a) 意義・趣旨
　最高裁判所は、「訴訟に関する手続、弁護士、裁判所の内部規律及び司法事務処理に関する事項について、規則を定める権限」（規則制定権）を有する（77Ⅰ）。権力分立の見地から裁判所の自主性・自律性を確保するとともに、実務に通じた裁判所の専門的な判断を尊重する趣旨である。
　最高裁判所規則は、単なる機関の内部規則ではなく、「訴訟に関する手続」のように国民を直接的に規律するものもあるので、議院規則（58Ⅱ）とは異なる性格を有する。
　→規則制定権は実質的意味の立法作用であり、国会中心立法の原則（41）の憲法上の例外に当たる
(b) 規則と法律との関係
⚠論点

　判例・通説によれば、77条1項の「訴訟に関する手続、弁護士、裁判所の内部規律及び司法事務処理に関する事項」は、規則のみならず法律でも定めることができると解する立場に立っている（競管事項説、最大決昭25.6.24など）。
　∵① 41条は国会を「唯一の立法機関」と規定している
　　② 刑事手続については31条が「法律」で定めることを要求している
　　③ 法律が規則事項に介入することを禁止する規定は憲法上存在しない
　cf. 裁判所の自主性・独立性に直接関わる「裁判所の内部規律及び司法事務処理に関する事項」については規則の専管事項（法律では定めることができない）であると解する見解（一部専管事項説）もある
　法律と規則が競合的に所管することを認めると、次に、両者が矛盾・抵触する場合にいずれが優位に立つのか、その効力関係が問題となる。この点についても、上記①②と同様の理由により、法律が優位に立つとする見解（法律優位説）が通説とされる。
(c) 規則制定権の範囲
　「訴訟に関する手続」には、民事訴訟・刑事訴訟・行政事件訴訟手続のほか、厳密な訴訟ではない非訟事件手続、家事事件手続、少年保護処分手続なども含まれる。また、「訴訟に関する手続」には裁判所の組織・構成も含まれるが、これについては憲法が法律事項としている（76Ⅰ、79、80Ⅰなど参照）ので、規則で定めることができるのは技術的・細目的事項に限られる。また、刑事手続についても、その基本原理・構造や国民の「生命」「自由」に関する事項が法律事項である（31参照）以上、訴訟手続の技術的・細目的事項についてのみ規則で定めることができる。
　「弁護士」に関する事項についても、規則で定めることができるのは弁護士が訴訟に関係した場合における権利・義務等に関する事項に限られると解されており、弁護士の資格・職務・身分を法律ではなく規則で定めることは許されない。
　∵ 弁護士の資格・職務・身分等の基本的事項については、職業選択の

自由の保障（22Ⅰ）との関係から法律によって定めるべきである

（4）　④司法行政権

明治憲法下では、司法大臣（現：法務大臣）に司法行政権があるとされていたが、日本国憲法下では、明文の規定はないものの、憲法第6章（76条以下）全体の趣旨や司法権の独立の観点から、最高裁判所（及び下級裁判所）に司法行政権があるとされている。

→裁判所の職員は73条4号の「官吏」に含まれない

司法行政権として、裁判官その他の職員の人事に関する事項の処理、裁判所の経理や物的施設の管理などが行われているとされる。

（5）　⑤下級裁判所裁判官の指名権（80Ⅰ）

80条1項1文は、「下級裁判所の裁判官は、最高裁判所の指名した者の名簿によつて、内閣でこれを任命する」と規定している。このように、下級裁判所裁判官の任命権は内閣にあるが、指名権は最高裁判所にある。

∵　内閣が恣意的な任命を行うことによって司法権の独立を害する危険を防止するとともに、裁判所内部だけの任命による司法権の独善化を回避するため

なお、内閣は名簿に記載されていない者を任命することができない。また、明白な形式上の瑕疵（任務資格要件の欠如など）がある場合を除き、内閣は任命を拒否できないと解されている。

三　最高裁判所裁判官の国民審査

論点

◀渡辺ほかⅡ・322頁
芦部・362頁

論文・予備Ｈ24

1　意義・趣旨

79条2項は、「最高裁判所の裁判官の任命は、その任命後初めて行はれる衆議院議員総選挙の際国民の審査に付し、その後10年を経過した後初めて行はれる衆議院議員総選挙の際更に審査に付し、その後も同様とする」と規定している。そして、国民審査の結果、「投票者の多数が裁判官の罷免を可とするときは、その裁判官は、罷免される」（79Ⅲ）。

このような国民審査制の趣旨は、内閣による恣意的な任命を防止し、裁判官の選任に対する国民の民主的コントロールを及ぼす点にある。

2　法的性質

判例（最大判昭27.2.20／百選Ⅱ［第7版］〔178〕）は、「任命に関する国民審査の制度はその実質において所謂解職の制度と見ることが出来る」としており、通説も同じく、国民審査の法的性質をリコール制（解職制）と解する立場に立っている。

cf.　任命後初めての国民審査がなされる裁判官については、内閣の任命に対する国民の事後審査としての意味も国民審査に含まれると解する立場もある

3　審査方法

「審査に関する事項は、法律でこれを定める」（79Ⅳ）。これを受けて、最高裁判所裁判官国民審査法（以下「国民審査法」という）が制定されており、国民審査法15条によれば、審査人は、罷免を可とする裁判官については、投票用紙の当該裁判官に対する記載欄に自ら×の記号を記載し、罷免を可としない裁判官については、投票用紙の当該裁判官に対する記載欄に何らの記載もしないで、投票しなければならないとされている。そして、×の投票数が総投票数の過半数になる場合にのみ、罷免される（同32）。

このような方法は、罷免する方がいいか悪いか分からず何らの記載もせずに投票した者に「罷免を可としない」という法的効果を付与するものであり、事実上、棄権の自由を認めない点で違憲ではないかが問題となる。

前出の判例（最大判昭27.2.20／百選Ⅱ［第7版］〔178〕）は、「任命に関する国民審査の制度はその実質において所謂解職の制度と見ることが出来る」とした上で、「罷免する方がいいか悪いかわからない者は、積極的に『罷免を可とする』という意思を持たない」以上、解職制度の精神からいえば、記載欄に何らの記載がされていないものについて「罷免を可としない」との法的効果を発生させることは、むしろ当然である旨判示している。

学説上では、上記の現行法が合憲であるとしても、たとえば、「罷免を可とする場合（不信任の場合）は×、罷免を不可とする場合（信任する場合）は○、無記入の場合は棄権とする」といった方式がより適当であるとする考え方が有力に主張されている。もっとも、「棄権」を認めると、少数の者による罷免投票により適当な裁判官が罷免されるおそれがあると指摘されている。

四　下級裁判所の構成等

1　下級裁判所の構成

下級裁判所は、「法律の定めるところにより設置」される（76Ⅰ）。これを受けて、裁判所法2条1項は、「下級裁判所」として、①高等裁判所、②地方裁判所、③家庭裁判所、④簡易裁判所の4つを定めており、それぞれの裁判権は、裁判所法に詳細に規定されている（高等裁判所の裁判権については16条、地方裁判所の裁判権については24条、家庭裁判所の裁判権については31条の3、簡易裁判所の裁判権については33条参照）。

2　下級裁判所裁判官の再任

80条1項2文は、下級裁判所の裁判官は「任期を10年とし、再任されることができる」と規定している。この趣旨をどう理解するかについては争いがある。

まず、裁判官は10年を経過すれば当然に退官し、再任は新任と同じであって、任命権者は自由裁量によって再任・不再任を決定できるとの立場（自由裁量説）が最高裁の立場とされる。しかし、この立場では、裁判官の身分保障が著しく不安定なものとなり、裁判官の身分保障を万全のものにしようという憲法の趣旨にそぐわない。

そこで、学説上では、80条1項の文言上、任期は文字どおり任期であるので、裁判官は10年を経過すれば退官するが、著しい成績不良などの特段の事情がない限り、再任を原則とするとの立場（羈束裁量説）が通説とされる。

五　裁判の公開

1　裁判の公開に関する82条の構造

82条は、まず1項で「裁判の対審及び判決は、公開法廷でこれを行ふ」と規定し、次に2項で「裁判所が、裁判官の全員一致で、公の秩序又は善良の風俗を害する虞があると決した場合には、対審は、公開しないでこれを行ふことができる。但し、政治犯罪、出版に関する犯罪又はこの憲法第3章で保障する国民の権利が問題となつてゐる事件の対審は、常にこれを公開しなければならない」と規定している。

82条1項の趣旨は、裁判を一般に公開して裁判が公正に行われることを制度として保障し、ひいては裁判に対する国民の信頼を確保しようとする点にある（レペタ事件・最大判平元.3.8／百選Ⅰ［第7版］〔72〕）。

この構造から、①「判決」の言渡しについては、例外なく、常に公開されなければならず、必ず傍聴人を入廷させてしなければならないこと、②「対審」についても原則として公開しなければならないが、82条2項本文がその例外を規定していること、③その例外の例外として、82条2項但書が規定する場合（絶対的公開事由）には、やはり常に公開しなければならないことが理解される。

 ◀渡辺ほかⅡ・328頁以下　芦部・359頁以下

 ◀渡辺ほかⅡ・339頁以下　芦部・259頁、364頁

2 「対審」「判決」について

「対審」とは、当事者が裁判官の面前において、口頭でそれぞれの主張を述べることをいう。民事訴訟における「口頭弁論」及び刑事訴訟における「公判手続」が「対審」に当たる。

　→公判の準備手続や再審を開始するかどうかを決定する手続は「対審」に当たらない（前者につき最大決昭23.11.8、後者につき最大決昭42.7.5）

「判決」とは、裁判所が行う判断のうち、原告や検察官などの当事者の申立てに対してなされる判断をいう。前述のとおり、「判決」の言渡しは、例外なく、常に公開されなければならないが、判決書の全部を公開法廷で朗読することまで求められるわけではない（民訴規155、刑訴規35参照）。

なお、82条1項の「裁判」は、裁判を受ける権利に関する32条の「裁判」と同義であり、非訟事件手続・家事事件手続は含まれないので、これらの手続は公開法廷における「対審」及び「判決」によって行われる必要はないと解するのが判例の考え方である。詳しい説明については、憲法Ⅰ＜総論・人権＞の「裁判を受ける権利」（32）の項を参照していただきたい。

3 「公開」について

(1) 「公開」の意味及びその制約

「公開」とは、傍聴の自由を認めることを意味する。いわゆる当事者公開（訴訟関係人に審理に立ち会う機会を与えるという意味）ではなく、一般公開（国民一般に公開されるという意味）である。

もとより、傍聴席には限りがある以上、裁判長は、傍聴席に相当する数の傍聴券を発行し、その所有者に限り傍聴を許すこと（裁判所傍聴規則1）は、公開原則に反しない。

また、法廷の秩序を維持するために必要があると認められる場合には、裁判長は、入廷を認めないなど一定の命令・処置をとることも許される（法廷警察権、裁判所71Ⅱ参照）。判例（レペタ事件・最大判平元.3.8／百選Ⅰ［第7版］〔72〕）は、法廷警察権は「法廷における訴訟の運営に対する傍聴人等の妨害を抑制、排除し、適正かつ迅速な裁判の実現という憲法上の要請を満たすために裁判長に付与された権限である」と判示している。

(2) 公開原則とメモの採取・遮へい措置・ビデオリンク方式による証人尋問

82条1項により、「裁判の公開が制度として保障されていることに伴い、各人は、裁判を傍聴することができる」が、この規定は、「各人が裁判所に対して傍聴することを権利として要求できることまでを認めたものでないことはもとより、傍聴人に対して法廷においてメモを取ることを権利として保障しているものではない」（レペタ事件・最大判平元.3.8／百選Ⅰ［第7版］〔72〕）。

　→メモを取る自由（筆記行為の自由）と表現の自由との関係については、憲法Ⅰ＜総論・人権＞参照

また、遮へい措置やビデオリンク方式による証人尋問をとることが82条1項に反するかが争われた事件として、以下の判例がある。

ONE POINT
判例（最決平2.2.16／百選Ⅱ［第5版］〔205〕）は、ある事件の刑事確定訴訟記録の閲覧請求に対し、刑事確定訴訟記録法の条項に基づいて不許可としても、憲法21条、82条の規定は、「刑事確定訴訟記録の閲覧を権利として要求できることまでを認めたものではない」ため、憲法には違反しないと判示しました。

「証人尋問が公判期日において行われる場合、傍聴人と証人との間で遮へい措置が採られ、あるいはビデオリンク方式によることとされ、さらには、ビデオリンク方式によった上で傍聴人と証人との間で遮へい措置が採られても、審理が公開されていることに変わりはないから、これらの規定は、憲法82条1項、37条1項に違反するものではない。」

(3) 報道の自由の制約

傍聴の自由には、報道機関による報道の自由も含まれる。ただし、刑事訴訟の公判廷における写真撮影・録音・放送は、裁判所の許可を得なければ、これをすることができない（刑訴規215本文）。この規定の合憲性が争われたのが、次の判例である。なお、同様の規定は民事訴訟規則にも置かれている（民訴規77）。

判例 北海タイムス事件（最大決昭33.2.17／百選Ⅰ［第6版］〔76〕）
「憲法が裁判の対審及び判決を公開法廷で行うことを規定しているのは、手続を一般に公開してその審判が公正に行われることを保障する趣旨にほかならないのであるから、たとい公判廷の状況を一般に報道するための取材活動であっても、その活動が公判廷における審判の秩序を乱し被告人その他訴訟関係人の正当な利益を不当に害するがごときものは、もとより許されないところであるといわなければならない。ところで、公判廷における写真の撮影等は、その行われる時、場所等のいかんによっては、前記のような好ましくない結果を生ずる恐れがあるので、刑事訴訟規則215条は写真撮影の許可等を裁判所の裁量に委ね、その許可に従わないかぎりこれらの行為をすることができないことを明らかにしたのであって、右規則は憲法に違反するものではない。」

4 絶対的公開事由

前述のとおり、82条2項本文は「公の秩序又は善良の風俗を害する虞がある」場合には、裁判の公開の例外として、「対審」を非公開にすることができる旨規定しているが、同項但書において、①「政治犯罪」、②「出版に関する犯罪」、③「憲法第3章で保障する国民の権利が問題となつてゐる事件」については、例外の例外として、絶対的公開事由としている。

①「政治犯罪」とは、内乱罪（刑77以下）・外患誘致罪（同81）といった、国家の基本秩序の破壊を目的とする確信的な犯罪行為をいう。

②「出版に関する犯罪」とは、出版そのものに関する犯罪及び出版の方法によることが構成要件となっている犯罪をいう。

③「憲法第3章で保障する国民の権利が問題となつてゐる事件」とは、端的にいえば刑事事件のことである。国民に保障されている憲法上の権利に対して、法律によって制限が課され、その制限に違反したことが構成要件となっている犯罪の事件をいう。

4-3 司法権の独立

学習の指針

　この節では、司法権の独立の意義・内容や、司法権の独立の核心である「裁判官の職権行使の独立」、これを確保するための「裁判官の身分保障」について、それぞれ憲法上の規定の趣旨を踏まえて説明していきます。短答式試験でも頻出の分野ですので、しっかりと読み込みましょう。

一 意義・内容

1 司法権の独立の意義

　司法権の職責は、裁判を通じて国民の人権を保護することにある。しかし、司法権は非政治的な権力であり、政治性の強い立法権・行政権から侵害される危険性が大きく、特に少数者の人権を擁護するためには、政治的権力の圧力・干渉を排除することが必要不可欠である。そこで、裁判が公正に行われ人権の保障が確保されるためには、裁判所や裁判官があらゆる外部からの圧力・干渉を受けずに、独立して裁判を行うことが必要である。

　このような司法権の独立の原則は、近代立憲主義の大原則とされるが、明治憲法下では、司法権は「天皇ノ名ニ於テ」行う（明憲57 I）とされており、司法権の独立が不十分であった。そこで、日本国憲法は、司法権の独立の保障を強化している。

2 司法権の独立の内容

　司法権の独立は、①司法府の独立と、②裁判官の職権行使の独立の2つからなる。

　①司法府の独立とは、全体としての裁判所（司法府）が政治部門（立法権・行政権）から独立していることをいう。最高裁判所の規則制定権（77）や、最高裁判所による下級裁判所裁判官の指名権（80 I）といった司法権の自主性・自律性を確保する制度も、司法府の独立への憲法上の配慮を示すものと解されており、これらの制度によって、②裁判官の職権行使の独立が担保されている。

　②裁判官の職権行使の独立とは、裁判官が裁判をするに当たって独立して職権を行使することをいう。実際に司法権を行使するのは個々の裁判官であるから、司法権の独立の核心となるのは、②裁判官の職権行使の独立である。日本国憲法は、②裁判官の職権行使の独立を確保するために、手厚く裁判官の身分保障を規定している。

　以下では、司法権の独立の核心である裁判官の職権行使の独立について詳しく説明した後、これを確保するための制度である裁判官の身分保障についてみていく。

二 裁判官の職権行使の独立

　76条3項は、「すべて裁判官は、その良心に従ひ独立してその職権を行ひ、この憲法及び法律にのみ拘束される」と規定している。これは、裁判官の職権行使の独立を宣言したものと解されている。

1 「良心に従ひ」について

　「良心」とは、「裁判官としての良心」（客観的良心）であり、裁判官個人の主

◀渡辺ほかII・331頁
　芦部・367頁以下

◀渡辺ほかII・331頁以下
　芦部・368頁

観的良心（19条の保障する「良心」）ではないと一般に解されている。

　∵　裁判官個人の主観的良心が裁判の基準たりえないことは自明である

　判例（最大判昭23.11.17／百選Ⅱ［第7版］〔176〕）は、「裁判官が有形無形の外部の圧迫乃至誘惑に屈しないで自己内心の良識と道徳感に従うの意味である」と述べているところ、客観的良心と主観的良心のいずれと整合的であるかについては、必ずしも明らかではないと考えられている。

2　「独立してその職権を行ひ」について

　「独立してその職権を行ひ」とは、他者からの指示・命令に拘束されずに、自らの判断に基づいて裁判を行うことを意味する。立法権・行政権はもとより、最高裁判所や司法行政上の上司に当たる裁判官からの指示・命令もまた排除される。

　裁判官の職権行使の独立は、単に、他者からの指示・命令に拘束されないというだけでなく、他者から事実上の干渉を受けないという要請をも含んでいる。

3　「この憲法及び法律にのみ拘束される」について

　ここにいう「法律」とは、形式的意味の法律に限られず、政令・規則・条例といった法規範や、慣習法・条理といった不文法も含むと解するのが通説である。

　→最高裁判所の規則制定権（77Ⅰ）に基づいて定められた規則も、ここにいう「法律」に含まれる

　判例は、ここにいう「法律」に含まれず、事実上の拘束力を有するにとどまると解されている。

4　司法権の独立が脅かされた事件

(1)　浦和事件

　議院の国政調査権には裁判に関する調査権も含まれている。しかし、それが一般的な制度の在り方等を超えて、具体的な判決内容や訴訟指揮の在り方にまで及ぶ場合には、裁判官の職権行使の独立を侵害することになる。

　1949年（昭和24年）、参議院法務委員会が、ある刑事事件に関する確定判決について国政調査権を発動し、量刑不当との決議を行ったところ、最高裁判所は、司法権の独立を侵害し国政調査権の限界を逸脱するものであると抗議したのが、浦和事件である。

(2)　吹田黙祷事件

　1953（昭和28）年、大阪地方裁判所で公判が行われた際、被告人や傍聴人が朝鮮戦争で犠牲になった戦死者への黙祷を捧げた行為を、裁判長が制止しなかった。この裁判長の訴訟指揮を問題視した国会の裁判官訴追委員会は、その訴訟指揮の当否に関する調査を始めることを決定したところ、最高裁判所は、裁判所に係属中の事件に関する訴訟指揮の当否を調査することは、司法権の独立を侵害するものであるとの要望書を提出する一方、上記の訴訟指揮を「まことに遺憾」であるとし、「法廷の威信について」と称する通達を全国の裁判官宛に発出したのが、吹田黙祷事件である。

　上記の裁判官訴追委員会の決定や最高裁判所の通達の発出は、具体的な裁判における訴訟指揮を非難したものであることは明らかであり、裁判官の職権行使の独立を侵害するものとして許されないと批判されている。

(3)　平賀書簡事件

　1969（昭和44）年、札幌地方裁判所に係属中の長沼事件の裁判長に対して、当時の平賀裁判所長が、国側の裁量判断を尊重して自衛隊の違憲判断は避けるべきである旨を示唆する書簡を私信として送ったのが、平賀書簡事件である。

　このような平賀裁判所長の行為は明らかに裁判に対する干渉に当たるとして、最高裁判所は、平賀裁判所長を注意処分に付した上で所長を解任した。

☞ One Point ▶裁判批判について

　一般国民やマスメディアによる裁判批判は、裁判官の職権行使の独立を侵害するのではないかが問題とされています。確かに、裁判官の職権行使の独立は、他者から事実上の干渉を受けないという要請をも含んでいるとされます。しかし、重要な裁判であればあるほど、国民や他の国家機関それぞれの関心事であり、特に一般国民やマスメディアによる裁判批判は表現（報道）の自由の一環である以上、裁判に直接的な圧力を加えたり裁判官を脅迫するような態様のものでない限り、たとえ裁判官に何らかの影響を与えたとしても、裁判官の職権行使の独立を侵害するものではないと考えられています。

三　裁判官の身分保障

◀渡辺ほかⅡ・334頁以下

　裁判官の職権行使の独立を確保するために、憲法は、裁判官の身分保障を規定している。具体的には、①裁判官が罷免される場合を限定（78前段、79ⅡⅢ）し、②行政機関による懲戒処分を禁止（78後段）するとともに、③裁判官の報酬を保障（79Ⅵ、80Ⅱ）している。

　なお、裁判官は「法律の定める年齢に達した時」に退官する（79Ⅴ、80Ⅰ但書）として定年制がとられているが、その法律で定められた年齢を引き下げ、その年齢に達しているすべての裁判官を任期満了により退官させることは、78条の趣旨に照らして許されないと解されている。

1　裁判官の罷免

　まず、裁判官のうち最高裁判所裁判官は、国民審査により罷免される可能性がある（79ⅡⅢ）。

　次に、78条前段によれば、裁判官が罷免されるのは、①「裁判により、心身の故障のために職務を執ることができないと決定された場合」と、②「公の弾劾」による場合の2つに限られる。

⑴　①「裁判により、心身の故障のために職務を執ることができないと決定された場合」

　「心身の故障」とは、「回復の困難な心身の故障」（裁判官分限1Ⅰ）、すなわち一時的な故障ではなく、相当長期間にわたって継続することが確実に予想される故障であり、かつ裁判官の職務の執行に支障をきたす程度の精神的・肉体的な故障でなければならないと解されている。

　→たとえ重大な故障でも一時的な故障であれば「心身の故障」には当たらないし、相当長期間にわたって継続する故障でも職務の執行に支障がなければ「心身の故障」には当たらない

⑵　②「公の弾劾」による場合

　64条1項は、「国会は、罷免の訴追を受けた裁判官を裁判するため、両議院の議員で組織する弾劾裁判所を設ける」と規定し、同条2項は、「弾劾に関する事項は、法律でこれを定める」と規定している。64条は、国民の公務員の選定・罷免権（15Ⅰ）を具体化するものであるとともに、この手続によらなければ罷免されないという裁判官の身分保障の一環をなすものである。

　このように、「公の弾劾」を行うのは弾劾裁判所である。弾劾裁判所は、特別の人間又は事件について裁判するために、通常裁判所の系列から独立して設けられる裁判機関であるから、76条2項にいう「特別裁判所」に当たる。これは、憲法自体が認めた例外と解されている。

　→弾劾裁判所により罷免の裁判の宣告を受けた裁判官は、弾劾裁判所に対

して資格回復の裁判を請求することはできるが（裁判官弾劾38Ⅰ）、最高裁判所に対して、弾劾裁判を不服として取消しを求めることはできない

　64条2項を受けて、国会法や裁判官弾劾法が、弾劾裁判所の構成・手続などを規定しており、罷免事由は「職務上の義務に著しく違反し、又は職務を甚だしく怠ったとき」と、「その他職務の内外を問わず、裁判官としての威信を著しく失うべき非行があったとき」（裁判官弾劾2）に限定されている。そして、裁判官の罷免の訴追を行うのが、国会が設ける裁判官訴追委員会である（国会126Ⅰ、裁判官弾劾5Ⅰ）。弾劾裁判所と裁判官訴追委員会のいずれも国会から独立した機関であるので、国会が閉会中であっても活動することができる（裁判官弾劾4参照）。

2　裁判官の懲戒

　78条後段は、「裁判官の懲戒処分は、行政機関がこれを行ふことはできない」と規定している。この規定も裁判官の身分保障の一環であり、裁判官の懲戒処分は裁判所のみが行いうるという趣旨である。そのため、「行政機関」のみならず国会も懲戒処分を行うことはできないと解されている。

　裁判所法によれば、公正さを担保するため、裁判官の懲戒処分は「裁判」（裁判官分限法に基づく分限裁判）によって行うと定められており、懲戒事由は「職務上の義務に違反し、若しくは職務を怠り、又は品位を辱める行状があったとき」（裁判所49）と規定されている。

　　→裁判官の訴訟指揮が「職務上の義務に違反し、若しくは職務を怠」るような場合には、裁判官の職権行使の独立を理由に懲戒処分を免れることはできない

　なお、一般の公務員に対する懲戒処分の上限は「罷免」であるが、裁判官の場合には「罷免」は憲法上特に制限されているので、懲戒処分による「罷免」は許されない。

3　裁判官の報酬

　裁判官は、「すべて定期に相当額の報酬を受ける。この報酬は、在任中、これを減額することができない」（79Ⅵ、80Ⅱ）。これは、裁判官の身分の安定を保障することにより、報酬の減額という方法を用いて裁判官に圧力をかけることを禁止し、もって司法権の独立を裏付けようという趣旨に基づくものである。

　この規定により、個々の裁判官の報酬を減額することはできないが、国家公務員全体の給与引下げに伴い、法律によって一律にすべての裁判官の報酬を同じ程度引き下げることは違憲ではないと考えられており、実際に報酬水準の引下げが複数回実施されている。

短答式試験
の過去問を解いてみよう

1 憲法第76条第1項に規定される「司法権」については、民事及び刑事事件の裁判権を指し、性質上本来行政権の作用に属する行政裁判は、法律上特に定める権限として裁判所の権限とされたものである。［司H20－17］

× 行政事件の裁判は、通常裁判所とは別の行政裁判所の管轄とされていた（明憲61）。一方、日本国憲法には、この点に関する明文の規定がないものの、行政事件の裁判も含めて「司法権」の範囲とし、通常裁判所に属するものとしたと解される。
⇒4－1 二（p.95）

2 自分の居所から遠く不便となることから地方裁判所及び家庭裁判所の支部を廃止する最高裁判所規則が違憲であるとして、その支部の管轄区域内の居住者が取消しを求める訴えは、法律上の争訟に当たらない。［司H22－18］

○ 最判平3.4.19参照
⇒4－1 三（p.96）

3 国家試験における合否の判定は、学問上又は技術上の知識、能力、意見等の優劣、当否の判断を内容とする行為であるから、濫用にわたらない限り当該試験実施機関の裁量に委ねられるべきである。［司H22－18］

× 判例（最判昭41.2.8）は、国家試験における合否の判定は、「具体的に法令を適用して、その争を解決調整できるものとはいえない」としており、本肢のように裁量権の濫用の有無の点から司法審査が及び得るとはしていない。
⇒4－1 三（p.97）

4 「板まんだら」事件判決（最三小判昭和56年4月7日）は、宗教上の教義や信仰に関わる紛争について裁判所は厳に中立を保つべきであるとして、これらの事項が訴訟の前提問題に含まれている場合には、当該訴訟は法律上の争訟に当たらないとしたものである。［司H24－17＝予H24－10］

× 「板まんだら」事件（最判昭56.4.7／百選Ⅱ［第7版］〔184〕）は、「結局本件訴訟は、その実質において法令の適用による終局的な解決の不可能なものであって、裁判所法3条にいう法律上の争訟にあたらない」としている。すなわち、本件訴訟は法令の適用により解決できないことを理由として法律上の争訟に当たらないとしたのであり、裁判所の宗教的中立の要請を理由としたものではない。
⇒4－1 三（p.98）

5 国会の議事手続については両議院の自主性を尊重すべきであるから、裁判所としては、法律制定の議事手続に関する事実を審理して当該法律の有効無効を判断すべきではないというのが判例の立場である。［司H29－15］

○ 判例（最大判昭37.3.7／百選Ⅱ［第7版］〔180〕）参照
⇒4－1 四（p.101）

6　苫米地事件判決（最大判昭和35年6月8日）は、法律上の争訟の要件が満たされる事案であっても、高度の政治性を有する国家行為に関しては、実際的必要性の観点から、裁判所が司法判断を下すのを自制すべきであるとしたものである。［司H 24－17＝予H 24－10］

× 　統治行為は、「法律上の争訟」に当たるものの、事柄の性質上、司法審査の対象から除外されると解されている。その理由づけについては、本肢のいう自制説もあるが、判例（苫米地事件・最大判昭35.6.8／百選Ⅱ［第7版］〔190〕）は、内在的制約説の立場に立つ。
⇒4－1　四（p.102）

7　三権分立の制度の下において、司法権の行使について、ある限度の制約は免れず、あらゆる国家行為が無制限に司法審査の対象となるわけではないと解すべきであるところ、衆議院の解散のような直接国家統治の基本に関する高度に政治性のある国家行為は、国会等の政治部門の判断に委ねられ、最終的に国民の政治判断に委ねられているものと解すべきであるから、衆議院の解散が違法であることを前提とする国会議員の歳費の支払を請求する訴えは、法律上の争訟に当たるとはいえない。［司R 4－17］

× 　苫米地事件（最大判昭35.6.8／百選Ⅱ［第7版］〔190〕）は、法律上の争訟の要件が満たされる事案であっても、高度の政治性を有する国家行為を審査することは、司法権の憲法上の本質に内在する制約により、裁判所の審査権の外にあるとしたものであり、国会議員の歳費の支払を請求する訴えは、法律上の争訟に当たるとはいえないと判示したものではない。
⇒4－1　四（p.102）

8　日米安全保障条約は、主権国としての我が国の存立の基礎に極めて重大な関係を持つ高度の政治性を有するもので、その内容の合憲性判断は、一見極めて明白に違憲無効でない限り、裁判所の審査権の範囲外である。［予H 26－11］

○ 　砂川事件（最大判昭34.12.16／百選Ⅱ［第7版］〔163〕）参照
⇒4－1　四（p.102）

9　日米安全保障条約及び日米地位協定が違憲無効であることが一見極めて明白でない以上、裁判所としては、これらが合憲であることを前提として、これらの条約を履行するために制定された、いわゆる駐留軍用地特措法の合憲性を審査すべきである。［予H 26－11］

○ 　沖縄代理署名訴訟（最大判平8.8.28／百選Ⅱ［第7版］〔167〕）参照
⇒4－1　四（p.103）

10　最高裁判所は、自衛隊機の離着陸の差止めが求められた訴訟において、当該飛行場の設置及び航空機の配備・運用が違法か否かは、自衛隊の組織・活動の合法性に関する判断に左右されるのであるから、主権国としての我が国の存立の基礎に極めて重大な関係を持つ高度に政治的な問題であり、純司法的な機能を使命とする司法裁判所の審査には原則としてなじまず、法律上の争訟に当たらないと判示した。［司H 19－13］

× 　判例（最判平5.2.25／百選Ⅰ［第5版］〔29〕）は、民事訴訟としての差止請求は不適法であることを理由に、本件訴訟を却下したのであり、本肢のように高度に政治的な問題であるか否かや法律上の争訟に当たるか否かについて判示していない。
⇒4－1　四（p.103）

11　地方議会の議員に対する出席停止の懲罰に関し、その懲罰を受けた議員が取消しを求める訴えは、法令の適用によって終局的に解決し得る法律上の争訟に当たるところ、議会により出席停止の懲罰処分を科されると、その議員は、住民の負託を受けた議員としての責務を十分に果たすことができなくなるから、当該処分が議会の自律的な権能に基づいてなされたものとして、議会に一定の裁量が認められるとしても、裁判所は、常にその適否を判断することができ、司法審査の対象となる。［司R4-17］

○　判例（最大判令2.11.25／令3重判〔2〕）参照
⇒4-1　四（p.104）

12　自律的な団体の内部紛争に対して司法審査が及ぶかという問題に関して、地方議会には、国会の両議院のような自律権はないものの、地方議会議員に対する懲罰としての除名処分は、内部規律の問題であるから、司法審査の対象とはならないとした判例がある。［司H30-17改］

×　判例（最大判昭35.10.19／百選Ⅱ［第7版]〔181〕）は、地方議会議員に対する懲罰としての除名処分については、「議員の身分の喪失に関する重大事項」であることなどを理由に、司法審査の対象になるとしている。
⇒4-1　四（p.104）

13　判例の考え方からすると、発声障害により自ら発声することができない地方議会議員が、第三者による代読等、自らの発声以外の方法による発言を希望したのに対し、これを認めないという地方議会の決定は、純然たる内部規律の問題であるから、司法審査の対象にはならない。［司H30-17改］

×　裁判例（名古屋高判平24.5.11／平24重判〔3〕）は、本肢のように、地方議会が地方議会議員に認められた議会等で発言する自由を侵害していると認められる場合には、一般市民法秩序に関わるものとして、法律上の争訟に当たるとしている。
⇒4-1　四（p.105）

14　大学の単位認定行為は、特段の事情のない限り、純然たる大学内部の問題であって、大学の自主的な判断に委ねられるべきだから、司法審査の対象とならないとした判例もある。［司H30-17改］

○　富山大学事件（最判昭52.3.15／百選Ⅱ［第7版]〔182〕）参照
⇒4-1　四（p.107）

15　判例の考え方からすると、特定の授業科目の単位の取得が国家資格取得の前提要件とされている場合には、大学の単位認定行為が司法審査の対象になる可能性もある。［司H30-17改］

○　富山大学事件（最判昭52.3.15／百選Ⅱ［第7版]〔182〕）によれば、本肢のような場合、一般市民法秩序と直接の関係を有する特段の事情があるものとして、大学の単位認定行為が司法審査の対象になる可能性もある。
⇒4-1　四（p.107）

16 政党が組織内の自律的運営として党員に対してした除名処分は、原則として自律的な解決に委ねるのが相当であり、その除名処分が一般市民法秩序と直接の関係のない内部的な問題にとどまる限り、司法審査の対象とはならず、また、一般市民としての権利利益を侵害する場合であっても、その処分の当否は、当該政党の自律的な規範が公序良俗に反するなどの特段の事情のない限りその規範に照らし、規範がない場合は条理に基づき、適正な手続にのっとってされたか否かによって決すべきであり、司法審査もこの点に限られる。[司R4-17]

○ 共産党袴田事件（最判昭63.12.20／百選Ⅱ[第7版][183]）参照
⇒4-1 四 (p.108)

17 憲法第76条第2項前段は、「特別裁判所は、これを設置することができない。」としているところ、これは、司法権の強化を図るために、大日本帝国憲法下で認められていた特別裁判所を禁止する趣旨である。そのため、法律により、司法権を行使する通常裁判所の系列に属する下級裁判所として行政事件や労働事件を専門に扱う裁判所を設置しても、違憲とはならない。[予R元-11]

○ 76条2項前段は、司法権の強化を図るために、明治憲法下で認められていた特別裁判所を禁止する趣旨である。本肢のような裁判所を設置したとしても、それが司法権を行使する通常裁判所の系列に属していれば、特別裁判所に当たらず、76条2項に反しない。
⇒4-1 五 (p.109)

18 独立行政委員会が裁決や審決という準司法的作用を行うことは、たとえ前審であっても、全て司法権は裁判所に属する旨を定める憲法第76条第1項に反し、許されない。[司H26-15]

× 76条2項は、76条1項の趣旨を明確化したものであるから、76条2項に反すれば、76条1項に反するといえる。「行政機関は、終審として裁判を行ふことができない」(76Ⅱ後段)との規定を反対解釈すると、行政機関は「前審」としてであれば裁判（審判)を行うことも可能と解される。そのため、独立行政委員会が、「前審」として準司法的作用を行うことは、76条2項後段及び76条1項に反しない。
⇒4-1 五 (p.109)

19 憲法第76条第2項後段は、「行政機関は、終審として裁判を行ふことができない。」としているところ、前審であれば行政機関による裁判も認められる。例えば、人事院の公平審査に係る裁決は、これを不服とする場合、司法裁判所への出訴が認められることから、違憲とはならない。[予R元-11]

○ 76条2項後段は、行政機関が前審としてする裁判を禁止していない。本肢の人事院の裁決は、前審として行われるから違憲とは解されていない。
⇒4-1 五 (p.109)

20 憲法第76条第2項後段の規定からすると、裁判所の裁判の前審として、行政機関が行政処分についての審査請求や異議申立てに対して裁決ないし決定を下すことは許されるが、裁判所がそこで認定された事実に絶対的に拘束される旨定めることは許されない。［司H19－16］

○ 76条2項後段は、行政機関が前審としてする裁判を禁止していない。また、行政機関の事実認定が裁判所を絶対的に拘束するような規定は、司法権は裁判所に属するとする76条1項に反し、許されない。
⇒4－1 五（p.110）

21 行政機関の認定した事実はこれを立証する実質的証拠があるときには裁判所を拘束すると定めた法律は、その実質的証拠の有無は裁判所が判断するとの規定があっても憲法に違反する。［司H25－18＝予H25－10］

× 本肢の定めは、「実質的証拠法則」と呼ばれ、32条及び76条2項後段に反しないかが問題とされる。本肢のいう規定があっても、行政機関の事実認定に拘束されるかどうかは裁判所の判断により決定されるため、上記憲法の規定には反しない。
⇒4－1 五（p.110）

22 判例は、憲法が定める刑事裁判の諸原則が厳格に遵守されるためには高度の法的専門性が要求されることや、憲法が裁判官の職権行使の独立と身分保障のために周到な規定を設けていることなどから、憲法は、刑事裁判の基本的な担い手として裁判官を想定しているとの見解に立ちつつも、一般の国民を刑事裁判に参加させる裁判員制度を合憲であるとした。［予R元－11］

○ 判例（最大判平23.11.16／百選Ⅱ［第7版］〔175〕）参照
⇒4－1 五（p.111）

23 憲法が採用する統治の基本原理や刑事裁判の諸原則、憲法制定当時の歴史的状況を含めた憲法制定の経緯及び憲法の関連規定の文理を総合的に検討すれば、憲法は一般的に国民の司法参加を許容しているといえる。［司H26－11］

○ 判例（最大判平23.11.16／百選Ⅱ［第7版］〔175〕）参照
⇒4－1 五（p.111）

24 裁判員法が規定する評決制度の下で、裁判官が時に自らの意見と異なる結論に従わざるを得ない場合があるとしても、憲法が国民の司法参加を許容し、裁判員法が憲法に適合するようにこれを法制化したものである以上、憲法第76条第3項には反しない。［司H26－11］

○ 判例（最大判平23.11.16／百選Ⅱ［第7版］〔175〕）参照
⇒4－1 五（p.112）

25 裁判員制度は、参政権と同様の権限を国民に付与するものではないが、辞退制度や旅費・日当の支給等の経済的措置を講じていることを考慮すれば、裁判員の職務は憲法第18条の「苦役」に当たらない。［司H26－11］

× 判例（最大判平23.11.16／百選Ⅱ［第7版］〔175〕）は、「裁判員の職務等は、司法権の行使に対する国民の参加という点で参政権と同様の権限を国民に付与するものである」としている。
⇒4－1 五（p.112）

26 裁判員制度は国民主権の理念に沿って司法の国民的基盤の強化を図るものであり、裁判員の職務等が司法権の行使に対する国民の参加という点で参政権と同様の権限を国民に付与するものであることからすると、裁判員の職務等を憲法第18条後段が禁ずる「苦役」に当たるということは、必ずしも適切ではない。〔司R3－11〕

○ 裁判員制度合憲判決（最大判平23.11.16／百選Ⅱ[第7版][175]）参照
⇒4－1 五 (p.112)

27 特定の種類の事件だけを扱う裁判所を設置しても、その裁判所の裁判の結果に不服がある場合に、最高裁判所に上訴できるのであれば憲法に違反しない。〔司H25－18＝予H25－10〕

○ 76条1項は、司法権は「最高裁判所」と「法律の定めるところにより設置する下級裁判所」に属するとしか規定していないため、三審制は憲法上要求されていないと考えられる以上、最高裁判所を頂点とした二審制を導入しても違憲ではない。
⇒4－2 一 (p.113)

28 最高裁判所の制定する規則は、その対象となる事項が規則を制定した機関の内部事項に限られないという点で、議院規則と異なる性質を有する。〔司H29－17〕

○ 最高裁判所は、規則制定権を有する(77Ⅰ)。最高裁判所規則は、単なる機関の内部規則ではなく、「訴訟に関する手続」のように国民を直接的に規律するものもあるので、議院規則(58Ⅱ)とは異なる性格を有する。
⇒4－2 二 (p.114)

29 最高裁判所規則制定権は、国会だけが実質的意味の立法を制定できることに対する憲法が定める例外であるから、裁判所の内部規律や司法事務処理に関する事項については最高裁判所規則で定めなければならず、裁判所法もそうした事項について定めていない。〔司H21－14〕

× 最高裁判所規則制定権（77Ⅰ）は、国会中心立法の原則の例外である。そして、判例は、77条1項の「訴訟に関する手続、弁護士、裁判所の内部規律及び司法事務処理に関する事項」は、規則のみならず法律でも定めることができると解する立場に立っている（競管事項説、最大決昭25.6.24など）。現に、裁判所法80条は裁判所の内部規律や司法事務処理に関する事項について規定している。
⇒4－2 二 (p.114)

30 「この法律に定めるもののほか、非訟事件の手続に関し必要な事項は、最高裁判所規則で定める。」との非訟事件手続法第2条の規定は、憲法第77条第1項において規則の対象とされている「訴訟に関する手続」に非訟事件の手続が含まれないとの立場を前提としている。[司H29-17]

× 「訴訟に関する手続」（77Ⅰ）には、民事訴訟や刑事訴訟のほか、非訟事件手続、家事事件手続、少年保護処分手続なども含まれる。よって、非訟事件手続法2条の規定は、「訴訟に関する手続」に非訟事件の手続が含まれないとの立場を前提としているわけではない。
⇒4-2 二（p.114）

31 憲法第77条第1項は、最高裁判所が「弁護士に関する事項」についても規則で定める権限を有すると規定しているが、これによると、弁護士の資格・職務・身分を、法律ではなく、最高裁判所規則で定めることも許される。[司H19-16]

× 「弁護士に関する事項」（77Ⅰ）について規則で定められるのは、弁護士が訴訟に関係した場合における権利・義務等に関する事項に限られ、本肢の事項を規則で定めることは許されない。
⇒4-2 二（p.114）

32 憲法上の直接的な明文の規定はないが、司法権の独立の観点から、最高裁判所及び下級裁判所が司法行政権を担っていると解されている。[司H23-17]

○ 司法行政権を直接認める明文規定はない。しかし、憲法第6章（76条以下）全体の趣旨や司法権の独立の観点から裁判所（最高裁判所、下級裁判所）に司法行政権があると解されている。
⇒4-2 二（p.115）

33 最高裁判所裁判官の国民審査は、最高裁判所の判例の趣旨に照らせば、内閣の任命を国民が確認する意味を含むので、白票は罷免を可とするものとして扱われてはならない。[司H23-17]

× 判例（最大判昭27.2.20／百選Ⅱ[第7版]〔178〕）は、最高裁判所裁判官の国民審査の法的性質をリコール制（解職制）と解しており、国民審査は内閣の任命を国民が確認する意味を含むとしたわけではない。
⇒4-2 三（p.115）

34 ある事件の刑事確定訴訟記録の閲覧請求に対し、刑事確定訴訟記録法の条項に基づいて不許可としても、憲法第21条、第82条の規定は刑事確定訴訟記録の閲覧を権利として要求できることまで認めたものではないから、憲法には違反しない。[司H24-9]

○ 最決平2.2.16／百選Ⅱ[第5版]〔205〕参照
⇒4-2 五（p.117）

35 裁判所が裁判官の全員一致で公の秩序又は善良の風俗を害するおそれがあると決することにより、傍聴人を退廷させて審理をすることができる場合であっても、判決の言渡しは、傍聴人を入廷させてしなければならない。［司Ｒ３－16＝予Ｒ３－11］

○ 82条１項及び82条２項の構造からすれば、本肢のいうおそれがあると決した場合であっても、「判決」の言渡しは、例外なく常に公開され、必ず傍聴人を入廷させてしなければならない。
⇒4－2 五（p.116）

36 裁判手続の核心的部分をなす「対審」とは、訴訟当事者が裁判官の面前で、口頭でそれぞれの主張を闘わせることを意味する。［予Ｈ27－10］

○ 「対審」（82Ⅰ）とは、当事者が裁判官の面前において、口頭でそれぞれの主張を述べることをいう。
⇒4－2 五（p.117）

37 判例によれば、憲法第82条にいう「公開」は、国民一般に裁判の傍聴が許されるということを意味するから、何人も、裁判所に対して裁判を傍聴することを権利として要求することができる。［司Ｒ３－16＝予Ｒ３－11］

× レペタ事件（最大判平元.3.8／百選Ⅰ［第7版］〔72〕）は、82条1項の規定は、「各人が裁判所に対して傍聴することを権利として要求できることまでを認めたものでない」としている。
⇒4－2 五（p.117）

38 憲法第82条第１項は、裁判の公開を制度として保障することにより、国民に裁判を傍聴する権利を認め、その一環として傍聴した内容についてメモを取る権利も保障したものというべきであるから、裁判長は、特段の事情のない限り、傍聴人がメモを取ることを禁止してはならない。［司Ｈ18－18］

× 判例（最大判平元.3.8／百選Ⅰ［第7版］〔72〕）は、82条１項は「傍聴人に対して法廷においてメモを取ることを権利として保障しているものでないことも、いうまでもない」としている。
⇒4－2 五（p.117）

39 判例によれば、刑事事件の証人尋問の際に、傍聴席と証人との間に衝立を置くなどして傍聴人から証人を見ることができないようにすることは、審理を公開することの意義を没却するものであるから、憲法第82条に違反する。［司Ｒ３－16＝予Ｒ３－11］

× 判例（最判平17.4.14／百選Ⅱ［第7版］〔186〕）は、刑事事件の「証人尋問が公判期日において行われる場合、傍聴人と証人との間で遮へい措置が採られ……ても、審理が公開されていることに変わりはない」から、82条１項に反するものではないとしている。
⇒4－2 五（p.118）

40 刑事事件の公判廷における写真撮影は、審判の秩序を乱し被告人その他訴訟関係人の正当な利益を不当に害する結果を生ずる恐れがあるため、最高裁判所規則により、裁判長の許可を得なければすることができないものと規定することは、憲法第21条に違反しない。［司Ｈ18－18］

○ 判例（最大決昭33.2.17／百選Ⅰ［第6版］〔76〕）参照
⇒4－2 五（p.118）

41 裁判官の職権の独立は、最高裁判所による裁判所の内部規律及び司法事務処理に関する規則制定権、下級裁判所裁判官の指名権等の司法の自主性を保障する制度によって担保されている。[予R2－10]

○ 最高裁判所の規則制定権（77）や、最高裁判所による下級裁判所裁判官の指名権（80Ⅰ）といった司法権の自主性・自律性を確保する制度によって、裁判官の職権の独立が担保されている。
⇒4－3 一（p.119）

42 下級裁判所は、最高裁判所が制定した裁判所の内部規律及び司法事務処理に関する規則に拘束されるから、最高裁判所が、下級裁判所の裁判官に対して、具体的事件について、どのような判断を行うべきか指示することも許される。[司H26－16]

× 最高裁判所は、規則制定権（77Ⅰ）を有し、下級裁判所は、最高裁判所が制定した規則に拘束される。しかし、裁判官は、「独立してその職権を行ひ」（76Ⅲ）、他者からの指示・命令に拘束されずに、自らの判断に基づいて裁判を行う。最高裁判所や司法行政上の上司に当たる裁判官からの指示・命令もまた排除される。
⇒4－3 ニ（p.120）

43 憲法第76条第3項は、裁判官は「この憲法及び法律にのみ拘束される」と規定しているが、ここにいう「法律」には、国会によって制定される法律はもとより、政令や条例も含まれる。[司H20－17]

○ 76条3項にいう「法律」とは、形式的意味の法律に限られず、政令・規則・条例といった法規範や不文法も含むと解される。
⇒4－3 ニ（p.120）

44 最高裁判所は、裁判所の内部規律に関する事項について規則を定める権限を有するが、憲法第76条第3項は、すべて裁判官は憲法及び法律にのみ拘束されると定めているから、裁判官を対象とする事項を規則で制定することはできない。[司H29－17]

× 76条3項にいう「法律」には、最高裁判所の規則制定権（77Ⅰ）に基づいて定められた規則も含まれるため、裁判官を対象とする事項を規則で制定しても76条3項に反しない。
⇒4－3 ニ（p.120）

45 裁判官の職権の独立は、裁判に不当な影響を与えるおそれのある外部的行為の排除を要求するから、議院は、国政調査として、係属中の具体的事件の事実認定や量刑の判断が適切かどうかを調査・批判することはできない。[予R2－10]

○ 議院の国政調査権には裁判に関する調査権も含まれている。しかし、それが一般的な制度の在り方等を超えて、具体的な判決内容や訴訟指揮の在り方にまで及ぶ場合には、裁判官の職権行使の独立を侵害することになる（浦和事件参照）。
⇒4－3 ニ（p.120）

46　裁判官の職権の独立は、裁判に対して不当な影響を与えるおそれのある一切の外部的行為の排除を要求するが、一般国民やマスメディアによる裁判内容の批判は、表現の自由の行使の一場面であるから許される。［司H26－16］

○　裁判所の職権の独立は、他者から事実上の干渉を受けないという要請も含むが、表現の自由の一環である一般国民やマスメディアによる裁判内容の批判は、裁判に直接的な圧力を加えたり裁判官を脅迫するような態様のものでない限り、裁判官の職権の独立を侵害しない。
⇒4－3　二（p.121）

47　裁判官の定年は、憲法第79条第5項、第80条第1項により、法律で定められることになっているが、法律で定められた年齢を引き下げ、その年齢に達しているすべての裁判官を退官させることは、憲法第78条の趣旨に照らして許されない。［司H19－16］

○　法律（79Ⅴ、80Ⅰ但書）で定められた年齢を引き下げ、その年齢に達しているすべての裁判官を任期満了により退官させることは、78条の趣旨に照らして許されない。
⇒4－3　三（p.121）

48　裁判官は、裁判により心身の故障のために職務を執ることができないと決定された場合を除いては、最高裁判所の裁判官については国民審査によることなしには、また、下級裁判所の裁判官については公の弾劾によることなしには、罷免されることはない。［司R4－16］

×　最高裁判所の裁判官は、国民審査による場合（79ⅡⅢ）だけではなく、①「裁判により、心身の故障のために職務を執ることができないと決定された場合」（78前段）、②「公の弾劾」（78前段）による場合にも罷免される。
⇒4－3　三（p.121）

49　裁判官の罷免事由である「心身の故障」とは、裁判官の職務を遂行することができない程度の精神上の能力の喪失又は身体的故障で、相当長期間にわたって継続することが確実に予想される場合をいうと解されており、一時的な故障は、たとえそれがどのように重大なものであってもこれに当たらない。［司R4－16］

○　たとえ重大な故障でも一時的な故障であれば「心身の故障」（78前段）には当たらないし、相当長期間にわたって継続する故障でも職務の執行に支障がなければ「心身の故障」には当たらない。
⇒4－3　三（p.121）

50　日本国憲法は特別裁判所の設置を明文で禁止しているが、弾劾裁判所は、憲法上の例外である。［司H23－17］

○　弾劾裁判所は、「特別裁判所」（76Ⅱ）の性質を有するが、これは憲法自身が認める例外であって（64）、同条項に反するものではない。
⇒4－3　三（p.121）

51　弾劾裁判所により罷免の裁判の宣告を受けた裁判官は、最高裁判所に対し、その裁判を不服として取消しを求めることができる。[司H30－16]

×　弾劾裁判所により罷免の裁判の宣告を受けた裁判官は、弾劾裁判所に対して資格回復の裁判を請求することはできるが（裁判官弾劾38Ⅰ）、最高裁判所に対して、弾劾裁判を不服として取消しを求めることはできない。
⇒4－3　三（p.121）

52　弾劾裁判所に対し裁判官の罷免を求める訴追は、国会の両議院において当該裁判官の罷免を求める議案が可決されることにより、国会が行う。[司H30－16]

×　裁判官の罷免の訴追を行うのは、国会ではなく、国会が設ける裁判官訴追委員会である（国会126Ⅰ、裁判官弾劾5Ⅰ）。
⇒4－3　三（p.122）

53　国会の両議院の議員で組織される弾劾裁判所は、国会が閉会中であっても活動することができる。[司H30－16]

○　弾劾裁判所は、国会から独立した機関であるため、国会が閉会中であっても活動することができる（裁判官弾劾4参照）。
⇒4－3　三（p.122）

54　憲法第78条は、裁判官の懲戒処分は行政機関が行うことはできないと規定しているところ、これは、裁判官の懲戒処分は裁判所が行うべきことを定めているものと解されており、その手続については、法律上、裁判により行うことが規定されている。[司R4－16]

○　78条後段は、裁判官の懲戒処分は裁判所のみが行いうるという趣旨の規定であるため、「行政機関」のみならず国会も懲戒処分を行うことはできず、裁判官分限法に基づき「裁判」によって行うと定められている。
⇒4－3　三（p.122）

55　裁判官の職権の独立は、外部からの干渉のみならず裁判所内部における干渉の排除も要求するから、裁判官は、どのような訴訟指揮をしたとしても、そのことを理由に裁判所内部で懲戒処分を受けることはない。[予R2－10]

×　裁判官の訴訟指揮が「職務上の義務に違反し、若しくは職務を怠」（裁判所49）る場合には、裁判官の職権の独立を理由に懲戒処分を免れることはできない。
⇒4－3　三（p.122）

5-1 総説

> 一 はじめに
> 二 違憲審査権の法的性格
> 三 違憲審査の主体
> 四 違憲審査の対象
> 五 違憲審査の要件
> 六 違憲審査の方法・基準
>
> **学習の指針**
> 憲法の最高法規性を確保する仕組みである憲法保障制度のうち、最も重要な制度がこの「違憲審査制」であるとされています。そのため、数多くの重要な論点や判例が存在し、試験対策上の重要性もかなり高いといえますので、繰り返し読み重ねて理解を深めるよう心掛けましょう。

一 はじめに

憲法の最高法規性を確保する仕組みである憲法保障制度として、最も重要な役割を果たしているのが違憲審査制である。

81条は、「最高裁判所は、一切の法律、命令、規則又は処分が憲法に適合するかしないかを決定する権限を有する終審裁判所である」と規定して、法令等の違憲審査権を裁判所に与えている。

違憲審査制の根拠としては、主に次の2つが挙げられる。

第1に、憲法の最高法規性の観念が挙げられる。憲法は国の最高法規であり、憲法に反する法律、命令その他の国家行為は違憲無効である（98Ⅰ参照）とされているところ、国家行為の合憲性を審査・決定する機関があって初めて、憲法の最高法規性が現実に確保されるといえる。

→もっとも、憲法の最高法規性をどのように確保するかは、それぞれの憲法体制によって様々であり、たとえば法令の合憲性について議会が最終的に判断するという制度であっても憲法の最高法規性と矛盾するとまではいえず、憲法の最高法規性の観念をもって、直ちに違憲審査権が司法府に与えられていなければならないというわけではない

第2に、基本的人権の尊重の原理が挙げられる。基本的人権の確立は近代憲法の目的であり、憲法の（実質的）最高法規性の基礎となる価値でもあるが、その基本的人権が立法権・行政権により侵害された場合に、それを救済する「憲法の番人」として、裁判所による違憲審査制が要請される。

以上を整理すると、違憲審査制（81）には、憲法に反する法令等を否定して憲法の最高法規性を確保するという憲法保障の役割と、各人の人権を裁判を通じて保障・実現するという人権保障の役割があるといえる。

二 違憲審査権の法的性格

1 類型

裁判所による違憲審査制には、①抽象的違憲審査制（ドイツ型）と、②付随的違憲審査制（アメリカ型）の2つに大別される。

◀渡辺ほかⅡ・345頁
　芦部・389頁

◀渡辺ほかⅡ・346頁以下、
　389頁
　芦部・391頁

① 抽象的違憲審査制（ドイツ型）

　　通常裁判所と区別された特別の憲法裁判所を設け、具体的な訴訟事件を離れて抽象的に法令その他の国家行為の違憲審査を行う方式をいう。その主な目的は、客観的な憲法秩序の維持そのものにあるとされており、憲法保障型の憲法裁判制度といわれる。

② 付随的違憲審査制（アメリカ型）

　　通常裁判所が、具体的な訴訟事件を前提として、その手続の中で、原則としてその訴訟の解決に必要な限りにおいて違憲審査を行う方式をいう。その主な目的は、憲法上保障された個人の権利保護にあるとされており、私権保障型の憲法裁判制度といわれる。

　なお、前述のとおり、違憲審査制の根拠の１つとして憲法の最高法規性が挙げられるが、抽象的違憲審査制と付随的違憲審査制のうちいずれの違憲審査制を採るかは、憲法の最高法規性から当然に導かれるわけではない。

2　日本における違憲審査制

　日本国憲法は、81条で「最高裁判所は、一切の法律、命令、規則又は処分が憲法に適合するかしないかを決定する権限を有する終審裁判所である」と規定する一方、76条１項で司法権の帰属を規定している。そこで、81条の違憲審査権と76条１項の司法権とはどのような関係にあるのか、日本における違憲審査制が上記のいずれの制度に属するのかが問題となる。

　判例（最大判昭23.7.7／百選Ⅱ［第７版］〔189〕）は、傍論ではあるが「81条は、米国憲法の解釈として樹立せられた違憲審査権を、明文をもって規定した」と判示している。また、警察予備隊違憲訴訟（最大判昭27.10.8／百選Ⅱ［第７版］〔187〕）において、以下のとおり判示している。

> **判例** 警察予備隊違憲訴訟（最大判昭27.10.8／百選Ⅱ［第７版］〔187〕）
>
> 事案：　自衛隊の前身である警察予備隊の合憲性が争われ、最高裁判所に直接憲法訴訟が提起された。
>
> 判旨：　「わが現行の制度の下においては、特定の者の具体的な法律関係につき紛争の存する場合においてのみ裁判所にその判断を求めることができるのであり、裁判所がかような具体的事件を離れて抽象的に法律命令等の合憲性を判断する権限を有するとの見解には、憲法上及び法令上何等の根拠も存しない」と判示した。

　このように、日本における違憲審査制について、判例は明示的に付随的違憲審査制に属することを明らかにしている。学説上も、次の理由から、日本における違憲審査制は付随的違憲審査制に属するものと解する見解が通説とされている。

∵① 81条は、「具体的な争訟について、法を適用し、宣言することによって、これを裁定する国家の作用」である司法権について規定する76条と同じ「第６章」に定められている

② 抽象的違憲審査権の重要性に鑑みれば、これを認めるためには提訴の手続・要件や判決の効力などについて憲法上の規定が置かれるべきであるが、日本国憲法にはこれらに関する規定が存在しない

ONE POINT

ドイツでは、第一次世界大戦後、社会国家の理念を体現する規定を有するワイマール憲法が成立しましたが、その後ナチスの台頭を招き、数々の人権侵害が行われました。現在のドイツでは、司法裁判所とは別に特別の憲法裁判所が設置され、抽象的違憲審査制度を伴う憲法保障が確立しています。

論点

☞ One Point ▶客観訴訟における違憲審査の可否

　裁判所は、「一切の法律上の争訟」の裁判権のみならず、「その他法律において特に定める権限」（裁判所３Ⅰ）として、客観訴訟の裁判権を有しています。客観訴訟とは、法規の客観的適正を確保することを目的とする訴訟のことをいい、行政事件訴訟法上の民衆訴訟（行訴法５）と機関訴訟（行訴法６）がこれに当たります。客観訴訟の裁判は、本来の司法作用には属さないため、客観訴訟において裁判所に違憲審査権の行使を認めると、抽象的違憲審査権を法律によって裁判所に付与することにならないかが問題とされています。

　この点について、判例は客観訴訟における違憲審査権の行使を肯定しています。たとえば、衆議院議員定数不均衡違憲判決（最大判昭51.4.14／百選Ⅱ［第７版］〔148〕）や津地鎮祭事件判決（最大判昭52.7.13／百選Ⅰ［第７版］〔42〕）、沖縄代理署名訴訟（最大判平8.8.28／百選Ⅱ［第７版］〔167〕）などにおいて、それぞれ違憲審査が行われています。学説上も、これらの客観訴訟では具体的な国家行為を前提するものであり、実質的に具体的な争訟性を備えているものといえ、純然たる抽象的違憲審査権を行使するものではないことから、憲法上許容されるものと解しているようです。

3　司法積極主義と司法消極主義

　付随的違憲審査制の下においても、憲法判断に積極的か消極的か、違憲判断に積極的か消極的かは、裁判所のとる態度・姿勢によってかなりの幅が生じる。このような裁判所の態度・姿勢を表すものとして、司法積極主義と司法消極主義がある。

　司法積極主義とは、法令の合憲性審査に積極的に立ち入り、法令の合憲性を入念に審査するという裁判所の態度・姿勢をいう。これに対し、司法消極主義とは、法令の合憲性審査に立ち入ることをなるべく回避するのみならず、合憲性審査に立ち入った後も原則として立法府の判断を尊重し、法律を違憲と判断するのは明らかに不合理な場合に限るという裁判所の態度・姿勢をいう。

　いわゆる二重の基準論を前提とすると、精神的自由権の領域では司法積極主義が、経済的自由権の領域では司法消極主義が、それぞれ基本的に妥当すると考えられる。

☞ One Point ▶アメリカ合衆国の違憲審査制

　アメリカ合衆国憲法には、違憲審査について明文で認めた規定はありませんが、「マーベリ対マディソン事件」におけるマーシャル判決（1803年）に初まり、合衆国最高裁判所の判例の積み重ねによって、司法審査制度が確立されていきました。19世紀の「自由国家」と形容される時代では、自由の保障が強調されており、その自由の保障のために違憲審査権を裁判所に認める国は例外的であったとされています。

　19世紀の終盤になり、大恐慌後のニュー・ディール政策（経済市場に積極的に介入する政策）が行われていた時期において、合衆国最高裁判所は経済的自由権を重視し、経済的弱者を保護する社会・経済立法を次々と違憲としていき、政治部門と対立したとされています。一方、カロリーヌ判決（1938年）によって、いわゆる二重の基準論が示され、今日では表現の自由について厳しい審査を行う立場に立っているとされます。

三　違憲審査の主体

1　最高裁判所

　最高裁判所が違憲審査権を有することは、81条の文言上から明らかである。

◀渡辺ほかⅡ・350頁
芦部・396頁

　なお、判例（最大判昭23.7.7／百選Ⅱ［第7版］〔189〕）は、仮に81条の規定がなくても、「第98条の最高法規の規定又は第76条若しくは第99条の裁判官の憲法遵守義務の規定から、違憲審査権は十分に抽出され得る」とし、「立法行為も行政行為も司法行為（裁判）も、皆共に裁判の過程においてはピラミッド型において終審として最高裁判所の違憲審査権に服する」と判示している。

◁ **論文・予備H27**

2　下級裁判所

　81条の規定をみると、違憲審査権は最高裁判所のみに与えられているように読めるが、下級裁判所もまた、事件を解決するのに必要不可欠である限り、司法権の行使に付随して当然に違憲審査権を行使できるものと解されている。
　判例（最大判昭25.2.1）も、憲法の最高法規性（98Ⅰ）と裁判官の憲法尊重擁護義務（99）を理由に、「裁判官が、具体的訴訟事件に法令を適用して裁判するに当り、その法令が憲法に適合するか否かを判断することは、憲法によって裁判官に課せられた職務と職権であって、このことは最高裁判所の裁判官であると下級裁判所の裁判官であることを問わない」として、下級裁判所に違憲審査権を認めている。

四　違憲審査の対象

1　国内法規範とその適用行為

　81条は、違憲審査の対象を「一切の法律、命令、規則又は処分」と定めている。
　「法律」とは、形式的意味の法律（国会の議決により成立する一形式としての法律）を意味する。条例も「法律」に準ずるものとして、これに含まれる。
　「命令」とは、行政機関の制定する国法形式としての命令を意味する。人事院規則などの性質は命令の一種であるので、これに含まれる。
　「規則」とは、日本国憲法が認める規則という法形式を意味する。議院規則（58Ⅱ）と最高裁判所規則（77）がこれに当たる。
　「処分」とは、個別具体的な法規範を定立する法形式の総称を意味する。裁判所の判決・決定（最大判昭23.7.7／百選Ⅱ［第7版］〔189〕）や国家による事実行為も、これに含まれる。
　もっとも、ある国家行為が上記の文言のいずれに該当するかは重要ではない。81条の「一切の法律、命令、規則又は処分」は、あくまで違憲審査の対象となる国家作用を例示したものにすぎず、広く国内法規範とその適用行為が違憲審査の対象になると考えられている。

◀渡辺ほかⅡ・351頁以下
　芦部・396頁以下

判例　**最大判昭23.7.7／百選Ⅱ［第7版］〔189〕**
　「憲法第81条によれば、最高裁判所は、一切の法律、一切の命令、一切の規則又は一切の処分について違憲審査権を有する。裁判は一般的抽象的規範を制定するものではなく、個々の事件について具体的処置をつけるものであるから、その本質は一種の処分である」。そして、「立法行為も行政行為も司法行為（裁判）も、皆共に裁判の過程においてはピラミッド型において終審として最高裁判所の違憲審査権に服する」。

---

2 条約

論点

論文・予備 H 27

問題の所在

　81条は、「最高裁判所は、一切の法律、命令、規則又は処分が憲法に適合するかしないかを決定する権限を有する終審裁判所である」と規定して、法令等の違憲審査権を裁判所に与えている。では、81条の列挙から除外されている条約は、違憲審査の対象となるか。

考え方のすじ道

まず、条約は原則として直接に国内法的効力をもつと解されるため、憲法と条約のいずれが形式的効力において優位するかが問題となる
　　　　↓この点について
条約が憲法に優位し、条約は違憲審査の対象とはならないと解する見解（条約優位説）がある
　　　　↓しかし
条約が憲法に優位すると解すると、仮に憲法に反する内容の条約が締結された場合、法律よりも容易な手続で承認される条約（61参照）によって憲法が改正されることになってしまい、硬性憲法の建前（96）に反する
　　　　↓したがって
憲法が条約に優位すると解すべきである（憲法優位説）
　　　　↓次に
憲法優位説の立場に立っても、国際協調主義や81条から「条約」が除外されていることを重視し、条約は違憲審査の対象とはならないと解する見解（消極説）もある
　　　　↓もっとも
条約は国際法ではあるものの、国内では国内法として通用する以上、その国内法としての側面については、81条の「法律」に準ずるものとして扱うべきである
　　　　↓したがって
条約は、原則として違憲審査の対象となる（積極説）
　　　　↓もっとも
高度の政治性を有する条約に関しては、その条約を締結した内閣及びこれを承認した国会の高度の政治的ないし自由裁量的判断と表裏をなす点が少なくない
　　　　↓このような場合には
一見極めて明白に違憲無効であると認められない限りは、当該条約は裁判所の司法審査権の範囲外のものであって、違憲審査の対象とはならないと解する

アドヴァンス

A　条約優位説
　条約は憲法に優位するため、条約は違憲審査の対象とはならない。
　→条約は憲法に優位する以上、条約締結権に関する憲法の規定（73③）は、条約の効力を根拠づけるものではなく、単に条約締結の機関と手続を定めたものにすぎない
　（理由）
　①　憲法の最高法規性について規定する98条1項、及びそれを担保するための違憲審査権について規定する81条から「条約」が除外されていることから、憲法は条約との関係で必ずしも最高法規ではないことを示している。
　②　前文の国際協調主義や、98条2項が条約の誠実遵守義務を定めていることを重視すべきである。
B　憲法優位説（判例・通説）
　憲法が条約に優位する。
　→憲法優位説に立つ場合でも、裁判所が立法事実の存否を判断するための資料として、条約を参照することは許される（国籍法違憲判決・最大判平20.6.4／百選Ⅰ[第7版]〔26〕参照）
　（理由）
　①　条約が憲法に優位すると解すると、仮に憲法に反する内容の条約が締結された場合、法律よりも容易な手続で承認される条約（61参照）によって憲法が改正さ

　れることになってしまい、硬性憲法の建前（96）に反する。

②　98条1項は国内法的秩序における憲法の最高法規性を宣言した規定であるから、条約が列挙から除外されているのは当然であるし、81条も条約が国家間の合意という特殊性をもつことを考慮して、その列挙から条約を除外したにすぎない。

③　国際協調主義という一般原則から直ちに条約が憲法に優位するという結論を導き出すことはできないし、98条2項は公布によって直ちに条約の国内法としての効力が認められる趣旨を明らかにしたものと解すべきである。

b-1　消極説

　条約は違憲審査の対象に含まれない。

（理由）

①　国際協調主義や、81条から「条約」が除外されていることを重視すべきである。

②　国家間の合意である条約を一国の意思のみで効力を失わせることはできない。

③　極めて政治的な内容をもつ条約が多い。

b-2　積極説

　条約は違憲審査の対象に含まれる。

　→条約が違憲と判断された場合であっても、その国内法上の効力が否定されるにとどまり、国際法上の効力までは否定されない（内閣は国際法上の効力を失わせるために相手国と交渉する義務を負う）

（理由）

　条約は国際法ではあるものの、国内では国内法として通用する以上、その国内法としての側面については81条の「法律」に準ずるものとして扱うべきである。

＊　以下の砂川事件判決（最大判昭34.12.16／百選Ⅱ［第7版］〔163〕）は、憲法優位説に立った上で、以下のとおり判示し、条約に対する違憲審査の可能性を認めている。

判例　砂川事件（最大判昭34.12.16／百選Ⅱ［第7版］〔163〕）

事案：　デモ隊員がアメリカ空軍基地内へ侵入した行為が、日米安保条約に基づく刑事特別法違反に問われ、日米安保条約の合憲性が争われた。

判旨：　安全保障条約は、「主権国としてのわが国の存立の基礎に極めて重大な関係をもつ高度の政治性を有するものというべきであって、その内容が違憲なりや否やの法的判断は、その条約を締結した内閣およびこれを承認した国会の高度の政治的ないし自由裁量的判断と表裏をなす点がすくなくない。それ故、右違憲なりや否やの法的判断は、純司法的機能をその使命とする司法裁判所の審査には、原則としてなじまない性質のものであり、従って、一見極めて明白に違憲無効であると認められない限りは、裁判所の司法審査権の範囲外のものであって、それは第一次的には、右条約の締結権を有する内閣およびこれに対して承認権を有する国会の判断に従うべく、終局的には、主権を有する国民の政治的批判に委ねられるべきものであると解する」。

☞ One Point ▶「確立された国際法規」（98 Ⅱ）

　本文で説明したとおり、98条2項は「条約」の誠実遵守義務を定めていますが、この規定は「確立された国際法規」の誠実遵守義務も定めています。「確立された国際法規」とは、国際社会において一般に承認されている成文・不文の国際法規をいい、たとえ我が国が締結していない条約に規定されている事項であっても、誠実遵守義務の対象に含まれると考えられています。

3　立法不作為

　立法不作為とは、立法義務が存在するにもかかわらず、立法府が憲法上の権利を具体化する立法を行わない場合や、改善義務があるにもかかわらず、立法府が憲法上の権利を制限する立法を改廃しない場合をいう。

　立法不作為も違憲審査の対象に含まれると解されるが、不作為を無効とすることはできないため、違憲である場合における権利・利益の救済方法には工夫が必要となる。そこで、立法不作為を争う方法として最も利用されてきたのが、国家賠償請求訴訟である。

　在宅投票制度廃止事件（最判昭60.11.21／百選Ⅱ［第7版］〔191〕）は、①立法行為と立法不作為を区別せず、②国賠法上の違法性と立法内容の違憲性を区別し、③前者について、国会議員は原則として政治的責任を負うにとどまり、「立法の内容が憲法の一義的な文言に違反しているにもかかわらず国会があえて当該立法を行うというごとき、容易に想定し難いような例外的な場合でない限り」、国賠法上違法とはならないと判示した。

　その後、在外邦人選挙権制限違憲判決（最大判平17.9.14／百選Ⅱ［第7版］〔147〕）は、上記③の厳格な要件を事実上緩和して、当該立法不作為を違憲と判断し、国賠法上の違法性も認めた。さらに、再婚期間禁止違憲判決（最大判平27.12.16／百選Ⅰ［第7版］〔28〕）は、在外邦人選挙権制限違憲判決の判断枠組みを整理し直した。

論点
論文・司法H22

> **判例　在宅投票制度廃止事件（最判昭60.11.21／百選Ⅱ［第7版］〔191〕）**
>
> 事案：　公職選挙法は、歩行が著しく困難なため投票所に行けない選挙人のための在宅投票制度を定めていたが、制度を悪用した不正が後を絶たなかったことから、改正により在宅投票制度は廃止された。歩行が著しく困難なXは、在宅投票制度の廃止及び同制度を復活させる法改正を行わないという不作為が憲法15条1項等に違反し、違法な公権力の行使に当たるとして、国家賠償法1条1項に基づき損害賠償請求訴訟を提起した。
>
> 判旨：　「国会議員の立法行為は、立法の内容が憲法の一義的な文言に違反しているにもかかわらず国会があえて当該立法を行うというごとき、容易に想定し難いような例外的な場合でない限り、国家賠償法1条1項の規定の適用上、違法の評価を受けない」と判示した。

> **判例　在外邦人選挙権制限違憲判決（最大判平17.9.14／百選Ⅱ［第7版］〔147〕）**
>
> 事案：　平成8年の衆議院議員選挙で選挙権を行使できなかった在外国民Xらが、選挙権を行使できなかったことに対する国家賠償請求を求めた。
>
> 判旨：　「立法の内容又は立法不作為が国民に憲法上保障されている権利を違法に侵害するものであることが明白な場合や、国民に憲法上保障されている権利行使の機会を確保するために所要の立法措置を執ることが必要不可欠であり、それが明白であるにもかかわらず、国会が正当な理由なく長期にわたってこれを怠る場合などには、例外的に、国会議員の立法行為又は立法不作為は、国家賠償法1条1項の規定の適用上、違法の評価を受ける」。

「在外国民であったＸらも国政選挙において投票をする機会を与えられることを憲法上保障されていたのであり、この権利行使の機会を確保するためには、在外選挙制度を設けるなどの立法措置を執ることが必要不可欠であったにもかかわらず、……在外国民の投票を可能にするための法律案が閣議決定されて国会に提出されたものの、同法律案が廃案となった後本件選挙の実施に至るまで10年以上の長きにわたって何らの立法措置も執られなかったのであるから、このような著しい不作為は上記の例外的な場合に当たり、このような場合においては、過失の存在を否定することはできない。このような立法不作為の結果、Ｘらは本件選挙において投票をすることができず、これによる精神的苦痛を被ったものというべきである。したがって、本件においては、上記の違法な立法不作為を理由とする国家賠償請求はこれを認容すべきである。」

判例 再婚禁止期間違憲判決（最大判平27.12.16／百選Ⅰ[第7版](28)）

国会議員の立法行為又は立法不作為が国家賠償法1条1項の「適用上違法となるかどうかは、国会議員の立法過程における行動が個々の国民に対して負う職務上の法的義務に違反したかどうかの問題であり、立法の内容の違憲性の問題とは区別されるべきものである。そして、上記行動についての評価は原則として国民の政治的判断に委ねられるべき事柄であって、仮に当該立法の内容が憲法の規定に違反するものであるとしても、そのゆえに国会議員の立法行為又は立法不作為が直ちに国家賠償法1条1項の適用上違法の評価を受けるものではない」。

「もっとも、法律の規定が憲法上保障され又は保護されている権利利益を合理的な理由なく制約するものとして憲法の規定に違反するものであることが明白であるにもかかわらず、国会が正当な理由なく長期にわたってその改廃等の立法措置を怠る場合などにおいては、国会議員の立法過程における行動が上記職務上の法的義務に違反したものとして、例外的に、その立法不作為は、国家賠償法1条1項の規定の適用上違法の評価を受けることがあるというべきである」。

判例 在外邦人国民審査権違憲判決（最大判令4.5.25）

事案： 国会が在外邦人に国民審査権の行使を認める制度（在外審査制度）を創設しなかったこと（以下、「本件立法不作為」という）により、平成29年国民審査において国民審査権を行使することができなかったことを理由に、国賠法1条1項に基づく損害賠償請求が認められるかどうかが争われた。

判旨：　国会議員の立法行為又は立法不作為が国家賠償法1条1項の適用
上違法となるかどうかは、「国会議員の立法過程における行動が個々
の国民に対して負う職務上の法的義務に違反したかどうかの問題で
あり、立法の内容の違憲性の問題とは区別されるべきものである。
そして、上記行動についての評価は原則として国民の政治的判断に
委ねられるべき事柄であって、仮に当該立法の内容が憲法の規定に
違反するものであるとしても、そのゆえに国会議員の立法行為又は
立法不作為が直ちに同項の適用上違法の評価を受けるものではない。
もっとも、法律の規定が憲法上保障され又は保護されている権利利
益を合理的な理由なく制約するものとして憲法の規定に違反するも
のであることが明白であるにもかかわらず、国会が正当な理由なく
長期にわたってその改廃等の立法措置を怠る場合などにおいては、
国会議員の立法過程における行動が上記職務上の法的義務に違反し
たものとして、例外的に、その立法不作為は、同項の適用上違法の
評価を受けることがあるというべきである。そして、国民に憲法上
保障されている権利行使の機会を確保するための立法措置をとるこ
とが必要不可欠であり、それが明白であるにもかかわらず、国会が
正当な理由なく長期にわたってこれを怠るときは、上記の例外的な
場合に当たるものと解するのが相当である」（最判昭60.11.21／百
選Ⅱ［第7版］〔191〕、最大判平17.9.14／百選Ⅱ［第7版］〔147〕、
最大判平27.12.16／百選Ⅰ［第7版］〔28〕参照）。

「国会において在外国民の審査権に関する憲法上の問題を検討する
契機もあったといえるにもかかわらず、国会は、平成18年公選法
改正や平成19年の国民投票法の制定から平成29年国民審査の施行
まで約10年の長きにわたって、在外審査制度の創設について所要
の立法措置を何らとらなかったというのである。

以上の事情を考慮すれば、遅くとも平成29年国民審査の当時に
おいては、在外審査制度を創設する立法措置をとることが必要不可
欠であり、それが明白であるにもかかわらず、国会が正当な理由な
く長期にわたってこれを怠ったものといえる。

そうすると、本件立法不作為は、平成29年国民審査の当時にお
いて、国家賠償法1条1項の適用上違法の評価を受けるものという
べきである」。

4　国の私法上の行為

国家の活動は、公法上の行為の形式だけでなく、私法上の行為の形式をとっ
て行われることもある（土地の任意買収や、物品の購入など）。98条1項によ
れば、憲法に反する「国務に関するその他の行為」は効力を有しないところ、
私人と対等の立場で行う国の行為が「国務に関するその他の行為」に当たり、
違憲審査の対象に含まれるかが問題となる。

判例（百里基地訴訟・最判平元.6.20／百選Ⅱ［第7版］〔166〕）は、98条1
項にいう「国務に関するその他の行為」とは、「同条項に列挙された法律、命令、
詔勅と同一の性質を有する国の行為、言い換えれば、公権力を行使して法規範
を定立する国の行為を意味し、したがって、行政処分、裁判などの国の行為は、
個別的・具体的ながらも公権力を行使して法規範を定立する国の行為であるか
ら、かかる法規範を定立する限りにおいて国務に関する行為に該当する」が、「私
人と対等の立場で行う国の行為は、……法規範の定立を伴わないから憲法98条
1項にいう『国務に関するその他の行為』に該当しない」として、違憲審査の

対象に含まれないとした。

五　違憲審査の要件

1　訴訟要件

付随的違憲審査制では、裁判所による違憲審査は通常の訴訟手続の中で、その訴訟の解決に必要な限りで行われる。したがって、民事訴訟、刑事訴訟、行政訴訟などの訴訟として訴えが成立していることが前提となる。

2　違憲主張の適格

⑴　第三者の権利の援用

具体的な事件において、当事者が第三者の権利を援用し、その権利が侵害されるとして違憲主張をすることが許されるか。この問題には、①特定の第三者の権利を援用する場合と、②表現の自由を過度に広汎に制約する法律によって制約される不特定の第三者の権利を援用する場合の2パターンが存在するところ、②は表現の自由の問題（⇒『総論・人権』）であるので、ここでは①を前提に説明する。

この点について、当事者は自己の憲法上の権利を援用しうるにとどまり、第三者の権利を援用することは原則として許されないと解するのが通説的な立場とされる。

∵　付随的違憲審査制の主な目的は個人の権利保護にあるところ、権利侵害による憲法上の争点提示を最もよくなしうるのは権利主体たる当事者である

ただし、この立場も、①当事者の訴訟における利益の程度（第三者の権利の援用ができなければ訴訟上不利になる場合には援用が認められやすい）、②援用される権利の性質（表現の自由など、優越的地位にある自由が問題となっている場合には援用が認められやすい）、③当事者と第三者との関係（当事者と第三者との間に実質的な関係があれば援用が認められやすい）、④第三者が独立の訴訟で自己の権利侵害を主張することの難易性などを考慮して、例外的に、第三者の憲法上の権利の援用が許される場合があるとする。

→この立場によると、以下に述べる第三者所有物没収事件判決（最大判昭37.11.28／百選Ⅱ［第7版］〔107〕）は、第三者が独立の訴訟で自己の権利侵害を主張することの難易度が高いという事情が考慮されるので、肯定的に評価される

一方、違憲審査制の憲法保障の役割を重視して、具体的な事件を前提としつつも、当該事案に関連する憲法問題については一般的に審査し、違憲主張の適格を限定的に考えないとする見解も有力に主張されている。

→解散命令が出された宗教法人（当事者）が信者の信教の自由の侵害を主張できるかという主張適格が争点となった宗教法人オウム真理教解散命令事件（最決平8.1.30／百選Ⅰ［第7版］〔39〕）において、原審（東京高決平7.12.19）は、第三者である信者にかかる違憲主張の適格を教団側に認めなかったのに対し、最高裁は、この主張適格を黙示的に肯定した上で、実体的な憲法判断を行っていると評されている

> 判例　第三者所有物没収事件（最大判昭37.11.28／百選Ⅱ［第7版］〔107〕）
> 事案：　密輸を企てた者が、有罪判決と同時に関税法の第三者没収規定により没収刑を受けることになったため、その規定は第三者の財産を正当な手続によらず奪うものだとして、29条・31条違反を主張した。

◀渡辺ほかⅡ・355頁以下

論文・司法Ｈ20

論文・司法Ｈ21

判旨： 「第三者の所有物を没収する場合において、その没収に関して当該
所有者に対し、何ら告知、弁解、防禦の機会を与えることなく、そ
の所有権を奪うことは、著しく不合理であって、憲法の容認しない
ところである」。

そして、「かかる没収の言渡を受けた被告人は、たとえ第三者の所
有物に関する場合であっても、被告人に対する附加刑である以上、
没収の裁判の違憲を理由として上告をなしうることは、当然である。
のみならず、被告人としても没収に係る物の占有権を剥奪され、ま
たはこれが使用、収益をなしえない状態におかれ、更には所有権を
剥奪された第三者から賠償請求権等を行使される危険に曝される等、
利害関係を有することが明らかであるから、上告によりこれが救済
を求めることができる」。

(2) **客観訴訟における違憲主張の適格**

> **判例** **選挙無効訴訟における違憲主張の可否（最決平26.7.9／百選Ⅱ[第7版](188)）**
> 「公職選挙法204条の選挙無効訴訟は、同法において選挙権を有するもの
> とされている選挙人らによる候補者に対する投票の結果としての選挙の効力
> を選挙人又は候補者が上記のような無効原因の存在を主張して争う争訟方法
> であり、同法の規定において一定の者につき選挙権を制限していることの憲
> 法適合性については、当該者が自己の選挙権の侵害を理由にその救済を求め
> て提起する訴訟においてこれを争うことの可否はおくとしても、同条の選挙
> 無効訴訟において選挙人らが他者の選挙権の制限に係る当該規定の違憲を主
> 張してこれを争うことは法律上予定されていない。そうすると、選挙人が同
> 条の選挙無効訴訟において同法205条1項所定の選挙無効の原因として本件
> 各規定の違憲を主張し得るものとはいえない」。

六　違憲審査の方法・基準

1　司法事実・立法事実

付随的違憲審査制は、具体的な訴訟事件を前提として違憲審査を行う方式で
あるから、裁判所が具体的な事件を審理する場合には、まず「誰が、何を、いつ、
どこで、いかに行ったか」という当該事件の事実を調べることが必要になる。
この当該事件の事実を「司法事実」（判決事実）という。

これに対して、違憲審査を行う際には、問題となっている法律の立法目的及
び立法目的を達成する手段の合理性を裏づけ支える社会的・経済的・文化的な
一般的事実を認定することが必要になる。この事実を「立法事実」という。

裁判所が違憲審査を行う際、どの程度立法事実を検証する必要があるかにつ
いては、制約されている憲法上の権利の性質や侵害の程度によって異なる。ま
た、裁判所が立法事実についての立法者の判断をどの程度尊重すべきかについ
ても、いかなる基準で合憲性を判断するかによって異なる。

たとえば、薬事法距離制限違憲判決（最大判昭50.4.30／百選Ⅰ[第7版]〔92〕）
では、国側から薬局開局の距離制限規定の合理性を支える事実として「競争の
激化―経営の不安定―法規違反という因果関係に立つ不良医薬品の供給の危
険」という事実命題（立法事実）が提示されたところ、最高裁は、ある程度厳
しい審査基準を採用し、立法事実も確実なものであることを求めた結果、国側
が提示した事実命題は「単なる観念上の想定にすぎず、確実な根拠に基づく合
理的な判断とは認めがたい」と判示し、薬局開局の距離制限規定を違憲と判断

◀渡辺ほかⅡ・359頁以下
芦部・395頁以下

した。

2　違憲審査の方法

違憲審査の方法としては、一般的に「文面審査」と「適用審査」の２つがあるといわれる。

「文面審査」とは、当該事件の事実（司法事実）とかかわりなく法令の文言上の合憲性を審査する方法のことをいう。かつては、立法事実を考慮しないものが「文面審査」といわれていたが、現在では、立法事実も踏まえて法令の文言上の合憲性を審査するものも「文面審査」といわれている。

「適用審査」とは、法令の適用関係に即して個々的に審査する方法のことをいう。違憲審査の対象は法令であるが、その範囲は当該事件の事実（司法事実）に基づく事実類型（適用事実類型）に限られると考えられている。

「文面審査」の結果、違憲と判断された場合には、当然に法令違憲となる一方、「適用審査」の結果、違憲と判断された場合には、適用違憲のみならず法令違憲という結論に結び付くこともある。

3　違憲審査の基準

【各種違憲審査基準とその判断枠組み、判例のまとめ】

違憲審査基準	判断枠組み			判　例
漠然性ゆえに無効の法理（明確性の原則）	「通常の判断能力を有する一般人の理解において、具体的場合に当該行為がその適用を受けるものかどうかの判断を可能ならしめるような基準が読みとれるかどうかによってこれを決定すべきである」			・徳島市公安条例事件（最大判昭50.9.10／百選Ⅰ[第7版][83]）（刑罰法規の明確性について）
過度の広汎性ゆえに無効の法理				
		目　的	手　段	目的と手段の関係	
目的手段審査	厳格審査基準	必要不可欠	必要最小限度	必要不可欠の関係	――
	厳格な合理性の基準	重要	より制限的ではない代替手段がない（LRA）	実質的関連性（具体的・実質的な関連性の有無）	・薬事法距離制限違憲判決（最大判昭50.4.30／百選Ⅰ[第7版][92]）
	合理性の基準	正当	著しく不合理であることが明白でない	合理的関連性（抽象的・観念的な関連性の有無）	・猿払事件（最大判昭49.11.6／百選Ⅰ[第7版][12]）・小売市場事件（最大判昭47.11.22／百選Ⅰ[第7版][91]）
比較衡量	法令等の行為によって権利・自由に課された具体的制約の合憲性について、①その権利・自由の制限によって得られる利益と②制限の不存在によって得られる利益ないし制限によって失われる利益を比較して判断する			――
検　閲	「行政権が主体となって、思想内容等の表現物を対象とし、その全部又は一部の発表の禁止を目的として、対象とされる一定の表現物につき網羅的一般的に、発表前にその内容を審査した上、不適当と認めるものの発表を禁止すること」			・税関検査事件（最大判昭59.12.12／百選Ⅰ[第7版][69]）

事前抑制の原則禁止	名誉権侵害	原則として禁止されるが、裁判所による事前差止めの場合、厳格かつ明確な要件のもとで例外的に許容されうる。すなわち、「その表現内容が真実でなく、又はそれが専ら公益を図る目的のものでないことが明白であって、かつ、被害者が重大にして著しく回復困難な損害を被る虞があるとき」は例外として許容される	・北方ジャーナル事件 （最大判昭61.6.11／百選Ⅰ［第7版］〔68〕）
	プライバシー権侵害	原則として禁止されるが、「重大で回復困難な損害を被らせるおそれがある」ときは例外的に許容される	・「石に泳ぐ魚」事件 （最判平14.9.24／百選Ⅰ［第7版］〔62〕）
明白かつ現在の危険		① 近い将来、実質的害悪をひき起こす蓋然性が明白であること ② 実質的害悪が重大であること、つまり重大な害悪の発生が時間的に切迫していること ③ 当該規制立法が害悪を避けるのに必要不可欠であること	（＊）
政教分離該当性判断	目的効果基準	「宗教的活動」とは、宗教とのかかわり合いが相当とされる限度を超えるものに限られるというべきであって、「当該行為の目的が宗教的意義をもち、その効果が宗教に対する援助、助長、促進又は圧迫、干渉等になるような行為をいう」。その判断にあたっては、「諸般の事情を考慮し、社会通念に従って、客観的に判断しなければならない」 →目的効果基準は、宗教性と世俗性の切り分けの判断が難しい事件に用いられる	・津地鎮祭事件 （最大判昭52.7.13／百選Ⅰ［第7版］〔42〕） ・愛媛玉串料事件 （最大判平9.4.2／百選Ⅰ［第7版］〔44〕）
	「総合的判断」の枠組み	「信教の自由の保障の確保という制度の根本目的との関係で相当とされる限度を超えて憲法に違反するか否かを判断するに当たっては、……諸般の事情を考慮し、社会通念に照らして総合的に判断すべきものと解するのが相当である。」 →那覇孔子廟訴訟判決の調査官解説によれば、「総合的判断」の枠組みは、目的効果基準よりも「より柔軟かつ事案に即した判断基準」とされる	・空知太神社事件第1次判決 （最大判平22.1.20／百選Ⅰ［第7版］〔47〕） ・那覇孔子廟訴訟 （最大判令3.2.24）
	平等違反判断方法	14条1項は、「事柄の性質に即応した合理的な根拠に基づくものでないかぎり、差別的な取扱いをすることを禁止する趣旨と解すべき」であるから、「差別的取扱いが合理的な根拠に基づくものであるか」を判断する	・尊属殺重罰規定違憲判決 （最大判昭48.4.4／百選Ⅰ［第7版］〔25〕） ・婚外子差別規定違憲決定 （最大決平25.9.4／百選Ⅰ［第7版］〔27〕）

＊ 「明白かつ現在の危険」の基準が最高裁の判例では採用されたことはないが、この基準の趣旨を取り入れた判例として泉佐野市民会館事件（最判平7.3.7／百選Ⅰ［第7版］〔81〕）がある。この判決は、公共施設の利用拒否による集会の自由の制限につき、利益衡量論に立ちつつ、集会の自由の重要性から、利益衡量の基準として「明らかな差し迫った危険の発生の具体的予見」という「明白かつ現在の危険」の基準と同旨の判断基準を用いた。

※ 各人権の性質の相違に応じて設定された違憲審査の基準を具体的事件に適用する際、審査基準の枠内において審査基準を具体化するために、様々な要素を考慮するという手法がある。これが憲法解釈の方法としての比較衡量と呼ばれている。

　ex. よど号ハイジャック記事抹消事件（最大判昭58.6.22／百選Ⅰ［第7版］〔14〕）

5-2　憲法判断の回避

学習の指針

　この節では、裁判所が憲法判断を回避する方法について説明します。特に重要なのが「合憲限定解釈」ですので、判例の判旨を正しく理解・記憶するよう努めましょう。

一　はじめに

　付随的違憲審査制においては、当該訴訟の解決に必要な限りにおいて違憲審査を行うのが建前であるから、訴訟において憲法上の争点が提示されている場合であっても、裁判所は必要以上に政治部門の判断に介入すべきではないと考えられている。

　このような憲法判断回避の方法としては、①憲法判断そのものの回避と、②法律の違憲判断の回避（合憲限定解釈）という2つの方法が挙げられる。

◀渡辺ほかⅡ・363頁以下
　芦部・393頁

二　憲法判断そのものの回避

　憲法判断そのものの回避とは、具体的事件の審理に際して、違憲の争点に言及しなくても当該事件の法的解決ができるとして、違憲の争点に関する憲法判断を行わない手法をいう。以下の恵庭事件（札幌地判昭42.3.29／百選Ⅱ［第7版］〔164〕）が有名な例として挙げられる。

◀渡辺ほかⅡ・363頁以下
　芦部・393頁以下

> **判例　恵庭事件（札幌地判昭42.3.29／百選Ⅱ［第7版］〔164〕）**
> 事案：　自衛隊演習場付近で酪農を営む被告人が、演習に抗議して連絡用電話線を数か所切断したため、自衛隊法121条違反に問われて起訴された。
> 判旨：　通信線は、自衛隊法121条の「その他の防衛の用に供する物」に該当しないとして、被告人を無罪とした。憲法判断を回避した点については、「違憲審査権を行使しうるのは、……具体的争訟の裁判に必要な限度にかぎられる」とし、違憲審査権は「当該事件の裁判の主文の判断に直接かつ絶対必要なばあいにだけ、立法その他の国家行為の憲法適否に関」して行使されるべきものであるから、被告人の行為が構成要件に該当しないとの結論に達した以上、もはや、「憲法問題に関し、なんらの判断をおこなう必要がないのみならず、これをおこなうべきでもない」とした。

　一方、違憲審査制には憲法保障という重要な役割があるので、憲法判断そのものの回避を厳格なルールと位置づけるのは妥当ではないと考えられている。

　そのため、事件の重大性や違憲状態の程度、その及ぼす影響の範囲、事件で問題にされている権利の性質等を総合的に考慮し、十分理由があると判断した場合は、回避のルールによらず、憲法判断に踏み切ることができると解されている。

> **判例** 長沼事件第一審（札幌地判昭48.9.7／百選Ⅱ[第7版][165]）
>
> 事案： 自衛隊基地の建設のため、農林大臣が国有保安林の指定を解除し伐採を許したところ、地域住民が処分の取消しを求めた。
>
> 判旨： 「憲法の基本原理に対する黙過することが許されないような重大な違反の状態が発生している疑いが生じ、かつ、その結果、当該訴訟事件の当事者をも含めた国民の権利が侵害され、または侵害される危険があると考えられる場合において、裁判所が憲法問題以外の当事者の主張について判断することによってその訴訟を終局させたのでは、当該事件の紛争を根本的に解決することができないと認められる場合には」、裁判所は「その国家行為の憲法適合性を審理判断する義務がある」と判示して、憲法判断に踏み切った。

三　合憲限定解釈

◀渡辺ほかⅡ・367頁以下
　芦部・394頁

1　意義・趣旨及び問題点

裁判所が憲法判断を回避せず、当該事案に適用される法令の合憲性について審理に踏み切った場合において、次に考えられる憲法判断回避の方法としては、違憲判断の回避（合憲限定解釈）という方法が挙げられる。

合憲限定解釈とは、通常の解釈をすれば法令に違憲的に適用される部分があると考えられる場合に、法令の適用範囲を限定する解釈を採用することによって、当該法令を合憲と判断する手法である。

裁判所としては、当該事案に適用される法令の合憲性に疑義が生じたとき、直ちに当該法令について法令違憲との判決を下すのではなく、むしろ法令の解釈によって違憲判断を回避することができれば、個人の権利保護という目的を達成しつつ立法府への干渉を最小限に抑えることができる。

もっとも、合憲限定解釈に対しては、立法者の意思を超えて法文の意味を書き換えてしまう可能性があり、立法権の簒奪につながりかねないという問題や、当該解釈が不明確であると、犯罪構成要件の保障的機能を失わせ、31条違反の疑いを生じさせるという問題（全農林警職法事件・最大判昭48.4.25／百選Ⅱ[第7版][141]参照）が指摘されている。

2　合憲限定解釈の限界

合憲限定解釈も「解釈」の1つである以上、「通常の判断能力を有する一般人」の理解をもとに、法令の文言から導出可能な解釈でなければならないという当然の限界がある。とりわけ表現の自由の領域においては、その自由を制限する規定の存在による萎縮効果を早期に除去する必要があるため、合憲限定解釈は限定的に利用すべきであり、むしろ端的に法令違憲の判決を下し、立法府に対して適切な文言を用いた合憲の法令を制定し直させることも検討されるべきであるとされる。

3　合憲限定解釈に関する判例

【合憲限定解釈に関する判例の整理】

	（表現の自由を規制する法律の規定にかかる）合憲限定解釈の限界について、以下の2つの基準が呈示されている。 ①　規制の対象となるものとそうでないものとが明確に区別され、かつ、合憲的に規制し得るもののみが規制の対象となることが明らかにされる場合であること ②　一般国民の理解において、具体的場合に当該表現物が規制の対象となるかどうかの判断を可能ならしめるような基準をその規定から読みとることができるものであること
税関検査事件（最大判昭59.12.12／百選Ⅰ［第7版］〔69〕）	関税定率法21条1項3号［現：関税法69条の11第1項7号］にいう「風俗を害すべき書籍、図画」等との規定を合理的に解釈すれば、右にいう「『風俗』とは専ら性的風俗を意味し、右規定により輸入禁止の対象とされるのは猥褻な書籍、図画等に限られるものということができ、このような限定的な解釈が可能である以上、右規定は、何ら明確性に欠けるものではなく、憲法21条1項の規定に反しない」合憲的なものというべきである。 ＊　反対意見は、「表現の自由を規制する法律の規定が明確かどうかを判断するには、より明確な立法をすることが可能かどうかも重要な意味を持つと解されるが、多数意見のいうように、同号の『風俗を害すべき書籍、図画』等という規定が猥褻表現物の輸入のみを規制しようとするものであるとするならば、右規定を『猥褻な書籍、図画』等と規定することによってより明確なものにすることは、立法上容易なはずである。この点からみても、表現の自由の事前規制の面をもつ同号の右規定が憲法上要求される明確性を充たしたものであるとはいい難く、これに限定解釈を加えることによって合憲とするのは適切でない」としている。
交通事故報告義務違反違憲訴訟（最大判昭37.5.2／百選Ⅱ［第7版］〔117〕）	旧道路交通取締法施行令67条2項にいう「『事故の内容』とは、その発生した日時、場所、死傷者の数及び負傷の程度並に物の損壊及びその程度等、交通事故の態様に関する事項を指すものと解すべきであ」る。したがって、「刑事責任を問われる虞のある事故の原因その他の事項までも右報告義務ある事項中に含まれるものとは、解せられない」。
泉佐野市民会館事件（最判平7.3.7／百選Ⅰ［第7版］〔81〕）	「公の秩序をみだすおそれがある場合」という条例の文言について、制約される権利が集会の自由であることについて、「集会の自由の制約は、基本的人権のうち精神的自由を制約するものであるから、経済的自由の制約における以上に厳格な基準の下」に「集会の自由の重要性と、当該集会が開かれることによって侵害されることのある他の基本的人権の内容や侵害の発生の危険性の程度等を較量」されなければならないとした上で、「公の秩序」を「人の生命、身体又は財産」と限定し、「みだすおそれ」を「単に危険な事態を生ずる蓋然性があるというだけでは足りず、明らかな差し迫った危険の発生が具体的に予見されることが必要である」と限定した。
上尾市福祉会館事件（最判平8.3.15）	「会館の管理上支障があると認められるとき」という規定に対して、「会館の管理上支障が生ずるとの事態が、許可権者の主観により予測されるだけでなく、客観的な事実に照らして具体的に明らかに予測される場合」という限定を加え、敵対者の実力での妨害により紛争が生じるおそれを理由に公の施設の利用を拒否できるのは、「警察の警備等によってもなお混乱を防止することができないなど特別な事情がある場合に限られる」としている。

都教組事件（最大判昭44.4.2／百選Ⅱ[第7版]〔193〕）	地方公務員法37条1項・61条4号が「文字どおりに、すべての地方公務員の一切の争議行為を禁止し、これらの争議行為の遂行を共謀し、そそのかし、あおる等の行為」をすべて処罰する趣旨と解すれば、「公務員の労働基本権を保障した憲法の趣旨」に反する。しかし、「労働基本権を尊重し保障している憲法の趣旨と調和しうるように解釈」すれば、当該規定は「違法性の強い」争議行為に対する、「争議行為に通常随伴して行われる行為」ではないあおり行為に限って処罰する趣旨である（「二重のしぼり論」）。 →この判例は、全逓東京中郵事件判決（最大判昭41.10.26／百選Ⅱ[第7版]〔139〕）を継承したものと解されている ＊　同判例に対し、全農林警職法事件判決（最大判昭48.4.25／百選Ⅱ[第7版]〔141〕）の原審（東京高判昭43.9.30）は、「『あおる』行為等の指導的行為は争議行為の原動力、支柱となるものであって、その反社会性、反規範性等において争議の実行行為そのものより違法性が強いと解し得るのであるから、憲法違反となる結果を回避するため、とくに『あおる』行為等の概念を縮小解釈しなければならない必然性はな」いとしている。 　そして、全農林警職法事件（最大判昭48.4.25／百選Ⅱ[第7版]〔141〕）は、「国公法110条1項17号が、違法性の強い争議行為を違法性の強いまたは社会的許容性のない行為によりあおる等した場合に限ってこれに刑事制裁を科すべき趣旨」と解すると、「違法性の強弱の区別が元来はなはだ曖昧であるから刑事制裁を科しうる場合と科しえない場合との限界がすこぶる明確性を欠く」とし、このような「不明確な限定解釈は、かえって犯罪構成要件の保障的機能を失わせることとなり、その明確性を要請する憲法31条に違反する疑いすら存する」とし、都教組事件（最大判昭44.4.2／百選Ⅱ[第7版]〔193〕）と同様の趣旨の判示をした全司法仙台事件（最大判昭44.4.2）を変更するに至った。
福岡県青少年保護育成条例事件（最大判昭60.10.23／百選Ⅱ[第7版]〔108〕）	「本条例10条1項の規定にいう『淫行』とは、広く青少年に対する性行為一般をいうものと解すべきではなく、青少年を誘惑し、威迫し、欺罔し又は困惑させる等その心身の未成熟に乗じた不当な手段により行う性交または性交類似行為のほか、青少年を単に自己の性的欲望を満足させるための対象として扱っているとしか認められないような性交又は性交類似行為をいうものと解するのが相当である」。その理由として、「淫行」を「単に反倫理的あるいは不純な性行為と解するのでは、犯罪の構成要件として不明確であるとの批判を免れ」ず、「このような解釈は通常の判断能力を有する一般人の理解にも適うものであり、『淫行』の意義を右のように解釈するときは、同規定につき処罰の範囲が不当に広すぎるとも不明確であるともいえない」からであるとしている。

| 広島市暴走族追放条例事件（最判平19.9.18／百選Ⅰ[第7版]〔84〕） | 「本条例は、暴走族の定義において社会通念上の暴走族以外の集団が含まれる文言となっていること、禁止行為の対象及び市長の中止・退去命令の対象も社会通念上の暴走族以外の者の行為にも及ぶ文言となっていることなど、規定の仕方が適切ではなく、本条例がその文言どおりに適用されることになると、規制の対象が広範囲に及び、憲法21条1項及び31条との関係で問題がある」とする一方、「本条例の全体から読み取ることができる趣旨、さらには本条例施行規則の規定等を総合」して、「本条例が規制の対象としている『暴走族』は、本条例2条7号の定義にもかかわらず、暴走行為を目的として結成された集団である本来的な意味における暴走族の外には、服装、旗、言動などにおいてこのような暴走族に類似し社会通念上これと同視することができる集団に限られるものと解され、……市長において本条例による中止・退去命令を発し得る対象も、……本来的な意味における暴走族及び上記のようなその類似集団による集会が、本条例16条1項1号、17条所定の場所及び態様で行われている場合に限定される」とし、「このように限定的に解釈すれば、本条例16条1項1号、17条、19条の規定による規制は、……その弊害を防止しようとする規制目的の正当性、弊害防止手段としての合理性、この規制により得られる利益と失われる利益との均衡の観点に照らし、いまだ憲法21条1項、31条に違反するとまではいえない」としている。

＊　同判例の補足意見は、「『暴走族』の意味については、『オートバイなどを集団で乗り回し、無謀な運転や騒音などで周囲に迷惑を与える若者たち』を指すものであると理解するのが一般的であり……、この理解はほぼ国民の中に定着しているといってよい。したがって、本条例の『暴走族』につき、上記のとおりの限定解釈ができれば、本条例の規制の対象となるものが本来的な意味における暴走族及びこれに類似する集団に限られその余の集団は対象とならないことも明確になるのであるから、『広範に過ぎる』という批判を免れる」としている。 |

5-3　違憲判断の方法

一　法令違憲
二　適用違憲
三　処分違憲

学習の指針

　この節では、裁判所による違憲判断の方法について説明していきます。理解するのが容易ではない記述が続きますが、まずは「そういうものだ」という心構えで一読することを推奨します。

一　法令違憲

　違憲判断の方法として、まず挙げられるのが「法令違憲」である。「法令違憲」とは、法令の規定そのものを違憲と判断する方法をいう。

　98条1項は、憲法に違反する法令などの「全部又は一部」はその効力を有しないと定めている。そのため、法令違憲は「全部違憲」と「一部違憲」（部分違憲）に分けられる。

　まず、最高裁判所が法令の規定の「全部」を違憲と判断したもの（全部違憲）としては、次の判例が挙げられる（判例の詳細については、いずれも『**総論・人権**』参照）。

① 尊属殺重罰規定違憲判決（最大判昭48.4.4／百選Ⅰ［第7版］〔25〕）
② 薬事法距離制限違憲判決（最大判昭50.4.30／百選Ⅰ［第7版］〔92〕）
③ 衆議院議員定数不均衡違憲判決（最大判昭51.4.14／百選Ⅱ［第7版］〔148〕、最大判昭60.7.17／百選Ⅱ［第6版］〔154〕）
④ 森林法共有林事件判決（最大判昭62.4.22／百選Ⅰ［第7版］〔96〕）

　次に、最高裁判所が法令の規定の「一部」だけを違憲・無効と判断したもの（一部違憲）としては、次の判例が挙げられる（判例の詳細については、いずれも『**総論・人権**』参照）。

⑤ 郵便法違憲判決（最大判平14.9.11／百選Ⅱ［第7版］〔128〕）
⑥ 在外邦人選挙権制限違憲判決（最大判平17.9.14／百選Ⅱ［第7版］〔147〕）
⑦ 国籍法違憲判決（最大判平20.6.4／百選Ⅰ［第7版］〔26〕）
⑧ 婚外子差別規定違憲決定（最大決平25.9.4／百選Ⅰ［第7版］〔27〕）
⑨ 再婚禁止期間違憲判決（最大判平27.12.16／百選Ⅰ［第7版］〔28〕）

　一部違憲には、違憲となる部分を限定して立法府との軋轢を最小限にとどめつつ、その限定を明確にすることで法的安定性を確保し、当事者の権利救済をも図るという意義があるといわれている。例として、⑦国籍法違憲判決の判示を載せる。

◀渡辺ほかⅡ・371頁以下
芦部・399頁

> **判例**　国籍法違憲判決（最大判平20.6.4／百選Ⅰ[第7版][26])
> 事案：　父が日本国民であり母が日本国民でない場合、出生後に父から認
> 　　　　知された子は、父母の婚姻により嫡出子となった場合に限り、日本
> 　　　　国籍を付与するという（当時の）国籍法3条1項の規定の合憲性が
> 　　　　争点となった。
> 判旨：　国籍法3条1項の規定は憲法14条1項に違反するが、「国籍法3
> 　　　　条1項が日本国籍の取得について過剰な要件を課したことにより本
> 　　　　件区別が生じたからといって、本件区別による違憲の状態を解消す
> 　　　　るために同項の規定自体を全部無効として、準正のあった子（以下
> 　　　　「準正子」という。）の届出による日本国籍の取得をもすべて否定す
> 　　　　ることは、……同法の趣旨を没却するものであり、立法者の合理的
> 　　　　意思として想定し難いものであって、採り得ない」。そうすると、「同
> 　　　　項の存在を前提として、本件区別により不合理な差別的取扱いを受
> 　　　　けている者の救済を図り、本件区別による違憲の状態を是正する必
> 　　　　要がある」。
> 　　　　　「このような見地に立って是正の方法を検討すると、……日本国民
> 　　　　である父と日本国民でない母との間に出生し、父から出生後に認知
> 　　　　されたにとどまる子についても、……同法3条1項の規定の趣旨・
> 　　　　内容を等しく及ぼすほかない。すなわち、このような子についても、
> 　　　　父母の婚姻により嫡出子たる身分を取得したことという部分を除い
> 　　　　た同項所定の要件が満たされる場合に、届出により日本国籍を取得
> 　　　　することが認められるものとすることによって、同項及び同法の合
> 　　　　憲的で合理的な解釈が可能となるものということができ、この解釈
> 　　　　は、本件区別による不合理な差別的取扱いを受けている者に対して
> 　　　　直接的な救済の道を開くという観点からも、相当性を有するものと
> 　　　　いうべきである」。
> 　　　　　「上記の解釈は、本件区別に係る違憲の瑕疵を是正するため、国籍
> 　　　　法3条1項につき、同項を全体として無効とすることなく、過剰な
> 　　　　要件を設けることにより本件区別を生じさせている部分のみを除い
> 　　　　て合理的に解釈したものであって、その結果も、準正子と同様の要
> 　　　　件による日本国籍の取得を認めるにとどまるものである。この解釈
> 　　　　は、……同項の規定の趣旨及び目的に沿うものであり、この解釈を
> 　　　　もって、裁判所が法律にない新たな国籍取得の要件を創設するもの
> 　　　　であって国会の本来的な機能である立法作用を行うものとして許さ
> 　　　　れないと評価することは、国籍取得の要件に関する他の立法上の合
> 　　　　理的な選択肢の存在の可能性を考慮したとしても、当を得ないもの
> 　　　　というべきである」。
> 　　　　　「したがって、日本国民である父と日本国民でない母との間に出生
> 　　　　し、父から出生後に認知された子は、父母の婚姻により嫡出子たる
> 　　　　身分を取得したという部分を除いた国籍法3条1項所定の要件が満
> 　　　　たされるときは、同項に基づいて日本国籍を取得することが認めら
> 　　　　れるというべきである」。

　なお、一部違憲は「文言上の一部違憲」（法令の文言のうち可分な一部を違
憲と判断する手法）と「意味上の一部違憲」（法令の規範に含まれる可分な意
味の一部を違憲と判断する手法）に区別されることもあるが、常に厳密に区別
できるわけではないし、上記に掲げた判例がいずれに区別されるかを考察する

意味もないとされている。

　近時の法令違憲判決としては、在外邦人国民審査権違憲判決（最大判令4.5.25）が挙げられる。

二　適用違憲

　次に、違憲判断の方法として挙げられるのが「適用違憲」である。「適用違憲」とは、法令の合憲限定解釈が不可能である場合（合憲的に適用できる部分と違憲的に適用される可能性のある部分とが不可分の関係にある場合）において、違憲的適用の場合をも含むような広い解釈に基づいて法令を当該事件に適用したとき、その適用を違憲とする方法をいう。

　適用違憲という判断手法を用いた最高裁判所の判例は、今のところ存在しないとされている。下級審裁判例では、次の猿払事件第一審判決が適用違憲の手法を用いた代表例として挙げられている。

◀渡辺ほかⅡ・373頁以下
　芦部・399頁以下

判例　猿払事件第一審（旭川地判昭43.3.25／百選Ⅱ［第7版］（194））

　「法がある行為を禁じその禁止によって国民の憲法上の権利にある程度の制約が加えられる場合、その禁止行為に違反した場合に加えられるべき制裁は、法目的を達成するに必要最小限度のものでなければならないと解される。法の定めている制裁方法よりも、より狭い範囲の制裁方法があり、これによってもひとしく法目的を達成することができる場合には、法の定めている広い制裁方法は法目的達成の必要最小限度を超えたものとして、違憲となる場合がある」。

　「非管理職である現業公務員で、その職務内容が機械的労務の提供に止まるものが、勤務時間外に、国の施設を利用することなく、かつ職務を利用し、若しくはその公正を害する意図なしで行った人事院規則14－7、6項13号の行為で且つ労働組合活動の一環として行われたと認められる所為に刑事罰を加えることをその適用の範囲内に予定している国公法110条1項19号は、このような行為に適用される限度において、行為に対する制裁としては、合理的にして必要最小限の域を超えたものと断ぜざるを得ない」。

　「同号は同法102条1項に規定する政治的行為の制限に違反した者という文字を使っており、制限解釈を加える余地は全く存しないのみならず、同法102条1項をうけている人事院規則14－7は、全ての一般職に属する職員にこの規定の適用があることを明示している以上、当裁判所としては、本件被告人の所為に、国公法110条1項19号が適用される限度において、同号が憲法21条および31条に違反するもので、これを被告人に適用することができないと云わざるを得ない」。

評釈：　上告審である猿払事件判決（最大判昭49.11.6／百選Ⅰ［第7版］〔12〕）は、上記判示に対して、「法令が当然に適用を予定している場合の一部につきその適用を違憲と判断するものであって、ひっきょう法令の一部を違憲とするにひとし」いと批判している。

　なお、法令の合憲限定解釈が可能であるにもかかわらず、これを行わずに法令を当該事件に違憲的に適用した場合、その適用を違憲とする方法も「適用違憲」の1つに含めて説明する学説もある。

　この例として挙げられるのは、全逓プラカード事件第一審判決（東京地判昭46.11.1）である。同裁判例は、公務員である原告がプラカードを掲げて行進した行為について、「形式的文理上は、……国公法102条1項に違反するけれども、右各規定［注：人事院規則14－7等］を合憲的に限定解釈すれば、本件行為は、

右各規定に該当または違反するものではない。したがって、本件行為が右各規定に該当または違反するものとして、これに右各規定を適用した被告の行為は、その適用上憲法21条１項に違反する」とした。

三　処分違憲

最後に、違憲判断の方法として挙げられるのが「処分違憲」である。「処分違憲」とは、法令そのものは合憲でも、その執行者が人権を侵害するような形で解釈適用した場合、その解釈適用行為を違憲とする方法をいう。

たとえば、第２次家永教科書訴訟判決（東京地判昭45.7.17／百選Ⅰ［第７版］〔87〕）は、教科書検定制度自体は審査が思想内容に及ばない限り、21条２項で禁止された「検閲」に該当しないが、それを家永教科書検定に適用した処分（不合格処分）は、「教科書執筆者としての思想（学問的見解）内容を事前に審査するものというべきである」から、「検閲」に該当し違憲である旨判示している。

また、第三者所有物没収事件判決（最大判昭37.11.28／百選Ⅱ［第７版］〔107〕）は、第三者である所有者に告知・弁解・防御の機会を与えることなく、その第三者所有物を没収した処分を違憲としたものであり、処分違憲の例として挙げられるのが一般的である。

そのほかにも、処分違憲の例として、県知事の玉串料等の支出を違憲とした愛媛玉串料事件判決（最大判平9.4.2／百選Ⅰ［第７版］〔44〕）、市が町内会に対して神社施設の敷地として市有地を無償で利用・提供した行為を違憲とした空知太神社事件第１次判決（最大判平22.1.20／百選Ⅰ［第７版］〔47〕）、市長が孔子を祀った施設を所有する一般社団法人に対して同施設の敷地の使用料を全額免除した行為を違憲とした那覇孔子廟訴訟判決（最大判令3.2.24）等が挙げられる。

◀渡辺ほかⅡ・375頁以下
芦部・400頁

5-4　違憲判決の効力

一　法令違憲の判決の効力
二　違憲判決の将来効

学習の指針

判決には様々な効力がありますが、ここでは最高裁判所によって違憲判決（法令違憲の判決）が下された場合の効力について説明します。本文で説明する「個別的効力説」は必ず理解する必要があります。なお、将来効については、そのような考え方があるということを理解しておけば十分でしょう。

一　法令違憲の判決の効力

1　はじめに

下級裁判所にも違憲審査権はあるが、その法令違憲判決が確定してもそれは最高裁判所の最終的な憲法判断権（81）に基づくものではないので、当該事案への適用が排除されるにとどまり、それ以上の憲法上の効力はないとされる。したがって、ここで問題となるのは、最高裁判所の判決である。

最高裁判所の判決のうち、合憲判決については、違憲の抗弁を退けたというにすぎないので、その効力は当該事案に限られる。もっとも、合憲限定解釈が付された判決については、立法府に対する憲法上の効力はないとされる一方、行政府に対しては、その判決によって解釈された内容に従って執行することを義務づけるという憲法上の効力があるとされる。

次に、最高裁判所の適用違憲・処分違憲の判決については、立法府に対する

◀渡辺ほかⅡ・377頁以下
芦部・401頁以下

憲法上の直接的な効力はないとされる一方、行政府に対しては、同種の事案に際して同様の処分を行うことを禁止するという憲法上の効力があるとされる。また、法令の一部違憲の判決については、これから説明する法令の全部違憲の判決に準じて考えることになる。

では、最高裁判所の法令（全部）違憲の判決については、どのような効力があるか。最高裁判所がある事件において法令を違憲と判断した場合、その違憲とされた法令の効力をどのように解すべきかが問題となる。

論点

2 学説の状況

この問題については、一般的に次の3つの見解が主張されている。

(1) 個別的効力説（判例・通説）

違憲とされた法令は、当該事件に限って適用が排除されるにとどまると解する見解である。

∵① 付随的違憲審査制においては、当該事件の解決に必要な限りで審査が行われるから、違憲判決の効力も当該事件に限られる

② 法令を一般的に無効と解すると、それは一種の消極的立法作用を認めることにほかならないから、国会を「唯一の立法機関」と定める41条に抵触する

個別的効力説に対しては、①一般的効力説の根拠②のほか、②最高裁判所が違憲と判断した法令を内閣が「誠実に執行」（73①）する義務があるとするのは不合理である、③付随的違憲審査制であることから直ちに判決の効力も個別的でなければならないわけではない、といった批判がなされている。

(2) 一般的効力説

違憲とされた法令は、当該事件のみならず一般的に無効となり、議会による廃止手続を経ることなくその存在を失う（いわば法令集から削除される）と解する見解である。

∵① 98条1項が宣言するように、憲法は最高法規であるから、最高裁判所によって違憲と判断された以上、その法令は当然に無効である

② 個別的効力しか認めないとすると、法的安定性・予見可能性を害し、法の下の平等（14Ⅰ）に反する

一般的効力説に対しては、①個別的効力説の根拠②のほか、②98条1項は憲法の最高法規性を宣言する規定であって、この規定から直ちに違憲判決の一般的効力を導き出すことはできない、といった批判がなされている。

(3) 法律委任説

憲法は違憲判決の効力について一義的に決定していないため、違憲とされた法令の効力は、法律の定めに委ねられていると解する見解である。

法律委任説に対しては、法律が憲法上の限界もなく何を定めてもよいのかが明確ではない、といった批判がなされている。

3 個別的効力説の修正

判例・通説である個別的効力説の立場に立っても、他の国家機関は最高裁判所の違憲判決を十分尊重することが要求される以上、国会は違憲と判断された法律を速やかに改廃し、政府はその法律の「執行」（73①）を差し控えるべき政治的な責務を負うと解されており、法律の扱いが事件ごとに異なるという不都合を回避する運用がなされている。したがって、個別的効力説に対する批判①②は当たらないと考えられている。

4 違憲判決の遡及効の制限

個別的効力説の立場に立つとしても、最高裁判所の違憲判決には、下級裁判所に対する先例としての事実上の拘束力（⇒159頁）があるとされる。しかし、

法的安定性の見地から、例外的にこれに制限を加えるべき場合がある。

　婚外子差別規定違憲決定（最大決平25.9.4／百選Ⅰ［第7版］〔27〕）は、嫡出でない子の法定相続分を嫡出である子のそれの2分の1としていた民法900条4号ただし書について、「遅くとも平成13年7月当時において憲法14条1項に違反していた」と判示した。そして、この判示部分には先例としての事実上の拘束力が生じることになるが、この拘束力が平成13年（当事者の相続の開始時点）から平成25年（最高裁決定時）までの間になされた遺産分割の効力にも影響を及ぼし、いわば解決済みの事案にも効果が及ぶとすることは、著しく法的安定性を害する。

　そこで、同決定は、当事者の「相続の開始時から本決定までの間に開始された他の相続につき、……確定的なものとなった法律関係に影響を及ぼすものではない」と判示している。詳細は、以下のとおりである。

判例　婚外子差別規定違憲決定（最大決平25.9.4／百選Ⅰ［第7版］〔27〕）

　「憲法に違反する法律は原則として無効であり、その法律に基づいてされた行為の効力も否定されるべきものであることからすると、本件規定は、本決定により遅くとも平成13年7月当時において憲法14条1項に違反していたと判断される以上、本決定の先例としての事実上の拘束性により、上記当時以降は無効であることとなり、また、本件規定に基づいてされた裁判や合意の効力等も否定されること」になる。

　しかしながら、「本件規定は、国民生活や身分関係の基本法である民法の一部を構成し、相続という日常的な現象を規律する規定であって、平成13年7月から既に約12年もの期間が経過していることからすると、その間に、本件規定の合憲性を前提として、多くの遺産の分割が行われ、更にそれを基に新たな権利関係が形成される事態が広く生じてきている」。それにもかかわらず、「本決定の違憲判断が、先例としての事実上の拘束性という形で既に行われた遺産の分割等の効力にも影響し、いわば解決済みの事案にも効果が及ぶとすることは、著しく法的安定性を害することになる。法的安定性は法に内在する普遍的な要請であり、当裁判所の違憲判断も、その先例としての事実上の拘束性を限定し、法的安定性の確保との調和を図ることが求められているといわなければなら」ない。

　「以上の観点からすると、既に関係者間において裁判、合意等により確定的なものとなったといえる法律関係までをも現時点で覆すことは相当ではないが、関係者間の法律関係がそのような段階に至っていない事案であれば、本決定により違憲無効とされた本件規定の適用を排除した上で法律関係を確定的なものとするのが相当である」。したがって、本決定の違憲判断は、当事者の「相続の開始時から本決定までの間に開始された他の相続につき、……確定的なものとなった法律関係に影響を及ぼすものではない」。

評釈：　同決定は、法令違憲の判断の効力について個別的効力説を採用しつつ、最高裁判所による法令違憲の判断には「先例としての事実上の拘束性」が存在し、原則として遡及効をもつところ、法的安定性が害される場合には、先例としての事実上の拘束性が及ぶ範囲（遡及効）を限定することを認めたものと解されている。

二　違憲判決の将来効

　違憲判決の効力を将来から発生させるという将来効判決をすることは可能か。将来効判決の可否は、主に議員定数不均衡訴訟において定数配分規定を違憲と

◀渡辺ほかⅡ・385頁

判断する際に問題となる。

　現在の判例法理（最大判昭51.4.14／百選Ⅱ［第7版］〔148〕等）では、定数配分規定を違憲と判断しても、いわゆる事情判決の法理（行政事件訴訟法31条1項前段の事情判決の規定には、「行政処分の取消の場合に限られない一般的な法の基本原則に基づくものとして理解すべき要素も含まれている」）を用いて、当該「選挙は憲法に違反する議員定数配分規定に基づいて行われた点において違法である旨を判示するにとどめ、選挙自体はこれを無効としないこととするのが、相当であり、そしてまた、このような場合においては、選挙を無効とする旨の判決を求める請求を棄却するとともに、当該選挙が違法である旨を主文で宣言するのが、相当である」とされている。

　しかし、現在の判例法理は、再度の選挙を執行することが事実上不可能であることを前提とするものであるし、事情判決を繰り返すことによって生じる司法審査制それ自体への弊害という問題も指摘されている。さらに、仮に国会が最高裁判所の違憲であるとの警告を無視し、公職選挙法の規定を改正しないまま放置して再度の選挙に至ったとしても、最高裁判所には有効な打開策がない。そこで、これらの問題に対処するべく、将来効判決の手法を用いることが許されるかどうかが問題とされている。

　この点について、個別的効力説を前提にすると、将来効判決をすることは許されないはずである。しかし、学説上では、事情判決の規定（行訴31Ⅰ前段）に「一般的な法の基本原則に基づく」要素も含まれているとしてこれを適用した判例法理をより一層推し進め、裁判所が選挙の違法を宣言するにとどまらず選挙を無効とし、ただその無効の効果は一定期間経過後に初めて発生するという内容の将来効判決をすることも、例外的に可能であると解する見解が主張されている。

　もっとも、実務上、国会は最高裁判所の違憲であるとの警告に応じて公職選挙法の改正作業を行っており、現実的な問題は生じていない。最高裁判所の判例も、将来効判決をすることが許される旨の判示をしたことはない。

5-5　憲法判例

| 一 | 意義 |
| 二 | 判例の拘束力と変更 |

学習の指針

　この節では、最高裁判所の判例の意義とその拘束力などについて説明します。短答式試験でたまにその知識が問われることがありますが、試験対策上の重要性はさほど高くありませんので、一読する程度の学習で十分です。

一　意義

　判例とは、裁判所が具体的事件を解決するために行った法的判断をいう。裁判所が示す判決の全ての部分が判例に当たるわけではない。すなわち、判決の結論（主文）を導くために必要不可欠な理由中の判断を「判決理由」といい、これが「判例」と呼ばれる。理由中で示された法解釈であっても、判決の結論と直接関係のない部分は「傍論」と呼ばれ、判決理由とは区別される。

◀渡辺ほかⅡ・21頁
　芦部・403頁

二　判例の拘束力と変更

　判例である「判決理由」の部分は、後に同様の事件が発生し、同様の法律問題が争点となった場合において、その裁判の拠り所となる先例として扱われる。特にその先例が最高裁判所の判例であれば、下級裁判所はこれと異なる解釈をしても控訴審・上告審において破棄される以上、特別の理由がない限り先例に従うことになるし、最高裁判所自身をも拘束する。その意味で、判例は「法源」として機能する。

　しかし、日本は成文法主義を採用しており、裁判の基準となるのは原則として成文法のみである。したがって、判例が法的に裁判の基準となることはなく、先例としての事実上の拘束力を有するにとどまると一般に解されている。

　　→なお、平等の要請から、判例は後の裁判を法的に拘束するという見解もある

　上記のとおり、最高裁判所の判例は、最高裁判所自身をも拘束するものと解されているが、その拘束力をどのように捉えたとしても、最高裁判所による判例の変更は可能であり、その際には、最高裁判所は必ず大法廷を開かなければならない（裁判所10③）。

　なお、全農林警職法事件（最大判昭48.4.25／百選Ⅱ［第7版］〔141〕）の5裁判官の意見では、「憲法解釈の変更は、実質的には憲法自体の改正にも匹敵するものである」ことや、最高裁判所の示す憲法解釈に「権威ある判断としての拘束力と実効性」をもたせ、「憲法秩序の安定をはかるためには、憲法判例の変更は軽々にこれを行なうべきものではな」いとの理由から、「最高裁判所が最終審としてさきに示した憲法解釈と異なる見解をとり、右の先例を変更して新しい解釈を示すにあたっては、その必要性および相当性について特段の吟味、検討と配慮が施されなければならない」とされている。

　学説上では、時の経過により事情が大きく変更した場合や、先例に誤りがある場合（変更される判例がそれ以後の判決と矛盾する場合や、新しい判決の論理の方が先例よりも優れている場合など）には、最高裁判所の憲法判例を変更することが可能と考えられている。

◀渡辺ほかⅡ・21頁以下
　芦部・403頁以下

1 　憲法が最高法規であることからすれば、立法その他の国家行為が憲法に反する
か否かを判断する権限が司法府に与えられていなければならない。［司H25−20
＝予H25−12］

× 　憲法の最高法規性を
どのように確保するか
は、それぞれの憲法体
制によって様々である
から、憲法の最高法規
性の観念をもって、直
ちに違憲審査権が司法
府に与えられていなけ
ればならないというわ
けではない。
⇒5−1 　一 (p.134)

2 　形式的意味の憲法の効力は他の法規範よりも優越する。今日多くの国では、こ
の優越性を現実に保障するため裁判所による違憲審査制を採用しているが、法令
の合憲性について議会が最終的に判断するという制度が憲法の形式的優位性と矛
盾するとはいえない。［司H20−1］

○ 　憲法の最高法規性を
確保する仕組みとし
て、日本をはじめ多く
の国では違憲審査制
（81）が採用されてい
るが、議会が法令の合
憲性を最終的に判断す
るという制度を採用し
ても、それも憲法の最
高法規性を確保する仕
組みにほかならないの
で、憲法の最高法規性
と矛盾するとはいえな
い。
⇒5−1 　一 (p.134)

3 　ドイツでは、第一次世界大戦後、社会国家の理念を体現する規定を有するワイ
マール憲法が成立したが、その後ナチスの台頭を招き、数々の人権侵害が行われ
た。現在のドイツでは、司法裁判所とは別に特別の憲法裁判所が設置され、抽象
的違憲審査制度を伴う憲法保障が確立している。［予R3−7］

○ 　本肢のとおりである。
⇒5−1 　二 (p.135)

4 　抽象的違憲審査制と付随的違憲審査制のうちいずれの違憲審査制を採るかは、
憲法の最高法規性から当然に導かれるわけではない。［司H30−11］

○ 　憲法の最高法規性を
どのように確保するか
は、それぞれの憲法体
制によって様々である
から、抽象的違憲審査
制と付随的違憲審査制
のうちいずれの違憲審
査制を採るかは、憲法
の最高法規性から当然
に導かれるわけではな
い。
⇒5−1 　二 (p.135)

5 　憲法第81条は、当事者間の具体的な権利義務ないし法律関係の存否に関する
争訟事件を解決するのに必要な限度で、裁判所に違憲審査権を付与した規定であ
る。したがって、裁判所にはいわゆる客観訴訟において違憲審査を行う権限はな
い。［司H23−18＝予H23−10］

× 　本肢前段は正しい
（警察予備隊違憲訴訟・
最大判昭27.10.8／
百選Ⅱ［第7版］〔187〕
参照）。しかし、判例
は客観訴訟において違
憲審査権を行使できる
ことを前提としてい
る。
⇒5−1 　二 (p.135)

6　19世紀の「自由国家」と形容される時代には自由の保障が強調されていた。しかし、その自由の保障のために、違憲立法審査権を裁判所に認める国は例外的であった。〔司H27−11〕

○　本肢のとおりである。
⇒5−1　ニ (p.136)

7　アメリカ合衆国では、憲法に明示的な定めはなかったが、合衆国最高裁判所の判例によって、司法審査制度が確立した。同裁判所は、大恐慌後のニュー・ディール期には、経済的自由権を重視し、政治部門と対立したが、今日では表現の自由について厳しい審査を行う立場をとっている。〔予R3−7〕

○　本肢のとおりである。
⇒5−1　ニ (p.136)

8　憲法第81条は「最高裁判所は、一切の法律、命令、規則又は処分が憲法に適合するかしないかを決定する権限を有する終審裁判所である」と規定しているが、最高裁判所の判例によれば、仮にこの規定がないとすると、最高裁判所に違憲立法審査権を認める余地はない。〔司H20−17〕

×　判例（最大判昭23.7.7／百選Ⅱ[第7版]〔189〕）は、仮に81条の規定がなくても、「第98条の最高法規の規定又は第76条若しくは第99条の裁判官の憲法遵守義務の規定から、違憲審査権は十分に抽出され得る」としている。
⇒5−1　三 (p.137)

9　憲法は国の最高法規であってこれに反する法律命令等はその効力を有さず、裁判官は憲法及び法律に拘束され、憲法を尊重擁護する義務を負う。したがって、最高裁判所に限らず下級裁判所の裁判官も違憲審査の権限を有する。〔司H23−18＝予H23−10〕

○　判例（最大判昭25.2.1)は、憲法の最高法規性（98Ⅰ）と裁判官の憲法尊重擁護義務（99）を理由に、下級裁判所に違憲審査権を認めている。
⇒5−1　三 (p.137)

10　憲法第81条が「一切の法律、命令、規則又は処分」という場合の「処分」とは、統治機関の行為の意味である。したがって、これには行政機関の行政処分のみならず、裁判所の判決も含まれる。〔司H23−18〕

○　判例（最大判昭23.7.7／百選Ⅱ[第7版]〔189〕）参照
⇒5−1　四 (p.137)

11　条約優位説によれば、違憲審査権の対象に「条約」という文言がない憲法の規定は、憲法が条約との関係で必ずしも最高法規でないことを示していると考えることになる。〔司R元−19〕

○　条約優位説は、違憲審査権について規定する81条から「条約」が除外されていることを理由に、条約は違憲審査の対象とはならず、憲法は条約との関係で必ずしも最高法規ではないと考える。
⇒5−1　四 (p.138)

12　日本国憲法と条約の関係についての条約優位説によっても、憲法第81条の「法律」や「規則又は処分」という文言の解釈次第では、条約そのものが違憲審査の対象となり得る。〔司H21−20〕

×　そもそも条約は憲法に優位する以上、条約が違憲審査の対象となることはなく、このことは文言解釈いかんにかかわらない。
⇒5−1　四 (p.138)

13　憲法優位説によれば、条約締結の機関と手続を定めた憲法の規定は、条約の形式的効力と関わりがないと考えることになる。[司R元−19]

× 本肢のように考えるのは条約優位説である。条約優位説によれば、条約締結権に関する憲法の規定（73③）は条約の効力を根拠づけるものではなく、単に条約締結の機関と手続を定めたものにすぎない。
⇒5−1　四（p.138）

14　憲法優位説によれば、条約の承認手続と比べて憲法改正手続が厳格であることは、憲法が優位する効力を有する根拠となると考えることになる。[司R元−19]

○ 憲法優位説は、憲法が硬性憲法の仕組み（96）を採用していることを理由の1つとしている。
⇒5−1　四（p.138）

15　条約の国内法的効力は憲法に劣るという立場をとるならば、裁判所が、立法事実の存否を判断するための資料として、国際人権条約を参照することは、許されない。[司R2−19＝予R2−12]

× 憲法優位説に立つ場合でも、裁判所が立法事実の存否を判断するための資料として、条約を参照することは許される（国籍法違憲判決・最大判平20.6.4／百選Ⅰ[第7版]〔26〕参照）。
⇒5−1　四（p.138）

16　憲法が条約に優位すると考える見解によっても、国際協調主義や、裁判所による違憲審査について定めた憲法第81条に条約が列挙されていないことなどを理由として、条約が裁判所の違憲審査の対象に含まれないと解することは可能である。[司R3−20]

○ 憲法優位説の立場に立っても、本肢のような理由から、消極説が主張されている。
⇒5−1　四（p.139）

17　条約が裁判所の違憲審査の対象となると考える見解によれば、条約が裁判所によって違憲と判断された場合、その国内法上の効力は否定されるが、国際法上の効力まで当然に否定されるわけではない。[司R3−20]

○ 条約が違憲と判断された場合であっても、その国内法上の効力が否定されるにとどまり、国際法上の効力までは否定されない（内閣は国際法上の効力を失わせるために相手国と交渉する義務を負う）と考えられている。
⇒5−1　四（p.139）

18　砂川事件判決（最高裁判所昭和34年12月16日大法廷判決、刑集13巻13号3225頁）は、主権国家としての我が国の存立の基礎に極めて重大な関係を持つ高度の政治性を有する条約について、憲法に対する優位性を認め、裁判所の違憲審査権の範囲外にあると判断した。[予H30−12]

× 砂川事件（最大判昭34.12.16／百選Ⅱ[第7版]〔163〕）は、「一見極めて明白に違憲無効であると認められ」る場合には、裁判所の違憲審査権が及ぶ余地があることを認めており、条約の憲法に対する優位性を認めていない。
⇒5−1　四（p.139）

19　憲法第98条第2項が遵守を求める「確立された国際法規」の意義を「国際社会において一般に承認されている成文・不文の国際法規」と解する説に立っても、我が国が締結していない条約に規定されている事項については、同条項が定める遵守義務の対象にはならない。[予H30-12]

× 本肢のように解する説によれば、たとえ我が国が締結していない条約に規定されている事項であっても、それが「国際社会において一般に承認されている成文・不文の国際法規」であれば、誠実遵守義務の対象に含まれる。
⇒5-1　四（p.139）

20　付随的違憲審査制は、個人の権利保護を主たる目的とする私権保障型の憲法裁判制度であり、客観的な憲法秩序の保障を主目的とする抽象的違憲審査制とは制度趣旨が異なる。したがって、付随的違憲審査制の訴訟で主張できるのは、訴訟当事者の権利に限られる。[司H21-12]

× 付随的違憲審査制を前提にしても、第三者の憲法上の権利の援用が許される場合があると解するのが一般的である（第三者所有物没収事件・最大判昭37.11.28／百選Ⅱ[第7版]〔107〕参照）。
⇒5-1　五（p.143）

21　第三者の所有物を没収する言渡しを受けた被告人は、当該第三者の権利を援用して、所有者に対し何ら告知、弁解、防御の機会を与えることなくその所有権を奪うことは憲法に違反する旨主張することはできない。[司H28-17＝予H28-11]

× 第三者所有物没収事件（最大判昭37.11.28／百選Ⅱ[第7版]〔107〕）は、「たとえ第三者の所有物に関する場合であっても、被告人に対する附加刑である以上、没収の裁判の違憲を理由として上告をなしうることは、当然である」としている。
⇒5-1　五（p.144）

22　「公職選挙法の規定により選挙権の制限を受ける者は、自己の選挙権侵害を理由に救済を求める訴訟において同規定の違憲を主張することができる。」という見解は、「公職選挙法上の選挙無効訴訟において、選挙人である原告は、同法の規定により一定の者の選挙権が制限されていることに関し、他者の選挙権の制限に係る同規定の違憲を主張して争うことはできない。」という見解の根拠となっている。[司R3-17改]

○ 最決平26.7.9／百選Ⅱ[第7版]〔188〕参照
⇒5-1　五（p.144）

23　裁判所は、合憲性審査に当たり人権制約立法の根拠となる立法事実の存否を審査する必要があるが、その際立法事実についての立法者の判断をどの程度尊重すべきかという問題は、いかなる基準で合憲性を判断するかの問題とは無関係である。[司H25-19]

× 裁判所が立法事実についての立法者の判断をどの程度尊重すべきかについては、いかなる基準で合憲性を判断するかによって異なるため、無関係とはいえない。
⇒5-1　六（p.144）

24 合憲限定解釈は、合憲性が争われている法令について法令違憲との判決を下すことを回避する手段の一つである。[司H29−18＝予H29−11]

○ 合憲限定解釈とは、通常の解釈をすれば法令に違憲的に適用される部分があると考えられる場合に、法令の適用範囲を限定する解釈を採用することによって、当該法令を合憲と判断する手法であり、法令違憲との判決を下すことを回避する手段の1つである。
⇒5−2　三（p.148）

25 「法律の違憲判断を回避することにより立法府への干渉を最小限に抑えるとともに、基本的人権の保障を果たすことができる。」という見解は、「規制範囲が過度に広範である疑いのある法律の規定であっても、これを合理的に解釈することにより、その規制対象を合憲的に規制し得る行為に限定でき、違憲の疑いを除去することができる場合には、裁判所は、同規定を違憲と判断すべきではない。」という見解の根拠となっている。[司R3−17改]

○ 裁判所としては、合憲限定解釈により、個人の権利保護という目的を達成しつつ立法府への干渉を最小限に抑えることができると解されている。
⇒5−2　三（p.148）

26 合憲限定解釈に対しては、立法者の意思を超えて法文の意味を書き換えてしまう可能性があり、立法権の簒奪につながりかねないという問題がある。[司H27−18＝予H27−11]

○ 合憲限定解釈に対しては、本肢のような問題点が指摘されている。
⇒5−2　三（p.148）

27 合憲限定解釈に対しては、当該解釈が不明確であると、犯罪構成要件の保障的機能を失わせ、憲法第31条違反の疑いを生じさせるという問題がある。[司H27−18＝予H27−11]

○ 全農林警職法事件（最大判昭48.4.25／百選Ⅱ[第7版]〔141〕）参照
⇒5−2　三（p.148）

28 「表現の自由を規制する法律の規定には明確性が求められることに鑑みると、わいせつ表現物の輸入のみを規制しようとするのであれば、『わいせつな書籍、図画』等と具体的に規定すべきである。」という見解は、「関税法により輸入が禁止されている『風俗を害すべき書籍、図画』等について、合理的に解釈すれば、『風俗』とは専ら性的風俗を意味し、輸入禁止の対象とされるのは、わいせつな書籍、図画等に限られる。」という見解の批判となっている。[予R4−11改]

○ 税関検査事件（最大判 昭59.12.12／百選Ⅰ[第7版]〔69〕）及び同判例の反対意見参照
⇒5−2　三（p.149）

29 「集団的かつ組織的な行為としての争議行為を成り立たせるものは、正にあおり行為等であって、あおり行為等は、その性格にかかわらず、争議行為の原動力をなすものである。」という見解は、「地方公務員の争議行為の遂行を共謀し、そそのかし、あおる等の行為を地方公務員法違反として刑事罰の対象とするには、あおり行為等が争議行為に通常随伴する以上のものであることを要する。」という見解の批判となっている。[予R4−11改]

○ 都教組事件（最大判昭44.4.2／百選Ⅱ[第7版]〔193〕）及び全農林警職法事件（最大判昭48.4.25／百選Ⅱ[第7版]〔141〕）の原審（東京高判昭43.9.30）参照
⇒5−2　三（p.150）

30 地方公務員法の規制をめぐる都教組事件判決（最高裁判所昭和44年４月２日大法廷判決）と国家公務員法の規制をめぐる全司法仙台事件判決（最高裁判所昭和44年４月２日大法廷判決）において、最高裁判所は、全逓東京中郵事件判決を継承しつつ、さらに、争議行為をあおる等の行為に対する刑事罰について、合憲限定解釈を行った。［司Ｈ19－11］

○ 全逓東京中郵事件判決（最大判昭41.10.26／百選Ⅱ［第7版]〔139〕）を継承した都教組事件（最大判昭44.4.2／百選Ⅱ［第7版]〔193〕）及び全司法仙台事件（最大判昭44.4.2）は、いわゆる「二重のしぼり論」を用いて合憲限定解釈を行ったと解されている。
⇒5－2　三 (p.150)

31 判例は、集会の自由の規制が問題となった広島市暴走族追放条例について、条例の改正が立法技術上困難でないから、あえて合憲限定解釈をする必要はないとした。［司Ｈ27－18＝予Ｈ27－11］

× 広島市暴走族追放条例事件（最判平19.9.18／百選Ⅰ［第7版]〔84〕）は、本肢のような判示をせず、同条例の「暴走族」の定義について合憲限定解釈を行っている。
⇒5－2　三 (p.151)

32 「『暴走族』が社会通念上、暴走行為を目的として結成された集団や、オートバイなどを集団で乗り回し、危険な運転や騒音などにより、暴走行為と同様の迷惑を他人に及ぼす者たちを指すものという理解が国民の間で定着している。」という見解は、「暴走族による集会を規制する条例における『暴走族』の定義が社会通念上の暴走族以外の集団が含まれる文言であっても、条例全体から読み取ることができる趣旨やその施行規則の規定等を総合して解釈すれば、規制対象となる『暴走族』は、暴走行為を目的として結成された集団である本来的な意味における暴走族及びその類似集団に限られる。」という見解の批判となっている。［予Ｒ4－11改］

× 広島市暴走族追放条例事件（最判平19.9.18／百選Ⅰ［第7版]〔84〕）及び同判例の補足意見参照。本肢前段の見解は、本肢後段の見解の根拠となっている。
⇒5－2　三 (p.151)

33 裁判所は、処罰対象となる行為が過度に広汎であることが争われている罰則の合憲性の判断に当たり、その規制目的や当該目的達成の手段としての合理性等を審査する場合がある。［司Ｈ29－18＝予Ｈ29－11］

○ 広島市暴走族追放条例事件（最判平19.9.18／百選Ⅰ［第7版]〔84〕）参照
⇒5－2　三 (p.151)

34 最高裁判所は、郵便法の損害賠償責任免除・制限規定が憲法第17条に違反するかが問われた訴訟（最高裁判所平成14年９月11日大法廷判決、民集56巻7号1439頁）において、当該事案では郵便業務従事者の重過失により損害が生じており、郵便法はそのような場合にまで賠償責任の免除・制限を予定するものではないので、郵便法の上記規定が当該事案に適用される限りにおいて憲法第17条に違反すると判示した。［司Ｒ2－16］

× 郵便法違憲判決（最大判平14.9.11／百選Ⅱ［第7版]〔128〕）は、「当該事案に適用される限りにおいて憲法第17条に違反する」というような適用違憲を判示したものではなく、法令違憲（一部違憲）を判示したものである。
⇒5－3　一 (p.152)

35　日本国民である父と外国人である母との間に生まれた嫡出でない子につき、父母の婚姻及びその認知等所定の要件を備えた場合に届出により日本国籍が取得できる旨定めた国籍法（平成20年法律第88号による改正前のもの。以下同じ。）第3条第1項は、憲法第14条第1項に違反するが、血統主義を補完するために出生後の国籍取得の制度を設けた国籍法の趣旨に照らし、同法第3条第1項を全部無効とする解釈は採り得ない。［司H28－17＝予H28－11］

○　国籍法違憲判決（最大判平20.6.4／百選Ⅰ[第7版]〔26〕）参照
⇒5－3　一（p.153）

36　国籍法の規定に関し、日本国民である父と日本国民でない母との間に出生した子の国籍取得に過剰な要件を設けることにより区別を生じさせている部分のみを除いて合理的に解釈することは、裁判所が法律にない新たな国籍取得の要件を創設するもので、国会の本来的な機能である立法作用を行うものとして許されない。［司R元－16］

×　国籍法違憲判決（最大判平20.6.4／百選Ⅰ[第7版]〔26〕）は、本肢のような指摘に対して、「当を得ない」としている。
⇒5－3　一（p.153）

37　最高裁判所の判例の趣旨に照らせば、公務員の政治的行為の禁止を定める国家公務員法第102条第1項及び人事院規則14－7それ自体は憲法第21条に違反しないとしても、当該公務員の行為のもたらす弊害が軽微なものについてまで一律に罰則を適用することは、必要最小限の域を超えるものであって、憲法第21条及び第31条に違反する。［司H24－18改］

×　猿払事件第一審（旭川地判昭43.3.25／百選Ⅱ[第7版]〔194〕）は、本肢と同様の趣旨の判示をしているが、適用違憲の手法を用いた最高裁判所の判例は存在しないとされている。
⇒5－3　二（p.154）

38　「法的安定性を確保するためには、最高裁判所は、自らの法令違憲の判断の効力が及ぶ範囲を制限する旨説示できる。」という見解は、「最高裁判所が法令を違憲無効とする判決をした場合、その判決の効力が及ぶのは当該事件限りであり、違憲と判断された法律は当該事件の訴訟当事者との関係においてのみその適用を排除される。」という見解の根拠となっている。［司R3－17改］

×　本肢前段の見解は遡及効の制限に関する見解である一方、本肢後段の見解はいわゆる個別的効力説であり、この見解に徹するならば、遡及効に関する問題は存在しないものと解されている（効力が及ぶのは当該事件限りであり、その効力が遡及するとは考えないため）。
⇒5－4　一（p.156）

39　嫡出でない子の相続分を嫡出子の相続分の2分の1とする民法の規定は、遅くとも同規定が違憲とされた事案の被相続人の相続が開始した時点において、憲法第14条第1項に違反していたとする最高裁判所の決定は、当該事案限りのものであって、先例としての事実上の拘束性はない。［司H28－17＝予H28－11］

×　婚外子差別規定違憲決定（最大決平25.9.4／百選Ⅰ[第7版]〔27〕）参照。同決定は、最高裁判所による法令違憲の判断には「先例としての事実上の拘束性」が存在し、原則として遡及効をもつところ、法的安定性が害される場合には、先例としての事実上の拘束性が及ぶ範囲（遡及効）を限定することを認めている。
⇒5－4　一（p.157）

40 嫡出でない子の相続分を嫡出子の相続分の2分の1とした民法の法定相続分規定は、遅くとも当該規定が違憲とされた事案の相続が開始した当時に憲法第14条第1項に違反していたため、その当時以降に開始された他の相続につき、関係者間の法律関係が確定的な段階に至っていない事案であれば、違憲無効とされた当該規定の適用を排除した上で法律関係を確定的なものとするのが相当である。[司R元-16]

○ 婚外子差別規定違憲決定（最大決平25.9.4／百選Ⅰ[第7版][27]）参照
⇒5-4 一（p.157）

41 定数配分規定の違憲判断を選挙の効力と結び付けない判決の将来効の法理は、再選挙を執行することが事実上不可能であることや、事情判決を繰り返すことによって生じる司法審査制自体への弊害という問題にも対処しようとするものである。[司H26-17]

○ 将来効判決の手法は、本肢の指摘する問題などに対処するためのものと解されている。
⇒5-4 二（p.158）

42 最高裁判所の判例の趣旨に照らせば、選挙権の平等に反する定数配分規定を是正するための合理的期間が経過したにもかかわらず、現行規定のままで選挙が施行された場合、判決確定により直ちに当該選挙を無効とすることが相当でないとみられるときは、選挙を無効とするがその効果は一定期間経過後に初めて発生するという内容の判決をすることも許される。[司H24-18]

× 最高裁判所の判例において、将来効判決をすることが許される旨の判示をしたものはない。
⇒5-4 二（p.158）

43 判例が、後の裁判を法的に拘束するという立場をとるならば、法律の合憲性に関する最高裁判所の判例を変更することは、後の最高裁判所であっても、許されない。[司R2-20]

× 拘束力を法的なものと捉えたとしても、後の最高裁判所が判例を変更することは可能と解されており、裁判所法もこれを前提とする規定を置いている（裁判所10③参照）。
⇒5-5 二（p.159）

6 財政

```
┌─────────────────────────┐   学習の指針
│ 一  財政民主主義          │     本章では、「財政」について学習し
│ 二  租税法律主義          │   ていきます。試験対策上、必ず理解し
│ 三  予算・決算等          │   ておかなければならない重要判例とし
│ 四  公金支出の制限        │   て、旭川市国民健康保険条例事件が挙
└─────────────────────────┘   げられます。また、論点はいくつかあ
りますが、特に予算の法的性質と、89条後段の趣旨及び「公の支配」の意義
については理解しておく必要があるでしょう。
```

一 財政民主主義

　　財政とは、国がその任務を遂行する上で必要な財力を取得し、管理し、支出
する作用のことをいう。国家が活動していくには莫大な財力が必要となるが、
最終的には国民がこれを負担することになるので、財政の適正な運営は、国民
にとって重大な関心事といえる。

　　日本国憲法は、行政権の主体は内閣であると定める一方、財政については特
に「第7章　財政」を設けて国会のコントロールを強めている。その冒頭規定
である83条は、「国の財政を処理する権限は、国会の議決に基いて、これを行
使しなければならない」と定めており、国民の代表である国会が中心となって、
財政処理に当たるという財政の基本原則（財政民主主義）を明らかにしている。

◀渡辺ほかⅡ・394頁
　芦部・371頁

二 租税法律主義

1 意義・趣旨

　　84条は、「あらたに租税を課し、又は現行の租税を変更するには、法律又は
法律の定める条件によることを必要とする」と規定している。この規定は、「租
税」の新設及び税制の変更は、「法律」の形式によって、国会の議決を必要と
するという原則（租税法律主義）を定めるものである。

　　判例（旭川市国民健康保険条例事件・最大判平18.3.1／百選Ⅱ［第7版］〔196〕）
は、「憲法84条は、課税要件及び租税の賦課徴収の手続が法律で明確に定めら
れるべきことを規定するもの」であり、「国民に対して義務を課し又は権利を制
限するには法律の根拠を要するという法原則を租税について厳格化した形で明
文化したもの」としている。

　　では、84条にいう「租税」とは何か、「法律」では何をどのように定めるべ
きかについて、順に説明していく。

◀渡辺ほかⅡ・395頁以下
　芦部・371頁以下

2 「租税」

　　判例（旭川市国民健康保険条例事件・最大判平18.3.1／百選Ⅱ［第7版］〔196〕）
によれば、「租税」とは、「国又は地方公共団体が、課税権に基づき、その経費
に充てるための資金を調達する目的をもって、特別の給付に対する反対給付と
してでなく、一定の要件に該当するすべての者に対して課する金銭給付」のこ
とである。

　　「租税」かどうかを考える際に重要となるのが、「特別の給付に対する反対給付」
かどうかという点である。たとえば、専売品の価格や各種の検定手数料などは、
強制的に賦課されるものの、反対給付としての性質をもつので、「租税」には当

たらない。

この点について、財政法3条は、「租税を除く外、国が国権に基いて収納する課徴金及び法律上又は事実上国の独占に属する事業における専売価格若しくは事業料金については、すべて法律又は国会の議決に基いて定めなければならない」と規定しているところ、これらの価格・料金等は反対給付としての性質をもつ以上、これらの価格・料金等を84条の「租税」に含めて解するのは妥当ではないと考えられる。

→財政法3条の根拠を憲法84条の租税法律主義に求める見解に対しては、財政法3条は具体的な金額又は金額算定基準まで法律によって定めることまで要求しているわけではない、との批判がなされている

そこで、財政法3条の根拠は、憲法83条の財政民主主義に求められると解する見解が有力である。

では、国民健康保険の「保険料」は「租税」に当たるか。「保険料」は、保険と保険給付の対応関係が薄く反対給付としての性質に乏しいこと、税と同じく一方的・強制的に徴収されることから、「租税」に当たるのではないかが問題となる。この点について、判例は以下のとおり判示し、結論として「保険料に憲法84条の規定が直接に適用されることはない」とした。

⚠ 論点

> **判例** 旭川市国民健康保険条例事件（最大判平18.3.1／百選Ⅱ【第7版】(196)）
>
> 「国又は地方公共団体が、課税権に基づき、その経費に充てるための資金を調達する目的をもって、特別の給付に対する反対給付としてでなく、一定の要件に該当するすべての者に対して課する金銭給付は、その形式のいかんにかかわらず、憲法84条に規定する租税に当たるというべきである。」
>
> 「市町村が行う国民健康保険の保険料は、これと異なり、被保険者において保険給付を受け得ることに対する反対給付として徴収されるものである。……市における国民健康保険事業に要する経費の約3分の2は公的資金によって賄われているが、これによって、保険料と保険給付を受け得る地位とのけん連性が断ち切られるものではない。また、国民健康保険が強制加入とされ、保険料が強制徴収されるのは、保険給付を受ける被保険者をなるべく保険事故を生ずべき者の全部とし、保険事故により生ずる個人の経済的損害を加入者相互において分担すべきであるとする社会保険としての国民健康保険の目的及び性質に由来するもの」である。
>
> したがって、「上記保険料に憲法84条の規定が直接に適用されることはないというべきである（国民健康保険税は、前記のとおり目的税であって、上記の反対給付として徴収されるものであるが、形式が税である以上は、憲法84条の規定が適用されることとなる。）」。

もっとも、上記判例は、続けて以下のとおり判示した。特に、保険料のような「租税以外の公課であっても、賦課徴収の強制の度合い等の点において租税に類似する性質を有するものについては、憲法84条の趣旨が及ぶ」としている点が重要である。

判例 旭川市国民健康保険条例事件（最大判平18.3.1／百選Ⅱ[第7版][196]）

「憲法84条は、課税要件及び租税の賦課徴収の手続が法律で明確に定められるべきことを規定するものであり、直接的には、租税について法律による規律の在り方を定めるものであるが、同条は、国民に対して義務を課し又は権利を制限するには法律の根拠を要するという法原則を租税について厳格化した形で明文化したものというべきである。したがって、国、地方公共団体等が賦課徴収する租税以外の公課であっても、その性質に応じて、法律又は法律の範囲内で制定された条例によって適正な規律がされるべきものと解すべきであり、憲法84条に規定する租税ではないという理由だけから、そのすべてが当然に同条に現れた上記のような法原則のらち外にあると判断することは相当ではない。そして、租税以外の公課であっても、賦課徴収の強制の度合い等の点において租税に類似する性質を有するものについては、憲法84条の趣旨が及ぶと解すべきである」。

3 「法律」

(1) 意義・内容

繰り返しになるが、判例（旭川市国民健康保険条例事件・最大判平18.3.1／百選Ⅱ[第7版][196]）は、「憲法84条は、課税要件及び租税の賦課徴収の手続が法律で明確に定められるべきことを規定するもの」であり、「国民に対して義務を課し又は権利を制限するには法律の根拠を要するという法原則を租税について厳格化した形で明文化したもの」としている。

このように、租税法律主義には2つの要請が含まれている。すなわち、①課税要件及び租税の賦課徴収の手続が「法律」で定められるべきこと（課税要件法定主義）、②課税要件及び租税の賦課徴収の手続が「明確」に定められるべきこと（課税要件明確主義）である。

①課税要件法定主義により、法的安定性・予測可能性が確保される。課税要件法定主義との関係で問題となったのが、次の判例である。

判例 パチンコ球遊器通達課税事件（最判昭33.3.28／百選Ⅱ[第7版][A16]）

事案： 法律上は課税できる物品（パチンコ球遊器）であったが、実際上は非課税として扱われてきた物品について、通達により新たに課税物件として扱うことが許されるのかが争点となった。

判旨： 「本件の課税がたまたま所論通達を機縁として行われたものであっても、通達の内容が法の正しい解釈に合致するものである以上、本件課税処分は法の根拠に基く処分と解する」としている。

評釈： 学説上では、実質的にはもはや通達による新たな納税義務の創設（通達課税）であり、84条の「現行の租税を変更する」場合に該当するから、租税法律主義に反し違憲であるとする見解が通説的な地位を占めている。

次に、②課税要件明確主義との関係で問題となったのが、前出の旭川市国民健康保険条例事件である。この事件では、条例が国民健康保険の保険料率を定めず、市長の決定・告示に委任していることが問題となった。同判例は、保険料には84条の直接の適用はないものの、保険料のような「租税以外の公課であっても、賦課徴収の強制の度合い等の点において租税に類似する性質を有するものについては、憲法84条の趣旨が及ぶ」としており、明確性が要

論点

求される程度を総合考慮により判断するとしている。

> **判例** 旭川市国民健康保険条例事件 (最大判平18.3.1／百選Ⅱ [第7版] (196))
>
> 「租税以外の公課であっても、賦課徴収の強制の度合い等の点において租税に類似する性質を有するものについては、憲法84条の趣旨が及ぶと解すべきであるが、その場合であっても、租税以外の公課は、租税とその性質が共通する点や異なる点があり、また、賦課徴収の目的に応じて多種多様であるから、賦課要件が法律又は条例にどの程度明確に定められるべきかなどその規律の在り方については、当該公課の性質、賦課徴収の目的、その強制の度合い等を総合考慮して判断すべきものである」。
>
> 市町村が行う国民健康保険は、「保険料を徴収する方式のものであっても、強制加入とされ、保険料が強制徴収され、賦課徴収の強制の度合いにおいては租税に類似する性質を有するものであるから、これについても憲法84条の趣旨が及ぶと解すべきであるが、他方において、保険料の使途は、国民健康保険事業に要する費用に限定されているのであって……条例において賦課要件がどの程度明確に定められるべきかは、賦課徴収の強制の度合いのほか、社会保険としての国民健康保険の目的、特質等をも総合考慮して判断する必要がある」。
>
> 「本件条例は、保険料率算定の基礎となる賦課総額の算定基準を明確に規定した上で、その算定に必要な上記の費用及び収入の各見込額並びに予定収納率の推計に関する専門的及び技術的な細目にかかわる事項を、……市長の合理的な選択にゆだねたものであり、また、上記見込額等の推計については、国民健康保険事業特別会計の予算及び決算の審議を通じて議会による民主的統制が及ぶものということができる」。
>
> 「そうすると、本件条例が、……保険料率算定の基礎となる賦課総額の算定基準を定めた上で、……市長に対し、同基準に基づいて保険料率を決定し、決定した保険料率を告示の方式により公示することを委任」していることは、「憲法84条の趣旨に反するということ」はできない。
>
> 「また、賦課総額の算定基準及び賦課総額に基づく保険料率の算定方法は、本件条例によって賦課期日までに明らかにされているのであって、この算定基準にのっとって収支均衡を図る観点から決定される賦課総額に基づいて算定される保険料率についてはし意的な判断が加わる余地はなく、これが賦課期日後に決定されたとしても法的安定が害されるものではない」。したがって、市長が本件条例の規定に基づき具体的な各年度の保険料率をそれぞれ各年度の賦課期日後に告示したことは、「憲法84条の趣旨に反するものとはいえない」。

(2) 租税法における遡及立法の禁止

　　租税法律主義の2つの要請のうち、①課税要件法定主義の要請により、法的安定性・予測可能性が確保される。では、租税法を遡及的に適用することにより、法的安定性・予測可能性が害されるのではないかが問題となる。

> **判例** 租税法における遡及立法（最判平23.9.22／百選Ⅱ[第7版]〔197〕）
>
> 事案： 平成16年4月1日に施行された改正租税特別措置法は、不動産
> 等を譲渡した際の譲渡所得に係る損益通算（各種所得金額の計算上、
> 譲渡所得や不動産所得等の金額に損失が生じた場合、この損失を他
> の各種所得の金額から差し引くことをいう。これにより、差し引い
> た金額分だけ所得も減る計算となるため、節税の効果を有する）を
> 一定の場合に認めないこととした。上記改正法は、同附則27条1
> 項（以下「本件改正附則」という）に基づき、平成16年1月1日以
> 後適用する旨規定していた。Xは、本件改正附則が納税者に不利益
> な遡及立法であって84条に違反すると主張した。
>
> 判旨： 憲法84条は、「課税関係における法的安定が保たれるべき趣旨を
> 含む」。そして、「納税者の租税法規上の地位が変更され、課税関係
> における法的安定に影響が及び得る場合」の憲法適合性は、財産権
> の内容の事後の法律による変更の場合と同様に、「当該財産権の性質、
> その内容を変更する程度及びこれを変更することによって保護され
> る公益の性質などの諸事情を総合的に勘案し、その変更が当該財産
> 権に対する合理的な制約として容認されるべきものであるかどうか」
> によって判断する。なぜなら、「租税法規の変更及び適用も、最終的
> には国民の財産上の利害に帰着するもの」であり、「その合理性は上
> 記の諸事情を総合的に勘案して判断されるべきものであるという点
> において、財産権の内容の事後の法律による変更の場合と同様とい
> うべきだからである。」
>
> 本件改正附則が改正法の遡及的適用を認めたのは、駆け込み売却
> による不動産価格の下落を防ぐためであり、具体的な公益上の要請
> に基づくものであるのに対し、本件改正によって事後的に変更され
> るのは「納税者の納税義務それ自体」ではなく、「損益通算をして租
> 税負担の軽減を図ることを納税者が期待し得る地位」にとどまる。
> そして、「租税法規は、財政・経済・社会政策等の国政全般からの総
> 合的な政策判断及び極めて専門技術的な判断を踏まえた立法府の裁
> 量的判断に基づき定立されるものであり、納税者の上記地位もこの
> ような政策的、技術的な判断を踏まえた裁量的判断に基づき設けら
> れた性格を有する」ことも勘案すると、本件改正附則は納税者の租
> 税法規上の地位に対する合理的な制約として容認され、憲法84条
> の趣旨に反しない。

(3) 条例と租税法律主義

 論点

84条の「法律」に条例が含まれるか。地方公共団体が条例で新たに地方税
を新設し、これを賦課徴収することは84条に反して許されないのではないか
が問題となる。

詳しい理由は後述する（⇒195頁）が、結論として、84条の「法律」には
条例も含まれると一般に解されており、条例による地方税の賦課徴収は許さ
れる。判例（神奈川県臨時特例企業税条例事件・最判平25.3.21／百選Ⅱ[第
7版]〔201〕）も、「普通地方公共団体は、地方自治の不可欠の要素として」、「課
税権の主体となることが憲法上予定されている」と判示している。

前出の判例（旭川市国民健康保険条例事件・最大判平18.3.1／百選Ⅱ[第
7版]〔196〕）も、「租税以外の公課であっても、その性質に応じて、法律又
は法律の範囲内で制定された条例によって適正な規律がされるべきものと解

すべき」であるとしており、84条の「法律」に条例も含まれることを前提に判示しているものと解される。

(4) 「法律の定める条件」について

84条は、「あらたに租税を課し、又は現行の租税を変更するには、法律又は法律の定める条件によることを必要とする」と規定しているところ、日本国憲法は租税法律主義の例外を設けていない。そこで、「条約中に関税について特別の規定があるときは、当該規定による」と定める関税法3条ただし書の合憲性が問題となるが、憲法84条にいう「法律の定める条件による」場合に該当するといえるので、憲法には違反しないと解されている。

三　予算・決算等

これまで述べてきた租税法律主義（84）は、国の歳入に関する規律である。次は、国の歳出について説明する。

85条は、「国費を支出し、又は国が債務を負担するには、国会の議決に基くことを必要とする」と規定して、国の歳出の基本原則を定めている。85条も、財政民主主義（83）からの当然の要請であるとされる。

もっとも、国費の支出や債務負担行為について、1つひとつ国会の議決を要するとするのは煩瑣にすぎる。そこで、実際には、一会計年度ごとに、支出・債務負担の権限を国会から行政に授権している。この授権の形式が、これから説明する「予算」（86）である。

◀渡辺ほかII・408頁以下
　芦部・373頁以下

1　予算

(1) 意義・法的性格

86条は、「内閣は、毎会計年度の予算を作成し、国会に提出して、その審議を受け議決を経なければならない」と規定している。では、「予算」とは何か、予算の法的性格をどのように解するかという点と関連して問題となる。

明治憲法下では、予算は歳入歳出の見積もりであり、政府に対する法的拘束力がないものとする見解（予算行政説）が支配的であったとされているが、日本国憲法下では、予算は政府に対する法的拘束力を有するものと解されており、予算行政説はもはや支持されていない。

次に、予算は法的拘束力を有するものであるとしても、予算を法律の一種とみる（予算法律説）か、独自の法形式とみるかで争いがある。通説は、予算を独自の法形式とみる予算法形式説（予算法規範説とも呼ばれる）である。

∵① 予算は一般国民の権利義務を直接規律するものではない
　② 予算の効力は一会計年度に限られており、その内容も計算のみを扱っている
　③ 予算の成立手続について、法律の場合と異なる規律（予算の作成・提出権が内閣に専属していること（73⑤、86）、衆議院に予算の先議権（60I）があること、衆議院の参議院に対する議決の優越（60II）が認められていること、公布の対象に「予算」（7①参照）が含まれていないこと）が憲法上定められている
　　　←予算法律説からは、予算も法律の一種であるから、その議決方法についても59条1項が適用され、衆議院に予算の先議権があることなど、予算の制定手続が一般の法律と異なるのは「憲法に特別の定のある場合」（59I）に該当するとしている

予算法形式説によれば、「予算」とは、一会計年度における国の財政行為の準則であり、とりわけ歳入歳出の予定的な見積もりを内容とし、支出の目的・最高限度額・時期を限定する国法の一形式と解することになる。

　→なお、「一会計年度」の期間については憲法上明文の規定はないが、国

会の常会が「毎年」(52)召集すべきこととされており、決算についても「毎年」(90Ⅰ)会計検査院が検査することとされていることから、憲法は会計年度を「1年」とすることを予定していると考えられる

(2)　予算と法律の不一致

予算と法律が別個の法形式であり、その内容も成立手続も異なるとすると、予算と法律の不一致という問題が生じる。これには2つのパターンがある。

まず、①予算は成立したのに、その支出（執行）を命ずる法律が制定されない場合がある。

→①の場合、法律が存在しない以上、内閣は予算を支出することができない。したがって、内閣としては法律案を国会に提出するしかないが、国会にはその法律を制定する義務はない

次に、②（予算の裏付けを必要とする）法律が成立しているにもかかわらず、その執行に必要となる予算が不存在ないし不成立の場合がある。

→②の場合、内閣はその成立した「法律を誠実に執行」する義務(73①)を負っているので、補正予算の提出、経費の流用、予備費(87)の支出などによって対処することが求められる

☞ One Point ▶ 予算法律説と「予算と法律の不一致」について

予算を法律の一種とみる予算法律説は、そのメリットとして「後法は前法に優位するという原則に基づき、法律を予算により変更することが可能となり、予算と法律の不一致を合理的に解決できる」と主張します。しかし、予算法律説の立場に立っても、予算とその支出の根拠となる法律が別に制定される以上、予算措置を必要とする法律が成立したのに、それを執行するための予算が伴わないという事態は避けられず、結局、予算と法律の不一致はなくならないと解されています。

---

(3)　予算の修正

内閣によって作成・提出された予算案は、国会の審議・議決を受ける。国会は、財政民主主義(83)の趣旨からして、その提出された予算案について、マイナス修正（減額・項目の削除）・プラス修正（増額・項目の追加）のいずれも自由に行うことができると解されており、現に国会法・財政法にも増額修正を想定した規定が置かれている（国会57の3、財政19参照）。

なお、かつての政府見解は、予算案に新たな「項」を追加することは許されないとの立場に立っていたが、現在では「国会の予算修正は、内閣の予算提出権を損なわない範囲内において可能」であるとの立場に立っている。しかし、「内閣の予算提出権を損なわない範囲内」かどうかは具体的には極めて不明確であり、国会は予算全体を否決し、新たな予算案を内閣に提出させることも可能である以上、そもそも国会の予算修正権の範囲に限界はないと解する見解（修正無限界説）が多数を占めている。

(4)　予算の種類

予算には、本予算のほか、暫定予算と補正予算がある。

(a)　暫定予算

新会計年度の開始時に予算が成立していない場合、内閣は、一会計年度のうちの一定期間に係る暫定予算を作成し、国会に提出することができる（財政30Ⅰ）。これを暫定予算といい、国会の議決を経る必要がある。

(b)　補正予算

補正予算とは、予算成立後に予算の追加・変更が必要となったときに組まれる予算である。内閣は、予算作成の手続に準じ、補正予算を作成し、これを国会に提出することができる（財政29柱書）。

補正予算には、**追加予算**（経費の不足を補うほか、予算作成後に生じた事由に基づき特に緊要となった経費の支出又は債務の負担を行うために必要な予算の追加を行う場合。財政29①参照）と**修正予算**（予算作成後に生じた事由に基づいて、予算に追加以外の変更を加える場合。財政29②参照）がある。この２つ以外の補正予算は、財政法上認められていない（財政29柱書参照）。

そして、補正予算を組む時間的な余裕がないときのために、次に説明する予備費（87）の制度が設けられている。

2　予備費

87条1項は、「予見し難い予算の不足に充てるため、国会の議決に基いて予備費を設け、内閣の責任でこれを支出することができる」と規定して、**予備費**の制度を設けている。

→ここにいう「国会の議決」は、使途が未確定である予備費を設けることについての議決であり、予備費を支出することについての議決ではない

そして、「すべて予備費の支出については、**内閣は、事後に国会の承認を得なければならない**」(87Ⅱ)。なお、国会の承諾が得られなかった場合であっても、既になされた支出の法的効果に影響はなく、内閣の政治責任の問題が生ずるにとどまると解されている。

3　決算

90条1項は、「国の収入支出の決算は、すべて毎年会計検査院がこれを検査し、内閣は、次の年度に、その検査報告とともに、これを国会に提出しなければならない」(90) と規定している。この趣旨は、予算に基づいて現実になされた国の収入・支出が適切であったかどうかを審査することにより、財政執行に対する内閣の責任を明らかにし、将来の財政計画や予算編成に役立てることを可能にする点にある。

「決算」とは、一会計年度における国の収入支出の実績を示す確定的計数書である。

→予算と異なり、「決算」に**法規範性**はなく、衆議院に先議権 (60Ⅰ参照) もない

決算の審査は、既になされた国の収支が適切であったかどうかの事後審査であり、「議案」ではなく「報告案件」として扱われている。したがって、各議院が決算を審議・議決した結果、その決算が否決されたとしても、決算の効力に影響はないし、「議案」のように両議院の議決を一致させる必要もない。また、あくまで事後審査であるので、国会に決算の修正権はない。

4　財政状況の報告

91条は、「内閣は、国会及び国民に対し、定期に、少くとも毎年1回、国の財政状況について報告しなければならない」と規定している。この趣旨は、国の財政を国会及び国民に対して公開することによって、特に国民が国の財政を監視することを可能にする点にある。

内閣が国会及び国民に報告すべき「国の財政状況」の基本的なものとしては、毎会計年度の予算・決算が挙げられるが、これに限られるわけではなく、国有財産や国の債務の状況、予算使用の状況など、国の財政全般についての現実の状況についても報告することを要する。

四　公金支出の制限

89条は、「公金その他の公の財産は、宗教上の組織若しくは団体の使用、便益若しくは維持のため、又は公の支配に属しない慈善、教育若しくは博愛の事業に対し、これを支出し、又はその利用に供してはならない」として、公金支

◀渡辺ほかⅡ・405頁以下
　芦部・376頁

出の制限を規定している。

1　89条前段について

「宗教上の組織若しくは団体」への公金の支出を禁止する89条前段の趣旨については、政教分離原則（国家の宗教的中立性、20Ⅰ後段・同Ⅲ参照）を財政面から保障・補強するものであると解する点で、学説上ほぼ一致しているとされる。

「宗教上の組織若しくは団体」の意義について、箕面忠魂碑・慰霊祭訴訟判決（最判平5.2.16／百選Ⅰ［第7版］〔46〕）は、「特定の宗教の信仰、礼拝又は普及等の宗教的活動を行うことを本来の目的とする組織ないし団体を指す」とし、遺族会はこれに当たらないとしている。

論文・司法H24

【公金支出の肯定例・否定例】

	具 体 例
89条前段に違反する	①　愛媛県が、靖国神社が挙行した春秋の「例大祭」に際し玉串料として9回にわたり、計4万5000円の公金を支出した行為（愛媛玉串料事件・最大判平9.4.2／百選Ⅰ［第7版］〔44〕） ②　市が、市の所有する土地を神社施設の敷地として氏子集団に無償使用させた行為（空知太神社事件第1次判決・最大判平22.1.20／百選Ⅰ［第7版］〔47〕）
89条前段に違反しない	①　国が、上納を受け国有地となった寺院等の境内地その他の附属地を無償貸与中の寺院等に譲与又は時価の半額で売り払うと規定する処分法（最大判昭33.12.24／百選Ⅱ［第7版］〔198〕） ②　市が、地蔵像建立のために市有地を町会に無償提供した行為（大阪地蔵像訴訟・最判平4.11.16／百選Ⅰ［第5版］〔53〕） ③　市が、神社の敷地となっていた市有地を町内会組織に無償譲渡した行為（富平神社訴訟・最大判平22.1.20） ④　政教分離原則違反の対象となった神社物件を一部撤去した上、土地の一部を祠及び鳥居の敷地として氏子集団の氏子総代長に年額3万5000円程度で賃貸する行為（空知太神社事件第2次判決・最判平24.2.16）

2　89条後段について

89条後段については、その趣旨及び「公の支配」の意義をめぐって争いがある。

(1)　自主性確保説

まず、89条後段の趣旨は、私的事業の自主性を確保するために公権力による干渉の危険を除こうとすることにあると解する見解（自主性確保説）がある。自主性確保説の立場に立つと、「公の支配」の意義を狭くかつ厳格に解する方向になる。「公の支配」の意義を広く緩やかに解すると、それだけ公権力による干渉の危険が生じ、私的事業の自主性も損なわれうるからである（いわば、国が財政的援助をする以上は事業の自主性を認めず、逆に事業の自主性を認める以上は財政的援助をしないと憲法が割り切っていると解する）。

したがって、自主性確保説の立場に立つ場合、「公の支配」の意義について、国又は地方公共団体が当該事業の予算を定め、その執行を監督し、さらにその人事に関与するなど、その事業の根本的方向に重大な影響を及ぼすことのできる権力を有することを要すると解する見解（厳格説）に立つのが一般的である。

(2)　公費濫用防止説

一方、89条後段の趣旨は、財政民主主義（83）の見地から、慈善、教育、博愛の事業に対する公金の支出が公の財産の濫費、濫用にならないように、国や地方公共団体が監督することにあると解する見解（公費濫用防止説）がある。公費濫用防止説の立場に立つと、「公の支配」の意義を広く緩やかに

解する方向になる。公費の濫用を防止できる程度の監督権があれば足りるからである。

したがって、公費濫用防止説の立場に立つ場合、「公の支配」の意義について、国又は地方公共団体が、法令等により一定の監督（業務や会計の状況について報告を求める程度の監督）をしていることで足りると解する見解（緩和説）に立つのが一般的である。

☞ **One Point** ▶ 中立性確保説

89条後段の趣旨は、政教分離の補完、すなわち、特定の宗教的信念に基づくことの多い私人による教育等の事業に、国の財政的援助によって宗教や特定の思想信条が浸透するのを防止する点にあると解する見解を、中立性確保説といいます。この見解は、89条後段が、慈善、教育、博愛を特に掲げ、それを同条前段の宗教団体に対する公金支出等の禁止と一体のものとして定めていることを重視しています。中立性確保説の立場に立つ場合、「公の支配」の意義は、事業の主体ではなく、事業の対象に対するものと捉え、助成対象の「事業」が世俗的なものであることが厳格に規制・監督されている限り、その「事業」に助成しても89条後段には違反しないとしています。

---

(3) 私学助成の合憲性

上記の学説は、主に私学助成（国が私立学校に対して補助金を支出すること）の合憲性をめぐって対立している。

私立学校に対する国の規制・監督は、現状では緩やかなものにとどまっているものとされる。そのため、自主性確保説・厳格説の立場に立つと、私学助成は89条後段に違反し、違憲であると考えられる。一方、公費濫用防止説・緩和説の立場に立つと、私学助成は89条後段に違反せず、合憲であると考えられる。

現在の多数説は、26条・23条・14条などの諸規定を総合的に解釈して、私学助成は合憲であると解している。すなわち、「公の支配」の意義を解釈するに当たっては、私立学校が公教育の重要な部分を担っており、26条の国民の教育を受ける権利の実現に不可欠の存在になっていることや、23条の学問の自由（教育の自由）は、国公立・私立を問わず教育事業の自主性の尊重を要請するものであること、さらに14条など他の規定を踏まえるべきであるから、「公の支配」の意義については緩和説が妥当であり、したがって、私学助成は合憲であると解している。

判例 無認可の幼児教室への公金支出（東京高判平2.1.29／百選Ⅱ[第7版]（199））

事案： 幼児数が増加し、幼稚園に入園できない児童が出てきたが、財政上の理由から公立幼稚園の設置が困難であったことから、町長は、幼児の母親らが運営する幼児教室の開設に協力することとし、当該教室に土地・建物などを無償提供し、補助金も毎年支出するなどして助成した。これに対し、原告である町民らが、この助成は89条後段に違反するとして、住民訴訟を提起した。

判旨： 89条後段の「教育の事業に対する支出、利用の規制の趣旨は、公の支配に属しない教育事業に公の財産が支出又は利用された場合には、教育の事業はそれを営む者の教育についての信念、主義、思想の実現であるから、教育の名の下に、公教育の趣旨、目的に合致しない教育活動に公の財産が支出されたり、利用されたりする虞れがあり、ひいては公の財産が濫費される可能性があることに基づくものである。このような法の趣旨を考慮すると、教育の事業に対して公の財産を支出し、又は利用させるためには、その教育事業が公の支配に服することを要するが、その程度は、国又は地方公共団体等の公の権力が当該教育事業の運営、存立に影響を及ぼすことにより、右事業が公の利益に沿わない場合にはこれを是正しうる途が確保され、公の財産が濫費されることを防止しうることをもって足りるものというべきである。右の支配の具体的な方法は、当該事業の目的、事業内容、運営形態等諸般の事情によって異なり、必ずしも、当該事業の人事、予算等に公権力が直接的に関与することを要するものではない」。

「本件教室についての町の関与が、予算、人事等に直接及ばないものの、本件教室は、町の公立施設に準じた施設として、町の関与を受けているものということができ、右の関与により、本件教室の事業が公の利益に沿わない場合にはこれを是正しうる途が確保され、公の財産の濫費を避けることができるものというべきであるから、右の関与をもって憲法89条にいう「公の支配」に服するものということができる」。

短答式試験
の過去問を解いてみよう

1 「租税を除く外、国が国権に基いて収納する課徴金及び法律上又は事実上国の独占に属する事業における専売価格若しくは事業料金については、すべて法律又は国会の議決に基いて定めなければならない。」と規定する財政法第3条について、その根拠を憲法第83条の財政民主主義に求める見解に対しては、財政法第3条は、具体的な金額又は金額算定基準まで法律によって定めることまで要求していないのであるから、憲法第83条と矛盾することになるとの批判が妥当する。〔司H 29－19〕

× 財政法3条は、具体的な金額又は金額算定基準まで法律によって定めることまで要求していないとの批判は、財政法3条の根拠を租税法律主義（84）に求める見解に対してなされるものである。
⇒6　二（p.169）

2 租税法律主義は、社会全体に対する財やサービスを提供するための資金を租税として強制的に徴収する場合について規定したものであるから、個人への給付に対する反対給付としての性質を有する保険料等については適用がなく、また、その趣旨も及ばない。〔司H 26－18＝予H 26－12〕

× 判例（最大判平18.3.1／百選Ⅱ[第7版]〔196〕）は、「保険料に憲法84条の規定が直接に適用されることはない」とする一方、保険料のような「租税以外の公課であっても、賦課徴収の強制の度合い等の点において租税に類似する性質を有するものについては、憲法84条の趣旨が及ぶ」としている。
⇒6　二（p.169、170）

3 課税の根拠法律があるにもかかわらず長年にわたり課税されなかった物については、非課税の慣習法が成立しているとみるべきであるから、新たにその物に課税することは、それがその根拠法律の正しい解釈に基づくものであるとしても、租税法律主義に反する。〔司H 26－18＝予H 26－12〕

× 判例（最判昭33.3.28／百選Ⅱ[第7版]〔A16〕）は、「課税がたまたま所論通達を機縁として行われたものであっても、通達の内容が法の正しい解釈に合致するものである以上、本件課税処分は法の根拠に基く処分と解する」としており、租税法律主義に反する旨判示していない。
⇒6　二（p.170）

4　市町村が行う国民健康保険の保険料方式での強制徴収は租税に類似する性質を有するので、条例で定める賦課要件の明確性の程度は、憲法第84条において要求される明確性の程度と同等のものが求められる。［司H24－19］

×　判例（最大判平18.3.1／百選Ⅱ［第7版]〔196〕）は、保険料にも「憲法84条の趣旨が及ぶと解すべきであるが、その場合であっても、租税以外の公課は、租税とその性質が共通する点や異なる点があり、また、賦課徴収の目的に応じて多種多様であるから、賦課要件が法律又は条例にどの程度明確に定められるべきかなどその規律の在り方については、当該公課の性質、賦課徴収の目的、その強制の度合い等を総合考慮して判断すべき」であるとしている。
⇒6　二（p.171）

5　旭川市国民健康保険条例違憲訴訟判決（最高裁判所平成18年3月1日大法廷判決）は、憲法第84条の趣旨に照らせば、市町村が行う国民健康保険の保険料についても、条例において賦課要件をどの程度明確に定めておく必要があるかは、専ら国民健康保険が強制加入とされ、保険料が強制徴収される点を考慮して決定されるべきであるとした。［司H19－18改］

×　判例（最大判平18.3.1／百選Ⅱ［第7版]〔196〕）は、「条例において賦課要件がどの程度明確に定められるべきかは、賦課徴収の強制の度合いのほか、社会保険としての国民健康保険の目的、特質等をも総合考慮して判断する必要がある」としている。
⇒6　二（p.171）

6　旭川市国民健康保険条例違憲訴訟判決（最高裁判所平成18年3月1日大法廷判決）は、法律の委任に基づき保険料の賦課要件を定めるべき条例が保険料率の決定等を市長に委任していることにつき、委任された事項の内容や保険料率に係る算定基準の定め方等を検討して、憲法第84条の趣旨に反しないものと判断した。［司H30－18改］

○　判例（最大判平18.3.1／百選Ⅱ［第7版]〔196〕）参照
⇒6　二（p.171）

7 　旭川市国民健康保険条例違憲訴訟判決（最高裁判所平成18年3月1日大法廷判決）は、保険料率算定の基礎となる賦課総額の算定基準及び賦課総額に基づく保険料率の算定方法が賦課期日までに明らかにされているとしても、具体的な各年度の保険料率をそれぞれ各年度の賦課期日後に告示するとすれば、憲法第84条に反し、許されないこととなるとした。［司H19－18改］

× 　判例（最大判平18.3.1／百選Ⅱ［第7版]〔196〕）は、賦課期日までに明らかにされている「算定基準にのっとって……決定される賦課総額に基づいて算定される保険料率についてはし意的な判断が加わる余地はなく、これが賦課期日後に決定されたとしても法的安定が害されるものではない」から、市長が具体的な各年度の保険料率をそれぞれ各年度の賦課期日後に告示したとしても、「憲法84条の趣旨に反するものとはいえない」としている。
⇒6 　二（p.171）

8 　憲法第84条は、「あらたに租税を課し、又は現行の租税を変更するには、法律又は法律の定める条件によることを必要とする。」と定めているところ、同条にいう「法律」には条例も含まれるとする見解は、旭川市国民健康保険条例違憲訴訟判決（最高裁判所平成18年3月1日大法廷判決）と矛盾抵触する。［司H30－18改］

× 　判例（最大判平18.3.1／百選Ⅱ［第7版]〔196〕）は、「租税以外の公課であっても、その性質に応じて、法律又は法律の範囲内で制定された条例によって適正な規律がされるべきものと解すべき」であるとしており、84条の「法律」に条例も含まれることを前提に判示しているものと解される。
⇒6 　二（p.172）

9 　日本国憲法は、租税法律主義の例外を設けていないため、「条約中に関税について特別の規定があるときは、当該規定による」と定める関税法第3条ただし書の合憲性が問題となり得るが、憲法第84条にいう「法律の定める条件による」場合に該当するものとして、憲法違反ではないと解される。［司H18－8］

○ 　本肢のとおりである。
⇒6 　二（p.173）

10 　「国法の公布について定める憲法第7条第1号に「予算」が掲げられていない以上、予算の公布が憲法上義務付けられていると解することはできない。」という見解は、予算に関し、法律とは別個の国法上の独自の形式であると解する立場（予算法形式説）に立つものである。［司H28－19改］

○ 　予算の成立手続について、法律の場合と異なる規律（公布の対象に「予算」（7①参照）が含まれていないことなど）が憲法上定められていることは、予算法形式説の論拠となる。
⇒6 　三（p.173）

11　予算の法的性格について、予算法規範説は、提出権が内閣に属すること、衆議院に先議権があることなどを根拠とする。それに対して、予算法律説は、予算の制定手続が一般の法律と異なるのは憲法第59条第1項の「憲法に特別の定のある場合」に該当するとする。［司H 22−19改］

○　予算の成立手続について、法律の場合と異なる規律（予算の作成・提出権が内閣に専属していること（73⑤、86）、衆議院に予算の先議権（60Ⅰ）があることなど）が憲法上定められていることは、予算法形式説の論拠となる。一方、予算法律説は、予算も法律の一種であるから、その議決方法についても59条1項が適用され、予算の制定手続が一般の法律と異なるのは「憲法に特別の定のある場合」（59Ⅰ）に該当するとしている。
⇒6　三（p.173）

12　「予算案の議決方法は、原則として、法律案に関する憲法第59条第1項で示されており、憲法第60条は、その例外的な方法のみを示したものと解される。」という見解は、予算に関し、法律とは別個の国法上の独自の形式であると解する立場（予算法形式説）に立つものである。［司H 28−16改］

×　本肢の見解は、予算を法律の一種とみることを前提としているので、予算法律説の立場に立つものである。
⇒6　三（p.173）

13　一会計年度の期間については憲法上明文の規定はないが、国会の常会が毎年召集すべきこととされており、また、決算について毎年会計検査院が検査することとされていることから、憲法は会計年度を1年とすることを予定していると考えられる。［司H 20−18］

○　本肢のとおりである。なお、52条、90条1項参照
⇒6　三（p.173）

14　予算は成立したのに、その支出を命ずる法律が制定されない場合について、予算法規範説は、内閣が支出を実行できるとする。それに対して、予算法律説は、内閣が法律案を提出して国会の議決を求めるしかないとする。［司H 22−19］

×　本肢の場合について、予算法形式説（予算法規範説）は、法律が存在しない以上、内閣は予算を支出することができず、内閣としては法律案を国会に提出するしかないとされる。
⇒6　三（p.174）

15　予算の裏付けを必要とする法律が成立しているにもかかわらず、その執行に必要となる予算が不存在ないし不成立の場合、法律を誠実に執行すべき内閣としては、補正予算の提出、経費の流用、予備費の支出などにより、対処することが求められる。［司R 4−18］

○　本肢の場合について、内閣はその成立した「法律を誠実に執行」する義務（73①）を負っているので、補正予算の提出、経費の流用、予備費（87）の支出などによって対処することが求められる。
⇒6　三（p.174）

16 「後法は前法に優位するという原則に基づき、法律を予算により変更することが可能となり、予算と法律の不一致を合理的に解決できる。」という見解は、予算に関し、法律とは別個の国法上の独自の形式であると解する立場（予算法形式説）に立つものである。［司H28－19改］

× 予算は法律と異なる独自の法形式であると解する予算法形式説に立つと、「後法は前法に優位するという原則」は妥当しない。「後法は前法に優位するという原則」により予算と法律の不一致を合理的に解決できるとするのは、予算も法律の一種とみる予算法律説である。
⇒6 三（p.174）

17 予算は法律であるとする予算法律説の立場に立てば、予算措置を必要とする法律が成立したのに、それを執行するための予算が伴わないという事態は生じ得ないこととなる。［司R元－17］

× 予算法律説の立場に立っても、予算とその支出の根拠となる法律が別に制定される以上、予算措置を必要とする法律が成立したのに、それを執行するための予算が伴わないという事態は避けられないと解されている。
⇒6 三（p.174）

18 日本国憲法においては、予算発案権は内閣に専属する。しかし、憲法第83条の趣旨からして、国会は、提出された予算案につき、減額修正、増額修正のいずれもなし得ると解されており、国会法や財政法には、増額修正を想定した規定が置かれている。［司H18－8］

○ 予算の作成・提出権は内閣に専属している（73⑤、86）。もっとも、財政民主主義（83）の趣旨からして、国会は、提出された予算案について、マイナス修正（減額・項目の削除）・プラス修正（増額・項目の追加）のいずれも自由に行うことができると解されており、現に国会法・財政法にも増額修正を想定した規定が置かれている（国会57の3、財政19参照）。
⇒6 三（p.174）

19 国会は、予算の議決に際し、減額修正を行うことができるが、内閣に予算の作成提出権が専属していることに照らし、予算の款や項目を削除することは許されない。［予H25－11］

× 国会は予算全体を否決し、新たな予算案を内閣に提出されることも可能である以上、そもそも国会の予算修正権の範囲（特にマイナス修正）に限界はない（修正無限界説）。
⇒6 三（p.174）

20　国会は、予算の議決に際し、増額修正を行うことができるが、予算の作成・提出権が内閣に専属していることから、原案に新たな項を加えることはいかなる場合も許されない。[司R元－17]

× 国会は予算全体を否決し、新たな予算案を内閣に提出されることも可能である以上、そもそも国会の予算修正権の範囲に限界はないと解する見解（修正無限界説）が多数説である。なお、かつての政府見解は、予算案に新たな「項」を追加することは許されないとの立場に立っていたが、現在では「国会の予算修正は、内閣の予算提出権を損なわない範囲内において可能」であるとの立場に立っている。
⇒6　三（p.174）

21　国会が予算に対してどこまで修正をなし得るかについて、予算法規範説は修正に制限は存しないとする。それに対して、予算法律説は、予算の同一性を損なうような大修正はできないとする。[司H22－19]

× 予算法律説は、予算も法律の一種である以上、法律と同様、その修正が全面的に認められる。なお、予算法形式説（予算法規範説）の立場に立っても、予算修正権の範囲に制限はないと解する見解（修正無限界説）が多数説である。
⇒6　三（p.174）

22　予算が新年度の開始前に成立しない場合には、内閣は、一会計年度のうちの一定期間に係る暫定予算を編成し、国会の議決を経ることなく執行することができる。[予H25－11]

× 暫定予算（財政30Ⅰ）も「予算」である以上、財政民主主義（83）からの当然の要請として、国会の議決を経る必要がある。
⇒6　三（p.174）

23　日本国憲法には、予算と法律が不一致の場合に関する規定は設けられていない。年度途中に予算に計上されていない経費を要する法律が成立した場合、内閣は、補正予算、経費流用、予備費などの予算措置を採るべき義務を負い、当該法律の執行が緊急を要するときには、事後に国会の承認を経ることを条件に、これらの予算措置のいずれであっても内閣の責任で選択して執行することができる。[司H18－8]

× 補正予算（財政29）も「予算」である以上、予算作成の手続に準じなければならず、財政民主主義（83）からの当然の要請として、事前に国会の議決を経る必要がある。
⇒6　三（p.174）

24　予算は、一会計年度における国の財政行為の準則であり、政府の行為を規律する法規範であるから、国の歳入が歳入予算に定められた金額を超えると見込まれる場合には、内閣は、補正予算を作成・提出し、国会の承認を得た上で徴収することになる。[司H20－18]

× 補正予算は、追加予算（財政29①）と修正予算（同②）以外には認められていない。
⇒6　三（p.175）

25　国費を支出するには国会の議決に基づくことを必要とするが、国費の支出に関する国会の議決は使途の確定した支出についてなされるべきものであるから、使途が未確定である予備費を設けることについては国会の議決を要しない。[司Ｈ29－19]

× 本肢前段は正しい(85)。他方、予備費を設けることについては、国会の議決が必要である(87Ⅰ)。
⇒6　三 (p.175)

26　予備費は、予見し難い予算の不足に充てるため、国会の議決に基づいて設けられ、内閣の責任で支出されるものである。そのため、内閣は、その支出について、事後に国会の承諾を求める必要はない。[司Ｒ4－18]

× 本肢前段は正しい(87Ⅰ)。しかし、87条2項は、「すべて予備費の支出については、内閣は、事後に国会の承認を得なければならない」としている。
⇒6　三 (p.175)

27　日本国憲法は、予備費の制度を設け、事前に国会の議決を経るとともに、具体的な支出については、事後的に国会の承諾を得ることを必要としている。そして、国会の承諾が得られない場合には、既に締結された契約は直ちに無効とはされないものの、当該契約を解除する正当な事由があるものと解される。[司Ｈ18－8]

× 本肢前段は正しい(87ⅠⅡ)。もっとも、国会の承諾が得られなかった場合であっても、既になされた支出の法的効果に影響はなく、内閣の政治責任の問題が生ずるにとどまると解されている。
⇒6　三 (p.175)

28　内閣は、毎年の国の収入支出の決算について、会計検査院の検査を経た上で、翌年度国会に提出しなければならない。提出された決算については、各議院で審議され、それを認めるか否かの審査がなされるが、そこで不承認とされても、決算の効力に影響は生じない。[司Ｒ4－18]

○ 本肢前段は正しい(90Ⅰ)。また、決算の審査は、既になされた国の収支が適切であったかどうかの事後審査であり、「議案」ではなく「報告案件」として扱われているため、各議院が決算を審議・議決した結果、その決算が不承認とされても、決算の効力に影響はないとされる。
⇒6　三 (p.175)

29　内閣は、毎年、国会に対し決算を提出するほか、定期に、少なくとも毎年1回、国会及び国民に対して財政状況を報告しなければならない。[司Ｒ元－17]

○ 90条1項、91条参照
⇒6　三 (p.175)

30　内閣は、国会及び国民に対し、定期に、少くとも毎年一回、国の財政状況について報告しなければならないが、国会に対しては、毎会計年度予算及び決算を提出しているから、この報告に関しては、成立した予算及び決算を国民に対して報告すれば足りる。[司Ｈ20－18]

× 内閣が国会及び国民に報告すべき「国の財政状況」(91)の基本的なものとしては、毎会計年度の予算・決算が挙げられるが、これに限られるわけではなく、国有財産や国の債務の状況、予算使用の状況など、国の財政全般についての現実の状況についても報告しなければならない。
⇒6　三 (p.175)

31 「憲法第89条後段の立法趣旨は、私的事業の自主性を確保するために公権力による干渉の危険を除こうとすることにある。」という見解は、憲法第89条後段の「公の支配」の意義に関し、「国又は地方公共団体が当該事業の予算を定め、その執行を監督し、さらにその人事に関与するなど、その事業の根本的方向に重大な影響を及ぼすことのできる権力を有する」ことを要すると解する見解と同じ立場に立つ。[司H27-19改]

○ 本肢の見解は、自主性確保説である。この説の立場に立つと、「公の支配」の意義に関する本肢の見解（厳格説）と同じ立場に立つと解するのが一般的である。
⇒6 四（p.176）

32 「憲法第89条後段の趣旨は、財政民主主義の見地から、慈善、教育、博愛の事業に対する公金の支出が公の財産の濫費、濫用にならないように、国や地方公共団体が監督することにある。」という記述は、憲法第89条後段の「公の支配」の意義に関し、「国又は地方公共団体が、法令等により一定の監督をしていることで足りる」とする見解の根拠とならない。[司R3-18＝予R3-12改]

× 本肢の見解は、公費濫用防止説である。この説の立場に立つと、「公の支配」の意義に関する本肢の見解（緩和説）と同じ立場に立つと解するのが一般的である。
⇒6 四（p.176）

33 「憲法第89条後段が、慈善、教育、博愛を特に掲げ、それを同条前段の宗教団体に対する公金支出等の禁止と一体のものとして定めていることを重視すべきである。」という記述は、憲法第89条後段の「公の支配」の意義に関し、「国又は地方公共団体が、法令等により一定の監督をしていることで足りる」とする見解の根拠となる。[司R3-18＝予R3-12改]

× 本肢の見解は、中立性確保説である。この説の立場に立つと、「公の支配」の意義は、事業の主体ではなく、事業の対象に対するものと捉えることになり、公金支出の対象となる「事業」が世俗的なものかどうかを考えることになる。このように、中立性確保説は、「公の支配」の意義に関する本肢の見解（緩和説）の根拠とはならない。
⇒6 四（p.177）

34 「慈善、教育、博愛の事業を行うのは、通常、法律に基づき国の監督を受ける公益法人であり、学校法人も公益法人として法的規制を受けるので、『公の支配』に属する。」という見解は、憲法第89条後段の「公の支配」の意義に関し、「国又は地方公共団体が当該事業の予算を定め、その執行を監督し、さらにその人事に関与するなど、その事業の根本的方向に重大な影響を及ぼすことのできる権力を有する」ことを要すると解する見解と同じ立場に立つものである。[司H27-19改]

× 「公の支配」の意義に関する本肢の見解は、厳格説である。厳格説は、「学校法人も（国の監督を受ける）公益法人として法的規制を受ける」という程度では「公の支配」に属するとは考えない。なお、この程度でも「公の支配」に属すると考える見解は、いわゆる緩和説である。
⇒6 四（p.177）

35 「現行法の私立学校に対する助成については、監督官庁の権限が報告を徴したり、勧告を行ったりすることに限られているので、違憲の疑いがある。」という見解は、憲法第89条後段の「公の支配」の意義に関し、「国又は地方公共団体が当該事業の予算を定め、その執行を監督し、さらにその人事に関与するなど、その事業の根本的方向に重大な影響を及ぼすことのできる権力を有する」ことを要すると解する見解と異なる立場に立つ。[司H27-19改]

× 「公の支配」の意義に関する本肢の見解は、厳格説である。厳格説は、本肢前段の見解と同じく、私学助成は違憲であると解するのが一般的である。
⇒6 四（p.177）

7 地方自治

●7-1 地方自治の意義　●7-2 地方公共団体の機関　●7-3 地方公共団体の権能

7-1 地方自治の意義

| 一　はじめに |
| 二　地方自治の性質 |
| 三　地方自治の本旨 |

学習の指針

この節から、憲法第8章「地方自治」について学習していきます。まずは、地方自治の性質と「地方自治の本旨」をおさえましょう。

一　はじめに

　地方自治とは、地方における政治と行政を、地域住民の意思に基づいて、国から独立した地方公共団体がその権限と責任において自主的に処理することをいう。地方自治には、①民主主義の基盤を育成し、②中央政府への権力集中をおさえて権力を地方に分散させるという重要な意義がある。

　明治憲法は、地方自治に関する規定を置いておらず、法律などによって地方の政治・行政のあり方が定められており、中央からのコントロールが強かったことから、地方自治として決して十分なものとはいえなかった。

　そこで、日本国憲法は、特に第8章において「地方自治」の章を設けて、地方自治を憲法上の制度として厚く保障している。

◀渡辺ほかⅡ・419頁以下
　芦部・378頁

二　地方自治の性質

　憲法第8章が保障する「地方自治」の性質については、①自治権が国法に由来するものとする国法伝来説（承認説）、②地方公共団体固有の前国家的な基本権を保障したものとする固有権説、③地方自治という歴史的・伝統的制度を保障しているとする制度的保障説がある。

　支配的な見解は、③制度的保障説である。この立場によると、「地方自治の本旨」（92）は、国の法律によっても侵すことのできない地方自治制度の本質的内容ないし核心的部分を意味することになる。

　なお、大牟田市電気税訴訟第1審判決（福岡地判昭55.6.5）は、「憲法は地方自治の制度を制度として保障している」と述べ、制度的保障説の立場に立っている。

◀渡辺ほかⅡ・420頁
　芦部・378頁

三　地方自治の本旨

　92条は、「地方公共団体の組織及び運営に関する事項は、地方自治の本旨に基いて、法律でこれを定める」と規定している。繰り返しになるが、地方自治の性質について制度的保障説に立つと、92条にいう「地方自治の本旨」は、法律によっても侵すことのできない地方自治制度の本質的内容ないし核心的部分を意味することになる。

　「地方自治の本旨」は、住民自治と団体自治の2つの要素からなるとされる。住民自治とは、地方自治が住民の意思に基づいて行われること（民主主義的要素）であり、団体自治とは、地方自治が国から独立した団体に委ねられ、団体自らの意思と責任の下でなされること（自由主義的・地方分権的要素）である。

◀渡辺ほかⅡ・420頁
　芦部・378頁

187

→地方公共団体そのものを廃止したり、地方議会を「諮問機関」とするといったことは、「地方自治の本旨」に反するものとして違憲となる

住民自治の原則を具体化する憲法上の規定として、①地方公共団体の長、議会の議員の住民による直接選挙（93Ⅱ）、②「一の地方公共団体のみに適用される特別法」（地方特別法）の住民投票（95）の2つが挙げられる。　⇒190頁（住民の直接参加）

また、地方自治法は、住民自治の理念を踏まえて、住民による条例の制定・改廃に関する長への直接請求制度（地自12Ⅰ・74）や、長や地方議会の議員の解職請求があった場合にその可否を住民投票によって決する制度（地自13Ⅱ・80～85）などを創設している。　⇒191頁

7-2　地方公共団体の機関

一	憲法上の地方公共団体
二	長と議会
三	住民の直接参加

学習の指針

　この節では、そもそも憲法上の「地方公共団体」とは何を指すのかといったことや、長と地方議会の関係、住民の直接参加に関する制度について説明していきます。短答式試験でよく問われる分野ですので、直前期に復習すると学習の効率が向上するでしょう。

一　憲法上の地方公共団体

　93条1項は「地方公共団体には、法律の定めるところにより、その議事機関として議会を設置する」と規定し、同条2項は「地方公共団体の長、その議会の議員及び法律の定めるその他の吏員は、その地方公共団体の住民が、直接これを選挙する」と規定している。93条の規定は、地方自治の民主化を徹底しようという趣旨に基づくものである。

　もっとも、憲法上、何が「地方公共団体」に当たるかを明らかにした規定はない。そこで、憲法上の「地方公共団体」とは何かが問題となる。

　地方自治法1条の3によれば、「地方公共団体」は「普通地方公共団体」及び「特別地方公共団体」（同Ⅰ）であり、「普通地方公共団体」は都道府県及び市町村（同Ⅱ）、「特別地方公共団体」は特別区、地方公共団体の組合及び財産区（同Ⅲ）である。

　これらのうち、地方自治の沿革や実態を考え併せると、都道府県及び市町村という標準的な地方公共団体（「普通地方公共団体」）が、憲法上の保障が及ぶ「地方公共団体」に当たると解されている。したがって、憲法は、都道府県と市町村という二層制（二段階制）を保障していると考えられている。

　では、「特別地方公共団体」である東京都の特別区は、憲法上の「地方公共団体」に当たるか。東京都の特別区が憲法上の「地方公共団体」に当たるとした場合、93条2項によって区長は住民の直接選挙によって選任されなければならないが、その区長公選制を廃止することは93条2項に違反するのではないかが問題となった。

◀渡辺ほかⅡ・423頁以下
　芦部・379頁以下

判例 最大判昭38.3.27／百選Ⅱ〔第7版〕〔200〕

判旨：　93条2項の「地方公共団体といい得るためには、単に法律で地方公共団体として取り扱われているということだけでは足らず、事実上住民が経済的文化的に密接な共同生活を営み、共同体意識をもっているという社会的基盤が存在し、沿革的にみても、また現実の行政の上においても、相当程度の自主立法権、自主行政権、自主財政権等地方自治の基本的権能を附与された地域団体であることを必要とする」とした上で、東京都の特別区は沿革的にも実質的にも93条2項の「地方公共団体」には当たらず、区長公選制を廃止して別の選任方法を採用したからといって、それは立法政策の問題にほかならず、93条2項に違反するものということはできないとした。

評釈：　1974年（昭和49年）には区長公選制が復活していることなどから、上記の判例の基準に従ったとしても、現在の東京都の特別区は憲法上の「地方公共団体」に当たると解する見解が有力に主張されている。

　繰り返しになるが、憲法は、都道府県と市町村という二層制（二段階制）を保障していると考えられている。そして、地方自治法2条によれば、市町村は「基礎的な地方公共団体」（同Ⅲ）とされる一方、都道府県は「広域の地方公共団体」（同Ⅴ）とされる。

　では、国と市町村とを媒介する中間的な「広域の地方公共団体」として、都道府県制を廃止してより広域的な道州制へと再編することができるか。

　この問題については、「地方自治の本旨」を生かすために広域化する必要性があり、住民自治・団体自治が保障されていれば、二層制を維持したまま都道府県制を道州制へと再編することも立法政策の問題として許容されると解されている。

 論点

☞ One Point ▶ 二段階制立法政策説

　なお、本文のような通説的な理解と異なり、そもそも憲法は都道府県と市町村という二層制を保障しておらず、地方公共団体の在り方は立法政策に委ねられるとする立場（二段階制立法政策説）に立ちますと、「地方自治の本旨」に反しない限り、三層構造（都道府県・市町村に加え、更に大きな単位の地方公共団体を設ける制度）や一層構造（都道府県を廃止し市町村のみを「地方公共団体」とする制度）も許容されると解することになります。

二　長と議会

1　二元代表制

 B ランク

◀渡辺ほかⅡ・425頁以下

　93条は、1項で議事機関として議会を設置すること、2項で地方公共団体の長と議会の議員を直接選挙することを規定しており、これを受けて、地方自治法はいわゆる「二元代表制」の仕組みを具体的に規定している。

　国政の基本的な仕組みは、既に詳しく説明したとおり「議院内閣制」（⇒70頁）であり、内閣による衆議院の解散と国会による内閣の責任追及が組み込まれることによって、内閣と国会（衆議院）が相互に連携・反発し合う関係が生まれる。

　一方、地方政治では、執行権の担い手である長と、議事機関（議決機関）である議会が、それぞれ直接に住民に対して責任を負うという二元代表制が採られている。

もっとも、地方自治法は、長に対する議会の不信任議決や、長の議会の解散権など、議院内閣制的な仕組みを一部導入している（地自178参照）。

2 地方議会

地方公共団体には、住民が直接に選挙した議員によって構成される議会が置かれる（93Ⅱ）。この地方議会は、住民の代表機関であり議事機関（議決機関）である。

→繰り返しになるが、地方議会を諮問機関とすることは違憲である（93Ⅰ）

地方自治法94条によれば、町村は、条例で、議会を置かず、選挙権を有する者の総会（町村総会）を設けることができるところ、町村総会は憲法93条1項の「議事機関」としての「議会」に当たるから、地方自治法94条は憲法93条1項には反しないと解されている。

3 地方議会の議員

全国民の代表（43）たる国会議員には、不逮捕特権（50）や免責特権（51）が認められている。 ⇒44頁以下参照

一方、地方議会の議員には、国会議員に与えられる不逮捕特権・免責特権は認められていない。判例（最大判昭42.5.24）も、地方議会の議員についてこれらの特権が憲法上保障されていると解すべき根拠はない旨判示している。

地方議会の議員に対する除名処分が司法審査の対象になること（最大判昭35.10.19／百選Ⅱ［第7版］〔181〕）や、出席停止の懲罰についても司法審査の対象となること（最大判令2.11.25／令3重判〔2〕）については、既に説明した。⇒104頁

4 地方公共団体の長とその他の吏員

(1) 地方公共団体の長

93条2項の「地方公共団体の長」は、都道府県については知事、市町村については市町村長である。長は、地方公共団体を統轄し、それを代表する最高の執行機関であり、憲法上住民の直接選挙によって選出される（93Ⅱ）。

長は、その権限に属する事務に関して規則を制定する権限（地自15）を有しており、長が制定する規則は、憲法94条にいう「条例」に含まれると一般に解されている。

(2) 法律の定めるその他の吏員

93条2項は、地方公共団体の長及び議会の議員のほか、「法律の定めるその他の吏員」（地方公共団体のすべての公務員、地方公務員2参照）についても「その地方公共団体の住民が、直接これを選挙する」と規定しているが、直接に住民によって選挙される吏員を置くことが憲法上要請されるわけではない。

∵ この規定の趣旨は、地方公共団体の長及び議会の議員と同じように、直接に住民によって選挙される吏員を法律で設けることも禁止されないという点にあり、必ずそのような吏員を設けなければならないという趣旨ではない

三 住民の直接参加

前に述べたとおり、住民自治の原則を具体化する憲法上の規定として、①地方公共団体の長、議会の議員の住民による直接選挙（93Ⅱ）、②「一の地方公共団体のみに適用される特別法」（地方特別法）の住民投票（95）の2つがある。

◀渡辺ほかⅡ・428頁

1 直接選挙・直接請求

憲法が直接規定しているのは、地方公共団体の長・議会の議員の住民による直接選挙のみである（93Ⅱ）。

　一方、地方自治法では、さらに住民による直接請求制度について定めている。「直接請求」とは、地方議会の議員・長の選挙権を有する住民が、一定数以上の者の連署をもって、一定の事項について請求することができる制度であり、次の4つに大別される。

①　条例の制定・改廃の請求（地自12Ⅰ・74Ⅰ）

②　事務監査請求（地自12Ⅱ・75Ⅰ）

③　議会の解散請求（地自13Ⅰ・76Ⅰ）

④　議員・長の解職請求（地自13Ⅱ・80～）

　→③④については、解散・解職の可否を住民投票によって決する（地自76Ⅲ、80Ⅲ）

　これらの住民自治の原則を具体化する地方自治法の諸制度は、「地方自治の本旨」（92）にかなうものであるが、憲法上の要請に基づくものとまではいえない。

　また、地方自治法は、②に加えて、住民監査請求（242参照。監査委員に対し、長などの職員の財務会計上の行為について監査を求めることができる）や、住民訴訟（242の2参照。監査の結果に不服がある場合などにおいて、職員に対する損害賠償の請求をすることを長等に求める訴えを提起することができる）といった制度も設けている。住民訴訟は、客観訴訟である「民衆訴訟」の一類型であり（⇒100頁参照）、判例（最判昭53.3.30）は、「住民訴訟は地方自治の本旨に基づく住民参政の一環」であるとしている。

2　地方特別法の住民投票

　95条は、「一の地方公共団体のみに適用される特別法」（地方特別法）は、「法律の定めるところにより、その地方公共団体の住民の投票においてその過半数の同意を得なければ、国会は、これを制定することができない」と規定している。地方議会の議決ではなく、住民投票における過半数の同意が要件となっている点に、住民自治の理念が反映されている。

　95条の趣旨は、国による地方自治権の侵害を防止するとともに、地方公共団体の個性及び地方行政における民意を尊重する点にある。95条は、国会単独立法の原則を修正するものでもある。　⇒14頁

　95条にいう「一の地方公共団体のみに適用される特別法」の「一の地方公共団体」とは、実際にその法律が適用される地方公共団体が「1つ」という意味ではなく、「特定の」という意味である。したがって、「一の地方公共団体のみに適用される特別法」とは、「特定の地方公共団体の組織、運営、権能、権利、義務について特例を定める法律」（政府見解）を意味する。

　→横須賀・呉・佐世保・舞鶴の4市に適用される旧軍港市転換法も地方特別法に当たる

　また、特定の地方公共団体の地域を対象とする法律であっても、当該法律が国の事務や組織について規定し、地方公共団体の組織・運営・権能に関係のないものである場合には、地方特別法に該当しないものと解されている。

　なお、当該法律が、地方公共団体の住民の権利・義務に直接影響を与えるものであるかどうかという点は、地方特別法に該当するかどうかという問題と関係がない。

3　地方公共団体が実施する住民投票について

論点

　住民に身近な問題（原発施設や米軍基地の受入れなど）について、地方公共団体が住民投票を実施する例が増加しているとされる。

　現行の地方自治法は、住民投票条例による住民投票の法的拘束力を認めていない。裁判例（那覇地判平12.5.9／百選Ⅱ［第5版］〔224〕）は、代表民主制によって市政を執行しようとする現行法の制度原理と整合しない結果を招来す

ることにもなりかねない旨判示している。

→なお、国政について国民投票を実施し、その結果に法的拘束力を認めることとするのは、端的に代表民主制に反するため許容されない

学説上では、法的拘束力のない諮問的な住民投票である限り、議会や長の権限を法的に侵害しないので条例で定めることも許容されるとする一方、法律を改正して住民投票の結果に法的拘束力を認めることとするのは、世論操作・誘導のおそれも否定できない以上、憲法上困難であると解する見解が有力である。

→地方政治では、法律を改正して住民投票の結果に法的拘束力を認めることとしても、住民自治に配慮する観点から、違憲ではないと解する見解もある

7-3 地方公共団体の権能

学習の指針

一 地方公共団体の事務
二 条例制定権
三 自主財政権

この節において、短答式試験のみならず論文式試験においても重要となるのが、「条例制定権」です。非常に重要な判例がありますので、必ず正確に理解するようにしましょう。それ以外の部分は、さっと目を通す程度で十分です。

一 地方公共団体の事務

94条は、「地方公共団体は、その財産を管理し、事務を処理し、及び行政を執行する権能を有し、法律の範囲内で条例を制定することができる」と定めている。この規定は、地方公共団体は総合的な統治団体であり、包括的に地方公共団体の実体的（基本的）権能を保障したものと解されている。

→地方公共団体の実体的（基本的）権能としては、自主組織権・自主立法権・自主行政権・自主財政権などが挙げられるが、司法権は国の独占的な作用であり、これに含まれない

地方公共団体は、地域における公共的な事務すべてを処理することができる。地方自治法は、地方公共団体の事務を「自治事務」と「法定受託事務」に分類している。「自治事務」とは、地方公共団体が処理する事務のうち、「法定受託事務」以外のもの（地自2Ⅷ）をいい、飲食店営業の許可事務や市町村税の賦課徴収事務などがこれに当たる。「法定受託事務」とは、国又は都道府県が本来果たすべき役割に係るものであって、国又は都道府県においてその適正な処理を特に確保する必要がある事務（地自2Ⅸ①②参照）をいい、戸籍事務などがこれに当たる。

「法定受託事務」も地方公共団体の事務である以上、国が「法定受託事務」の事務処理に関与するためには法律の根拠が必要であり、大臣による包括的な指揮監督は認められない。

二 条例制定権

1 意義

地方公共団体は、「法律の範囲内で条例を制定することができる」(94)。「法律の範囲内」に関する詳しい説明は、後述する。　⇒195頁

「条例」とは、地方公共団体がその自治権に基づいて制定する自主法のこと

◀渡辺ほかⅡ・430頁
芦部・380頁

◀渡辺ほかⅡ・431頁以下
芦部・380頁以下

をいい、議会が議決する条例のみならず、長や各種委員会（教育委員会、公安委員会、人事委員会）が制定する規則も「条例」に含まれる。

「条例」は、地方公共団体の事務に関する事項しか規律できない（刑罰を科す手続など、国の専属的事務については条例で定めることができない）。その一方で、自主法である「条例」は、法令の委任がなくても独自に定めることができる。

→住民に義務を課し、又は権利を制限するには、議会の議決する条例によらなければならない（地自14Ⅱ、96Ⅰ①）が、この条例によって住民の基本的人権を制限することも許される（最大判昭29.11.24）

> **判例**　条例による地域的な別異取扱い（最大判昭33.10.15／百選Ⅰ[第7版]（32））
>
> 事案：　東京都内において料亭を経営していたXは、同料亭内で複数の女中に売春させ報酬を得ていたとして、罰金刑に処された。Xは、売春のような一般的な取締りは全国一律に法律で行われるべきであり、都道府県ごとに異なる取締規定が設けられれば、居住地が異なることによって国民が別異取扱いを受けることになり、憲法の平等の精神に反すると主張した。
>
> 判旨：　「社会生活の法的規律は通常、全国にわたり画一的な効力をもつ法律によってなされているけれども、中には各地方の特殊性に応じその実情に即して規律するためにこれを各地方公共団体の自治に委ねる方が一層合目的的なものもあり、またときにはいずれの方法によって規律しても差支えないものもある。これすなわち憲法94条が、地方公共団体は『法律の範囲内で条例を制定することができる』と定めている所以である。……憲法が各地方公共団体の条例制定権を認める以上、地域によって差別を生ずることは当然に予期されることであるから、かかる差別は憲法みずから容認するところである。それ故、地方公共団体が売春の取締について各別に条例を制定する結果、その取扱に差別を生ずることがあっても、……地域差の故をもって違憲ということはできない」。

2　条例制定権の限界①（法律留保事項）

上記のとおり、条例は地方公共団体の事務に関する事項しか規律できないが、かかる事務に関する事項であれば、条例による住民の基本的人権の制限も可能である。

もっとも、憲法が条文の文言上「法律」で定めることを要求している事項（法律留保事項。29Ⅱ、31、84）については、条例による規制が可能かどうかが問題となる。

(1)　財産権の制限（29Ⅱ）　⇒『総論・人権』参照

論点

29条2項は、「財産権の内容は、公共の福祉に適合するやうに、法律でこれを定める」と規定している。そこで、条例による財産権の制限が許されるかが問題となる。

学説の中には、財産権の「内容」の規制は法律による必要があるので条例でこれを定めることは許されないが、財産権の「行使」の規制は条例で定めることも許されると解する見解もある。しかし、財産権の「内容」と「行使」を区別することは極めて困難であると解されている。

そこで、条例は「公選の議員をもって組織する地方公共団体の議会の議決を経て制定される自治立法」（最大判昭37.5.30／百選Ⅱ[第7版]〔208〕参照）であり、実質的には法律に準ずるものであるから、条例により地域の特性に

応じた財産権の規制は可能であると一般に解されている。

　もっとも、この見解も、当該財産権が一地方の利害を超えて全国民の利害に関わるものであったり、全国的な取引の対象となりうるものであるような場合には、当該財産権の内容の規制は、原則として法律によらなければならないと解している。

　なお、奈良県ため池条例事件（最大判昭38.6.26／百選Ⅰ［第7版］〔98〕）は、以下のとおり判示している。

> **判例**　奈良県ため池条例事件（最大判昭38.6.26／百選Ⅰ［第7版］〔98〕）
>
> 「ため池の破損、決かいの原因となるため池の堤とうの使用行為は、憲法でも、民法でも適法な財産権の行使として保障されていないものであって、憲法、民法の保障する財産権の行使の埒外にあるものというべく、従って、これらの行為を条例をもって禁止、処罰しても憲法および法律に牴触またはこれを逸脱するものとはいえないし、また右条項に規定するような事項を、既に規定していると認むべき法令は存在していないのであるから、これを条例で定めたからといって、違憲または違法の点は認められない」。

(2)　罰則 (31)　　　⚠論点

　31条は、「何人も、法律の定める手続によらなければ、その生命若しくは自由を奪はれ、又はその他の刑罰を科せられない」と規定しており、また73条6号但書は、「政令には、特にその法律の委任がある場合を除いては、罰則を設けることができない」と規定している。そこで、条例による罰則の制定が許されるかが問題となる。

　学説では、上記(1)の場合と同じ理由づけ（条例は「公選の議員をもって組織する地方公共団体の議会の議決を経て制定される自治立法」（最大判昭37.5.30／百選Ⅱ［第7版］〔208〕参照）であり、実質的には法律に準ずるものである）で、31条の「法律」には条例も含まれるので、条例による罰則の制定も許されると解する見解が多数を占める。

　　→地方自治法14条3項（「普通地方公共団体は、法令に特別の定めがあるものを除くほか、その条例中に、条例に違反した者に対し、2年以下の懲役若しくは禁錮、100万円以下の罰金、拘留、科料若しくは没収の刑又は5万円以下の過料を科する旨の規定を設けることができる」）は、地方公共団体の条例による罰則の上限を設定したものと解される

　この問題について、判例は、次のとおり判示している。

判例 条例による罰則の制定（最大判昭37.5.30／百選Ⅱ[第7版]〔208〕）

判旨：「憲法31条はかならずしも刑罰がすべて法律そのもので定められなければならないとするものでなく、法律の授権によってそれ以下の法令によって定めることもできると解すべきで、このことは憲法73条6号但書によっても明らかである。ただ、法律の授権が不特定な一般的の白紙委任的なものであってはならないことは、いうまでもない」。「条例は、法律以下の法令といっても、……公選の議員をもって組織する地方公共団体の議会の議決を経て制定される自治立法であって、行政府の制定する命令等とは性質を異にし、むしろ国民の公選した議員をもって組織する国会の議決を経て制定される法律に類するものであるから、条例によって刑罰を定める場合には、法律の授権が相当な程度に具体的であり、限定されておればたりる」。そうしてみれば、「地方自治法2条3項7号及び1号のように相当に具体的な内容の事項につき、同法14条5項[注：現14条3項]のように限定された刑罰の範囲内において、条例をもって罰則を定めることができるとしたのは、憲法31条の意味において法律の定める手続によって刑罰を科するものということができる」。

評釈：　本判例は、「条例によって刑罰を定める場合には、法律の授権が相当な程度に具体的であり、限定されておればたりる」とした上で、「地方自治法2条3項7号及び1号のように相当に具体的な内容の事項」について条例で罰則を設けても31条・73条6号に反しないと判示している。しかし、改正後の地方自治法は、「2条3項7号及び1号」のような自治事務の列挙事由を削除しているため、もはや本判例の論理は妥当しないと評されており、「相当な程度に具体的であり、限定」された法律の授権がなくても、本文で説明した理由により、条例による罰則の制定は許されると解するのが一般的である。

(3) **地方税の賦課徴収（84）**

84条は、「あらたに租税を課し、又は現行の租税を変更するには、法律又は法律の定める条件によることを必要とする」として、租税法律主義（⇒168頁）を定めている。そこで、条例による地方税の賦課徴収が許されるかが問題となる。

この点については、後に説明するとおり、92条・94条が地方公共団体に自主財政権を保障しており、地方公共団体の自主財源の中心は住民の租税であるので、地方公共団体は自治権の1つとして自主課税権も有すると解されている。したがって、84条の「法律」には条例も含まれると一般に解されており、条例による地方税の賦課徴収は許される。判例（神奈川県臨時特例企業税条例事件・最判平25.3.21／百選Ⅱ[第7版]〔201〕）も、「普通地方公共団体は、地方自治の不可欠の要素として」、「課税権の主体となることが憲法上予定されている」と判示している。

→地方税法3条は、憲法84条の「法律」には条例も含まれるという憲法の趣旨を確認したものと考えられている

3 条例制定権の限界②（「法律の範囲内」）

論文・司法H19

94条は「法律の範囲内」で条例を制定できると規定し、地方自治法14条1項は「法令に違反しない限り」条例を制定できるとしている。したがって、条例と法令（法律・命令）が衝突した場合には、法令が優越することになる。

憲法94条は「法律の範囲内」で条例を制定できると規定している。では、法律の定める規制基準よりも厳しい基準を定める条例（上乗せ条例）や、法律の規制対象以外の事項について規制する条例（横出し条例）を制定した場合において、これらが「法律の範囲内」（94）かどうかはどのように判断すべきか。

考え方のすじ道

条例が法令に違反するかどうかは、両者の対象事項と規定文言を対比するのみでなく、それぞれの趣旨、目的、内容及び効果を比較し、両者の間に矛盾抵触があるかどうかによって決すべきである
　　　↓具体的には
ある事項について法令中にこれを規律する明文の規定がない場合でも、当該法令全体からみて、右規定の欠如が特に当該事項についていかなる規制をも施すことなく放置すべきものとする趣旨であると解されるときは、これについて規律を設ける条例の規定は法令に違反すると解する
　　　↓一方
特定事項についてこれを規律する法令と条例とが併存する場合でも、①条例が法令とは別の目的に基づく規律を意図するものであり、その適用によって法令の規定の意図する目的と効果をなんら阻害することがないときや、②両者が同一の目的に出たものであっても、法令が必ずしもその規定によって全国的に一律に同一内容の規制を施す趣旨ではなく、それぞれの普通地方公共団体において、その地方の実情に応じて、別段の規制を施すことを容認する趣旨であると解されるときは、両者の間に矛盾抵触はないというべきである
　　　↓したがって
上乗せ条例の場合は、①法令とは別の目的に基づく規律を意図するものであり、その適用によって法令の規定の意図する目的と効果をなんら阻害することがないときか、又は②法令と同一の目的に出たものであっても、法令が必ずしもその規定によって全国的に一律に同一内容の規制を施す趣旨ではなく、それぞれの普通地方公共団体において、その地方の実情に応じて、別段の規制を施すことを容認する趣旨であると解されるときは、両者の間に矛盾抵触がないといえるので、「法律の範囲内」と解する
　　　↓また
横出し条例の場合は、当該法令全体からみて、右規定の欠如が特に当該事項についていかなる規制をも施すことなく放置すべきものとする趣旨であると解されるときでなければ、両者の間に矛盾抵触がないといえるので、「法律の範囲内」と解する

アドヴァンス

判例 徳島市公安条例事件（最大判昭50.9.10／百選Ⅰ[第7版]（83））

「条例が国の法令に違反するかどうかは、両者の対象事項と規定文言を対比するのみでなく、それぞれの趣旨、目的、内容及び効果を比較し、両者の間に矛盾牴触があるかどうかによってこれを決しなければならない。例えば、ある事項について国の法令中にこれを規律する明文の規定がない場合でも、当該法令全体からみて、右規定の欠如が特に当該事項についていかなる規制をも施すことなく放置すべきものとする趣旨であると解されるときは、これについて規律を設ける条例の規定は国の法令に違反することとなりうるし、逆に、特定事項についてこれを規律する国の法令と条例とが併存する場合でも、後者が前者とは別の目的に基づく規律を意図するものであり、その適用によって前者の規定の意図する目的と効果をなんら阻害することがないときや、両者が同一の目的に出たものであっても、国の法令が必ずしもその規定によって全国的に一律に同一内容の規制を施す趣旨ではなく、それぞれの普通地方公共団体において、その地方の実情に応じて、別段の規制を施すことを容認する趣旨であると解されるときは、国の法令と条例との間にはなんらの矛盾牴触はなく、条例が国の法令に違反する問題は生じえないのである。」

【条例制定権の限界②（「法律の範囲内」）】

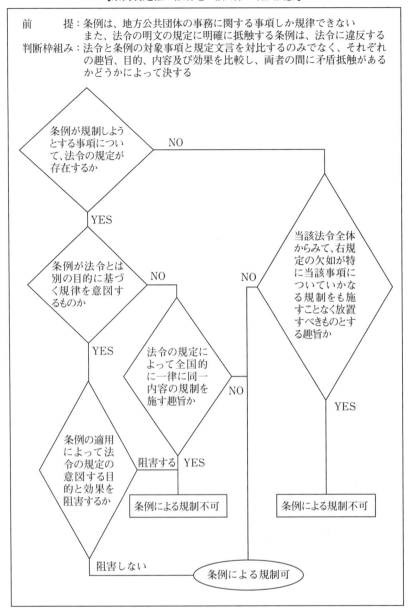

前　　　提：条例は、地方公共団体の事務に関する事項しか規律できない
　　　　　　また、法令の明文の規定に明確に抵触する条例は、法令に違反する
判断枠組み：法令と条例の対象事項と規定文言を対比するのみでなく、それぞれの趣旨、目的、内容及び効果を比較し、両者の間に矛盾抵触があるかどうかによって決する

条例が規制しようとする事項について、法令の規定が存在するか　→NO

当該法令全体からみて、右規定の欠如が特に当該事項についていかなる規制をも施すことなく放置すべきものとする趣旨か

YES

条例が法令とは別の目的に基づく規律を意図するものか　NO　NO

法令の規定によって全国的に一律に同一内容の規制を施す趣旨か　NO

YES

条例の適用によって法令の規定の意図する目的と効果を阻害するか　阻害する　YES

阻害しない

条例による規制不可

条例による規制不可

条例による規制可

三　自主財政権

地方公共団体が自主的に財政処理を行う権限（自主財政権）を有することは、団体自治の当然の帰結であり、92条・94条は、地方公共団体に自主財政権を保障しているものと解されている。

また、地方公共団体の自主財源の中心は住民の租税であるから、自主課税権も認められている。地方税法は、地方公共団体による課税について詳しく規律しているところ、以下の判例（最判平25.3.21／百選Ⅱ［第7版］〔201〕）は、こうした規律を是認し、地方税法の趣旨・目的に反したり、その効果を阻害したりする内容の条例は許されないとしている。

◀渡辺ほかⅡ・436頁

判例　神奈川県臨時特例企業税条例事件（最判平25.3.21／百選Ⅱ［第7版］（201））

事案：　大幅な財源不足に陥ったＹ（神奈川県）は、特例企業税を課す神奈川県臨時特例企業税条例（以下「本件条例」という）を制定した。本件条例が課す特例企業税によって、地方税法の定める欠損金の繰越控除（各事業年度の所得計算における欠損金を翌事業年度以降に繰り越し、その事業年度の所得から控除する制度であり、課税所得の対象となる所得金額が差し引かれるため、節税の効果を有する）を実質的に一部排除する効果が発生する。そこで、Ｘは、本件条例が地方税法の趣旨に反し違法・無効であり、それに基づく課税処分も違法・無効であると主張して争った。

判旨：　「条例が国の法令に違反するかどうかは、両者の対象事項と規定文言を対比するのみでなく、それぞれの趣旨、目的、内容及び効果を比較し、両者の間に矛盾抵触があるかどうかによってこれを決しなければならない」（徳島市公安条例事件・最大判昭50.9.10／百選Ⅰ［第7版］〔83〕参照）。

　　　　「普通地方公共団体は、地方自治の本旨に従い、その財産を管理し、事務を処理し、及び行政を執行する権能を有するものであり（憲法92条、94条）、その本旨に従ってこれらを行うためにはその財源を自ら調達する権能を有することが必要であることからすると、普通地方公共団体は、地方自治の不可欠の要素として、……国とは別途に課税権の主体となることが憲法上予定されている」。ただし、92条・94条の規定や、「租税の賦課については国民の税負担全体の程度や財源の配分等の観点からの調整が必要であることに照らせば、普通地方公共団体が課することができる租税の税目、課税客体、課税標準、税率その他の事項については、憲法上、租税法律主義（84条）の原則の下で、法律において地方自治の本旨を踏まえてその準則を定めることが予定されており、これらの事項について法律において準則が定められた場合には、普通地方公共団体の課税権は、これに従ってその範囲内で行使されなければならない。」

　　　　したがって、条例において、地方税法の「強行規定に反する内容の定めを設けることによって当該規定の内容を実質的に変更することも、……同法の規定の趣旨、目的に反し、その効果を阻害する内容のものとして許されない」。

　　　　欠損金の繰越控除は、「法人の税負担をできるだけ均等化して公平な課税を行うという趣旨、目的から設けられた制度」であることなどから、「欠損金の繰越控除を定める地方税法の規定は、……強行規定である」。他方、本件条例の「実質は、繰越控除欠損金額それ自体を課税標準とするものにほかならず、……欠損金の繰越控除を一部排除する効果を有する」。また、特例企業税の創設の経緯等にも鑑みると、本件条例は、欠損金の繰越控除のうち一部についてその適用を遮断することを意図して制定されたものというほかはない。

　　　　以上によれば、特例企業税を定める本件条例の規定は、地方税法の「趣旨、目的に反し、その効果を阻害する内容のものであって、法人事業税に関する同法の強行規定と矛盾抵触するものとしてこれに違反し、違法、無効であるというべきである。」

1 地方自治の本質について、地方公共団体固有の前国家的な基本権を保障したものではなく、地方自治という歴史的・伝統的な制度を保障したものと解する立場に立つと、憲法第92条に規定された「地方自治の本旨」には特別の法的意味がないこととなる。［司Ｒ３－19］

× 地方自治の本質について、地方自治という歴史的・伝統的な制度を保障したものと解する立場（制度的保障説）に立つと、「地方自治の本旨」（92）は、国の法律によっても侵すことのできない地方自治制度の本質的内容ないし核心的部分を意味することになる。
⇒7－1 二（p.187）

2 憲法第92条は地方公共団体の組織及び運営に関する事項については法律でこれを定めることとしているから、法律で地方公共団体そのものを廃止することは許されないが、地方議会を諮問機関とすることは必ずしも違憲ということはできない。［司Ｈ20－19］

× 地方公共団体そのものを廃止したり、地方議会を「諮問機関」とするといったことは、「地方自治の本旨」（92）に反するものとして違憲となると解されている。
⇒7－1 三（p.188）

3 憲法第92条は、地方自治の基本原則について定めているが、地方公共団体の長に対する住民による条例の制定又は改廃についての直接請求制度を設けることは、地方自治の本旨の一内容である団体自治を実現するものとして認められる。［司Ｈ19－19］

× 地方自治法上の直接請求制度は、「団体自治」ではなく「住民自治」を実現するものとして認められる。
⇒7－1 三（p.188）

4 憲法上の「地方公共団体」とは、沿革的に見ても、また現実の行政の上においても、相当程度の自主立法権、自主行政権、自主財政権等、地方自治の基本的権能を付与された地域団体であれば足り、共同体意識を持っているという社会的基盤が存在する必要はない。［司Ｈ27－20＝予Ｈ27－12］

× 判例（最大判昭38.3.27／百選Ⅱ［第7版］〔200〕）は、93条2項の「地方公共団体といい得るためには、単に法律で地方公共団体として取り扱われているということだけでは足らず、事実上住民が経済的文化的に密接な共同生活を営み、共同体意識をもっているという社会的基盤が存在」することも必要であるとしている。
⇒7－2 一（p.189）

5　地方自治法は、地方公共団体として、普通地方公共団体と特別地方公共団体とを定めている。同法は、一時期、都の特別区について、その区長は特別区の議会が都知事の同意を得てこれを選任するものと定めていたところ、最高裁判所は、特別区は憲法上の地方公共団体には当たらないものと解して、これを合憲としたが、現在の地方自治法では、都の特別区も、都道府県及び市町村と同じく普通地方公共団体とされており、その区長は選挙人の投票により選挙される。［司H18－20］

× 本肢前段及び後段前半は正しい（最大判昭38.3.27／百選Ⅱ［第6版］〔207〕参照）。また、都の特別区の区長も現在では公選制とされているが、「特別区」は現在の地方自治法でも「特別地方公共団体」とされている（地自1の3Ⅲ）。
⇒7-2 一 (p.189)

6　憲法が、基礎的な地方公共団体と包括的な地方公共団体からなる2段階構造を保障しているか否かについては、議論がある。これを肯定する立場は、憲法が、制定当時の地方制度、すなわち市町村と都道府県からなる地方制度を前提にして地方自治を保障したことを尊重するものであるが、この立場からしても、都道府県より更に広域の道州のような自治組織を設けることは、必ずしも、憲法に違反すると解すべきことにはならない。［司H18－20］

○ 憲法は二層制（二段階制）を保障しているとする立場に立っても、「広域の地方公共団体」として都道府県をより広域的な道州制に再編することも立法政策の問題として許容されると解されている。
⇒7-2 一 (p.189)

7　憲法は、都道府県と市町村という二層構造の地方公共団体を憲法上保障しておらず、地方公共団体の在り方は立法政策に委ねられるとする立場に立つと、現行の都道府県より更に大きな単位の地方公共団体を設け、三層構造とすることも許容されることとなる。［司R3－19］

○ 本肢の立場（二段階制立法政策説）に立つと、地方公共団体を二層構造とすることも三層構造にすることも全て立法政策に委ねられることになる。
⇒7-2 一 (p.189)

8　小規模な普通地方公共団体の議事機関として、議会ではなく、選挙権を有する者全員によって組織される総会を設けることは、地方自治の本旨に反するものではないから、憲法第93条第1項に反しない。［司R元－18］

○ 町村総会は93条1項の「議事機関」としての「議会」に当たるから、町村総会を定める地方自治法94条は憲法93条1項には反しないと解されている。
⇒7-2 二 (p.190)

9　地方議会は地方公共団体における議事機関であり、国会と同様の議会自治・議会自律の原則が認められるから、地方議会議員が議会で行った演説、討論等について議会外で責任を問われない権利が憲法上保障される。［司R元－18］

× 判例（最大判昭42.5.24）は、地方議会の議員について、国会議員に認められる免責特権が憲法上保障されていると解すべき根拠はない旨判示している。
⇒7-2 二 (p.190)

10　憲法第93条第2項は、地方公共団体の長及び議会の議員のほか、「法律の定めるその他の吏員」についても地方公共団体の住民が直接これを選挙すると定めているから、選挙管理委員会の委員を公選とすべきことも同項に基づく憲法上の要請である。［司H19－19］

× 93条2項から、直接に住民によって選挙される吏員を置くことが憲法上要請されるわけではない。
⇒7-2 二 (p.190)

11　憲法第93条第2項は、地方公共団体の長、地方議会の議員等を地方公共団体の住民が直接選挙すべき旨を定めており、地方公共団体の長及び地方議会の議員の解職請求があった場合にその可否を住民投票によって決すべきことも同項の要請である。［司R元−18］

× 議員・長の解職請求があった場合において、その可否を住民投票によって決する制度（地自80Ⅲ参照）は、住民自治の原則を具体化するものとして「地方自治の本旨」（92）にかなうものであるが、憲法上の要請に基づくものとまではいえない。
⇒7−2　三（p.191）

12　憲法第95条は、「一の地方公共団体のみに適用される特別法」について規定するが、「一の地方公共団体」は、「一つの」ではなく、「特定の」地方公共団体を意味するものであるから、複数の地方公共団体に適用される法律についても、同条の規定する住民投票が必要になる場合がある。［司R3−19］

○ 実際に、旧軍港市転換法は、旧軍港のある4市に適用される地方特別法として、住民投票に付されている。
⇒7−2　三（p.191）

13　一の地方公共団体のみに適用される特別法の制定に当たっては、国による地方自治権の侵害を防止するとともに、地方公共団体の個性の尊重及び地方行政における民意の尊重のため、憲法第95条により、当該地方公共団体の住民の投票においてその過半数を得ることが要求されているが、これまでに同条に基づく手続が実際にとられた例はない。［司R2−17］

× 本肢前段は正しい。もっとも、旧軍港のある4市に適用される旧軍港市転換法が地方特別法に当たるとして、95条に基づく住民投票に付された例がある。
⇒7−2　三（p.191）

14　国会が国の唯一の立法機関であることは、立法に対する他の国家機関の関与を必要としないことを意味するが、例外として、一の地方公共団体のみに適用される特別法については、当該地方公共団体の住民の権利義務に直接影響がある場合に限り、その団体の住民投票による同意を必要とする。［司H21−14］

× 当該地方公共団体の住民の権利義務に直接影響がある場合かどうかという点は、95条の地方特別法に該当するかどうかという問題と関係がない。
⇒7−2　三（p.191）

15　憲法第94条は、地方公共団体の権能として条例制定権を定めているが、同条にいう「条例」には、民主的議決機関である地方公共団体の議会が制定する条例だけでなく、地方公共団体の長が制定する規則も含まれる。［司H19−19］

○ 長や各種委員会（教育委員会、人事委員会等）が制定する規則も、94条の「条例」に含まれると解されている。
⇒7−3　二（p.193）

16　憲法第31条により刑罰及びこれを科す手続は「法律」で定める必要があるが、この「法律」には、法律に限らず、その授権を受けた下位法令も含まれる。そして、条例は住民の代表である議会が制定する自主立法として法律に類するから、法律が相当程度具体的に限定して授権している場合には、条例により刑罰及びこれを科す手続を定めることができる。［司H21−18］

× 条例は、地方公共団体の事務に関する事項しか規律できず、刑罰を科す手続など、国の専属的事務については条例で定めることができない。
⇒7−3　二（p.193）

17 憲法第94条は地方公共団体の条例制定権を定めており、地方公共団体は、広義の自治事務に該当する事務であれば、条例により住民の基本的人権に制約を課することも許されるのであって、このこと自体を直ちに違憲ということはできない。［司H20−19］

○ 「条例」は、地方公共団体の事務（広義の自治事務）に関する事項しか規律できないが、「条例」によって住民の基本的人権を制限することも許される（最大判昭29.11.24）。
⇒7−3　二（p.193）

18 憲法第94条は、地方公共団体に条例制定権を認めており、ある事項を条例によって規制する結果として、地方公共団体ごとにその取扱いに差異が生じることがあり得るから、ある事項について条例によって刑罰を定める場合、地域によって刑罰の内容に差異が生じることも許容され得る。［司R4−19＝予R4−12］

○ 判例（最大判昭33.10.15／百選I［第7版］〔32〕）参照
⇒7−3　二（p.193）

19 条例は、公選の議員をもって組織する地方公共団体の議会の議決を経て制定される自治立法であって、国民の公選した議員をもって組織する国会の議決を経て制定される法律に類するものであるから、条例によって刑罰を定める場合、法律による条例への委任は、一般的・包括的委任で足りる。［司R4−19＝予R4−12］

× 本肢前段は正しい。しかし、判例（最大判昭37.5.30／百選II［第7版］〔208〕）は、条例によって刑罰を定める場合、法律の授権が「不特定な一般的の白紙委任的なものであってはならない」としている。
⇒7−3　二（p.195）

20 最高裁判所の判例の趣旨に照らすと、憲法が地方公共団体の条例制定権を認めており、かつ、地方議会によって議決される条例は法律と実質的に同視できるものであるので、法律の授権がなくても、ある行為について条例で刑罰を定めてこれを規制することは許される。［司H24−19改］

× 判例（最大判昭37.5.30／百選II［第7版］〔208〕）は、「条例によって刑罰を定める場合には、法律の授権が相当な程度に具体的であり、限定されておればたりる」と判示しており、「法律の授権がなくても、ある行為について条例で刑罰を定めてこれを規制することは許される」とは判示していない。なお、学説上では、法律の授権がなくても、条例による罰則の制定は許されると解するのが一般的である。
⇒7−3　二（p.195）

21 租税の賦課は法律又は法律の定める条件によらなければならないが、条例は公選の議員で組織する議会の議決を経て制定される自治立法であるから、一定の範囲内で条例による租税の賦課徴収ができる。［司H26−18＝予H26−12］

○ 84条、最大判昭37.5.30／百選II［第7版］〔208〕、最判平25.3.21／百選II［第7版］〔201〕参照
⇒7−3　二（p.195）

22 憲法第94条は、法律の範囲内で条例制定権を認めているが、ある事項について国の法令中にこれを規制する明文の規定がない場合であれば、当該事項について規制を設ける条例の規定は、国の法令に違反しない。[司R4−19＝予R4−12]

× 徳島市公安条例事件（最大判昭50.9.10／百選Ⅰ[第7版]〔83〕）は、「ある事項について国の法令中にこれを規律する明文の規定がない場合」でも、「当該法令全体からみて、右規定の欠如が特に当該事項についていかなる規制をも施すことなく放置すべきものとする趣旨であると解されるときは、これについて規律を設ける条例の規定は国の法令に違反することとなりうる」としている。
⇒7−3 二（p.197）

23 判例によれば、憲法第84条に規定する租税法律主義の下では、地方公共団体が国とは別途に課税権の主体となることは憲法上予定されておらず、地方公共団体が条例により租税を賦課する場合には、租税の税目、課税客体、課税標準、税率等の事項について、法律で定められた具体的な準則に基づかなければならない。[司R2−17]

× 判例（最判平25.3.21／百選Ⅱ[第7版]〔201〕）は、「普通地方公共団体は、地方自治の不可欠の要素として、……国とは別途に課税権の主体となることが憲法上予定されている」としている。
⇒7−3 三（p.199）

8-1　憲法の変動

一　憲法の改正・限界	**学習の指針**
二　憲法の変遷	

学習の指針

　この節では、特に試験対策上重要となるのが「憲法の改正・限界」です。主に短答式試験で問われる知識が数多く存在しますので、最後の章ですが気を抜かずに読み進めていきましょう。なお、「憲法の変遷」の部分はさっと一読する程度の学習で十分です。

一　憲法の改正・限界

1　憲法の改正

(1)　意義

　憲法改正とは、憲法の定める手続に従って、憲法正文に変更を加えることをいう。

　憲法には、高度の安定性が求められる一方で、政治・経済・社会の変化に対応する可変性も不可欠である。そこで、この安定性と可変性という相互に矛盾する要請に応えるために考案されたのが、硬性憲法の仕組み（憲法の改正手続を定めつつ、その改正の要件を法律の制定よりも厳格にするという方法）であり、憲法の最高法規性を確保する制度（憲法保障制度）として重要な意義を有する。

(2)　憲法改正の手続

　96条は、まず1項で「この憲法の改正は、各議院の総議員の3分の2以上の賛成で、国会が、これを発議し、国民に提案してその承認を経なければならない。この承認には、特別の国民投票又は国会の定める選挙の際行はれる投票において、その過半数の賛成を必要とする」と規定し、次に2項で「憲法改正について前項の承認を経たときは、天皇は、国民の名で、この憲法と一体を成すものとして、直ちにこれを公布する」と規定している。

　このように、憲法改正は、①国会の発議、②国民の承認、③天皇の公布という手続を経て行われる。順に説明していく。

(a)　国会の発議

　通常の議案について国会法などで用いられる「発議」は、単に原案を提出することを意味するが、96条1項前段にいう「発議」とは、国民に提案すべき憲法改正案を国会が決定することをいい、その意味合いが異なる点に注意が必要である。

　96条1項前段の「発議」は、「発案」（改正案（原案）の提出）→「審議」→「議決」というプロセスを経る。

ア　発案

　国会法によれば、議員が憲法改正原案を発議するには、衆議院においては議員100人以上、参議院においては議員50人以上の賛成を要するとしている（国会68の2）。また、憲法改正原案の発議に当たっては、内容において関連する事項ごとに区分して行うものとされている（国会68

◀渡辺ほかⅡ・152頁以下
　芦部・404頁以下

の3）。

　　　→なお、法律案も含む「議案」を発議する場合については、国会法56
　　　　条がこれを規定している　⇒44頁

　　　問題は、内閣にも憲法改正案の提出権が認められるかどうかである
（⇒79頁参照）。具体的には、内閣法5条を改正して「憲法改正案」の提
出権を明記することが違憲かどうかという形で問題となる。

　　　合憲説は、内閣に提出権を認めても、各議院は内閣の改正案に対する
修正権を有する以上、国会審議の自主性は損なわれないこと、議院内閣
制の下では国会と内閣の協働が要請されることなどを主な理由としてい
る。

　　　しかし、憲法改正の重大性と改正手続の厳格性（96Ⅰ）に鑑みれば、
改正案の提出権を法律案の提出権と同じように考える合憲説は、妥当で
はない。また、「国会が、これを発議し」（96Ⅰ前段）との文言は、国会
のみが憲法改正案の「発議」を行うことができるという趣旨であるところ、
改正案の提出（発案）は「発議」の手続の一部であるから、憲法改正案
の提出権も国会議員のみに属すると解するのが憲法の精神に合致すると
考えられる。

　　　以上の理由から、内閣法5条を改正して「憲法改正案」の提出権を明
記するのは違憲であると解すべきである。

イ　審議

　　　憲法改正案は、憲法審査会の審査（国会102の6）を経て、本会議で
審議される。

　　　憲法は、法律の制定などについては「両議院は、各々その総議員の3
分の1以上の出席がなければ、議事を開き議決することができない」（56
Ⅰ）と規定して、「議事」及び「議決」の定足数がともに「総議員の3分
の1」であることを明らかにしているが、憲法改正案を審議する際（議事）
の定足数については、特に規定を置いていない。

　　　→なお、憲法改正の「議決」の定足数が「総議員の3分の2」であ
　　　　ることは明らかである（96Ⅰ参照）

　　　この点については、憲法改正は慎重な審議を要する案件であるから、
総議員の3分の2以上の出席が必要であるとする見解もある。しかし、
憲法上特に規定がない以上、定足数は法律の定めるところに委ねられて
いると解されており、法律に特別の規定がない限り、56条1項に従い、
総議員の3分の1以上の出席で足りると解されている。

ウ　議決

　　　憲法改正案を「発議」するためには、「各議院の総議員の3分の2以
上の賛成」（96Ⅰ前段）が必要である。

　　　では、ここにいう「総議員」とは、具体的にどういう意味かが問題と
なる。56条1項の「総議員」の場合と同様、現在議員数説と法定議員数
説とが対立している。　⇒34頁

　　　現在議員数説（法定議員数から死亡などの欠員を差し引いた、現に各
議院に在職する議員数の総数とする説）は、法定議員数説に対して、欠
員に相当する数を常に反対投票をしたものと同じに扱う点で合理性に欠
けるとの批判を加えている。

　　　しかし、①定足数が一定になり「総議員」の数を巡る争いを避けられ
ること、②憲法改正の発議要件を厳格にして議決を慎重にさせるのが憲
法の趣旨に合致することから、法定議員数説が有力であるとされている。

(b)　国民の承認

　憲法改正は、国民の承認によって成立する（天皇の公布は成立要件ではない）。そして、国民の承認には、「特別の国民投票又は国会の定める選挙の際行はれる投票において、その過半数の賛成を必要とする」（96Ⅰ後段）。

　この規定にいう「国会の定める選挙の際行はれる投票」とは、国民主権に関わるという事柄の性質上、全国的規模で行われる選挙、すなわち**衆議院議員総選挙又は参議院議員通常選挙**でなければならない。ただし、直近の衆議院議員総選挙に限られるわけではない。

　このように、国民の承認は「特別の国民投票又は国会の定める選挙の際行はれる投票」（以下「国民投票」という）によって行われ、国民投票のための具体的な手続を定めた法律が「日本国憲法の改正手続に関する法律」（国民投票法）である。たとえば、国民投票法3条は、満18歳以上の日本国民は、国民投票の投票権を有する旨規定している。

　そして、繰り返しになるが、国民の承認には国民「投票において、その過半数の賛成」（96Ⅰ後段）が必要となるが、「その過半数」とは具体的にどういう意味なのかが問題となる。

論点

　「その過半数」の意味については、①有権者総数の過半数と解する見解、②棄権票や無効票も含めた投票総数の過半数と解する見解、③棄権票や無効票を除く有効投票総数の過半数と解する見解がある。

　この点について、憲法改正の重要性や硬性憲法であることを重視すると、最も厳格な水準である①有権者総数の過半数を意味すると解することになる。しかし、①説に対しては、棄権者が全て改正案に反対しているものとみなされてしまう点で妥当ではないとの批判や、「その過半数」の「その」は「投票の」と読むのが文言上素直であり、「国民（有権者）の」と読むのは文言上無理があるとの批判がなされている。

　そこで、56条2項の場合（「出席議員」の意味　⇒34頁参照）と同様、ここでも②説と③説が対立していた。もっとも、国民投票法126条1項は、「投票総数の2分の1を超えた場合は、当該憲法改正について日本国憲法第96条第1項の国民の承認があったものとする」と規定し、「投票総数」を「憲法改正案に対する賛成の投票の数及び反対の投票の数を合計した数」（同98Ⅱ）と定義して、③説の立場を明確に採用するに至った。

　→56条2項の「出席議員」の意味について、実務上では積極説（②説）が採用されているところ、積極説（②説）がここでは採用されていない点に注意が必要である

　なお、**最低投票率制度**（国民投票において過半数の賛成があったとしても、一定の投票率に達しなかったときは、その国民投票は成立せず、国民の承認を得られなかったものとする制度）は、投票ボイコット運動を誘発するおそれがあるなどの理由から、法律上採用されていない。

☞ One Point ▶「国民投票運動」に対する一定の規制について

　国民投票法は、選挙運動に対置される概念として、国民投票運動（憲法改正案に対し、賛成又は反対の投票をし又はしないよう勧誘する行為。国民投票100の2参照）という概念を定義し、国民投票運動について罰則規定を置くなどの制限を設けています。もっとも、公職選挙法により規制される選挙運動（特定の選挙について、特定の候補者の当選を目的として、投票を得又は得させるために直接又は間接に必要かつ有利な行為。最判昭38.10.22参照）と比較すると、戸別訪問の禁止がないなど規制が緩和されています。なぜなら、国民投票運動は選挙運動と異なり、一般の国民が投票権者であると同時に運動主体であり、公職選挙法と同様の規制類型を設けてしまうと、その対象が国民全体に及び、表現の自由に対して大きな萎縮効果を及ぼすからです。

(c)　天皇の公布

　憲法改正について国民の承認を得たときは、天皇は「国民の名で、この憲法と一体を成すものとして、直ちに」これを公布する（96Ⅱ、7①）。

　「国民の名で」とは、憲法改正権者である国民の意思による改正であることを明らかにする趣旨（憲法改正権が国民にあることを明確にする趣旨）である。また、「この憲法と一体を成すものとして」とは、改正された部分も他の部分と同様の最高法規としての効力（98Ⅰ）を有することを確認したものと解されている。

　そして、「直ちに」とは、公布を恣意的に遅らせてはならないことを定めたものである。

2　憲法改正の限界

　憲法の定める改正手続に従いさえすれば、憲法の基本原理（国民主権・基本的人権の尊重・平和主義）を改正することなどのように、憲法にいかなる内容の変更を加えることも可能となるのであろうか。

　まず、法的にいかなる内容の改正も可能であると解する見解（無限界説）がある。

∵①　憲法を始源的に創設する憲法制定権力（制憲権）と憲法改正権は同じものであり、制憲権は万能である以上、憲法改正にも限界はないので、もとの憲法の基本原理を変更することも認められる

②　憲法規範に価値序列や段階性は認められないのであって、「不変」「不可侵」「永久」といった文言を用いて定めた改正禁止規定は、たやすく憲法を改正すべきではないとの考えを明らかにしたものにすぎない

③　社会は絶えず変化するものである以上、法もこれに応じて変化すべきであり、現在の規範・価値によって将来の世代を拘束するのは不当であって、憲法もその例外ではない

　しかし、憲法改正には法的な限界があると解する見解（限界説）が通説とされる。

∵①　憲法を始源的に創設する憲法制定権力（制憲権）と憲法改正権は同じものではなく、憲法改正権は憲法によって定められたいわば「制度化された制憲権」にすぎないから、自己の存立の基盤ともいうべき制憲権の所在（国民主権）や憲法の基本原理を変更することはできない

②　近代憲法は、制憲権が国民にあること（国民主権）を前提に、「人間は生まれながらにして自由であり、平等である」という自然権思想を成文化・実定化した法であり、憲法の妥当性の根拠は人権の根本規範性にあるから、憲法改正権がその根本規範を改変することは許されない

　したがって、限界説によれば、ある憲法の基本原理が所定の憲法改正手続に

従って改正されたとすれば、それは憲法の廃止と新憲法の制定という法を超えた政治的事件と解することになる。

限界説によれば、憲法の基本原理（国民主権、基本的人権の尊重、平和主義）を改正できないことになるが、戦力不保持を定める9条2項は改正可能であると解するのが多数説である（現在の国際情勢において、軍隊を保有すること自体が平和主義を否定することにはならない）。したがって、9条に「第3項」を新設して自衛隊の存在を規定しても、憲法改正の限界を超えることにはならないと解されている。

一方、96条の定める憲法改正の国民投票制については、国民の制憲権の思想を端的に具体化したものであり、これを廃止することは国民主権の原理に抵触するので、96条を改正することは許されないと一般に解されている。

二　憲法の変遷

憲法の変遷とは、憲法が改正されていないのに、憲法の正文の意味が改正されたのと同じ程度に実質的に変化することをいう。学説上議論されているのは、憲法の規範に違反する現実（憲法現実）が生じている場合において、その事態に憲法規範が改正されたのと同じ法的効果を認めることができるかどうかである。

この点について、一定の要件（継続・反復及び国民の同意等）が満たされた場合には、その憲法規範に違反する現実が法的に有効なものと承認され、これと矛盾する憲法規範を改廃する効力をもつと解する見解もある。しかし、憲法の変遷が生じる要件を明らかにすること自体が容易ではない上に、将来、国民の意識の変化によって、いったんは矛盾するとされた憲法規範も再度息を吹き返すことがありうるとの理由から、この見解は学説上否定的に捉えられている。

そこで、憲法の変遷はあくまでも事実にしかすぎず、憲法の規範性を重視して、法的効果を認めることはできないとする見解が、学説上極めて有力とされている。

◀渡辺ほかⅡ・164頁以下
　芦部・411頁以下

8-2　憲法の保障

| 一　憲法保障の諸類型 |
| 二　抵抗権 |
| 三　国家緊急権 |

学習の指針

この節では、憲法の最高法規性を確保する仕組みである憲法保障制度についてみていきます。主に短答式試験でこれらの知識が問われることがありますが、その頻度は相対的に多くはないので、ざっと一読した後、試験直前期に復習する方法が効率的です。

一　憲法保障の諸類型

憲法保障とは、憲法の最高法規性を確保する仕組みのことをいう。

憲法が他の法規範と質的に異なる最高法規とされている理由は、憲法の内容が、人間の権利・自由をあらゆる国家権力から不可侵のものとして保障する規範を中心として構成されているからである。このような意味における最高法規性を、一般に「実質的最高法規性」という。　⇒『総論・人権』

しかし、憲法の最高法規性は、法律などの下位の法規範や違憲的な権力行使によって脅かされるおそれがある。そこで、憲法の最高法規性を確保する仕組

◀渡辺ほかⅡ・168頁
　芦部・386頁

みとして、憲法自身が定めている制度がいくつか存在する。

　　まず、硬性憲法の仕組み（96）が挙げられる。前にも説明したとおり、憲法には高度の安定性が求められる一方、政治・経済・社会の変化に対応する可変性も不可欠であるので、この安定性と可変性という相互に矛盾する要請に応えるために考案されたのが硬性憲法の仕組みであり、憲法保障制度として重要な意義を有する。

　　このほかにも、憲法の最高法規性の宣言（98）や公務員の憲法尊重擁護義務（99）、権力分立の制度（41、65、76参照）が憲法保障制度として挙げられる。また、事後的に憲法の最高法規性を回復するための制度とされるのが違憲審査制（81）であり、憲法保障制度の中でも最も重要なものとして位置づけられている。

　　以上が憲法自身によって定められている憲法保障制度であるが、憲法には定められていないものの、超憲法的な根拠によって認められると考えられる憲法保障制度として、「抵抗権」と「国家緊急権」の2つが挙げられる。以下では、これらを順に説明する。

二　抵抗権

◀渡辺ほかⅡ・180頁以下　芦部・387頁

　　抵抗権とは、国家権力が人権の尊厳を侵す重大な不法を行った場合に、国民が自らの権利・自由を守り人間の尊厳を確保するため、他に合法的な救済手段が不可能となったとき、実定法上の義務を拒否する抵抗行為をいう。端的にいえば、重大な人権侵害などの国家の圧政に対して、合法的な救済手段が尽きてもなお抵抗する国民の権利のことである。

　　　→抵抗権は、違憲審査制をはじめ「法の支配」を担保する様々な制度的なメカニズムが機能しなくなった場合に行使される「究極の憲法保障」といわれており、日本国憲法を守るための実力行使に限られる

　　抵抗権の思想は、市民革命期に自然権思想と結びついて重要な役割を果たしたとされており、実際に人権宣言の中に規定されたこともあった（1789年・1793年のフランス人権宣言参照）。もっとも、抵当権の本質はその非合法的な点にあるとされ、そもそも個人の権利・自由として制度化・実定化されることになじまないこと、近代立憲主義の進展とともに憲法保障が制度として整備されるようになったことから、人権宣言から姿を消すようになった。しかし、これは抵抗権の思想が全く不要になったことを意味するものではなく、抵抗権の思想は、立憲主義を支える基本的な理念として機能していると考えられている。

　　抵抗権の根拠をどこに求めるのかについては、学説上争いがある。まず、抵抗権の根拠を実定法上の根拠に求める見解（実定法説）がある。この見解は、基本的人権は国民の「不断の努力によつて」保持しなければならないとする12条や、最高法規の章に規定されている97条を援用する見解である。実定法説によれば、抵抗権は権利として実定法化することになる。

　　もっとも、12条や97条から、直ちに実定法上の権利としての抵抗権を導き出すことは極めて困難であるとし、抵抗権の根拠を自然権思想に求める見解（自然法説）が有力とされている。この見解は、抵抗権は自然権思想に基づく権利であり、その自然権を実定化したものが憲法であるので、憲法それ自体から抵抗権の理念を読み取ることが可能になるとしている。

三　国家緊急権

◀渡辺ほかⅡ・176頁以下　芦部・388頁

　　国家緊急権とは、戦争・内乱や大規模な自然災害などの非常事態において、国家の存立を維持するために、国家権力が憲法秩序を一時停止して非常措置をとる権限をいう。

　　　→一時停止される憲法秩序は、具体的には、基本的人権の保障や権力分立、

法治主義などである

国家緊急権は、外敵や国内の革命勢力から国家の存立を防衛し、非常事態を克服して最終的に憲法秩序を回復することが目的であるので、憲法保障制度の1つに位置づけられる。しかし、非常事態を克服するためとはいえ、国家権力を集中・強化し、一時的にせよ立憲主義に基づく憲法秩序を停止するものである以上、国家緊急権を発動することには立憲主義を破壊するという大きなリスクを伴う。

したがって、明治憲法が国家緊急権に関する規定（明憲8、14、31等）を置いていたにもかかわらず、日本国憲法が国家緊急権について何も規定を置かなかったのは、立憲主義に対する例外を認めることへの慎重な姿勢を示したものと一般に解されている。そのため、実定法上の規定がなくても国家の自然権として国家緊急権は是認されると解する見解は、国家緊急権の発動を事実上国家権力の恣意に委ねることを容認するものである以上、採用することはできない。

なお、外国において、憲法の明文で国家緊急権を容認している例は存在する。たとえば、ドイツ基本法は、10a章「防衛事態」115a条以下において、国家緊急権の発動要件・手続・効果等を詳細に定めているとされ、現行フランス第5共和制憲法は、16条において大統領非常措置権を規定し、大統領に包括的な権限を授権しているとされる。

1　憲法改正の手続において必要とされる発議とは、通常の議案についていわれる発議が原案を提出することを意味するのとは異なり、国民に提案すべき憲法の改正案を国会が決定することを意味している。［司R元−20＝予R元−12］

○　通常の議案について国会法などで用いられる「発議」は、単に原案を提出することを意味するが、96条1項前段にいう「発議」とは、国民に提案すべき憲法改正案を国会が決定することをいい、その意味合いが異なる。
⇒8−1　−（p.205）

2　国会法によれば、議員が憲法改正原案を発議するには、衆議院においては議員100人以上、参議院においては議員50人以上の賛成を要するが、その発議に当たっては、内容において関連する事項ごとに区分して行うものとされている。［司H30−20］

○　国会法68条の2、68条の3参照
⇒8−1　−（p.205）

3　改正案を国会に提案する権限を内閣が有するか否かについて、肯定説と否定説とが対立している。肯定説に対しては、否定説の立場から、内閣の発案権を認めると国会の自主的審議権が害されるとの批判がされているが、この批判に対し、肯定説の立場からは、内閣に発案権を認めたとしても、各議院は内閣の改正案に対する修正権を持つので、国会の自主的審議権を害するおそれはないとの反論が可能である。［司R2−19＝予R2−12改］

○　肯定説（合憲説）は、内閣に提出権を認めても、各議院は内閣の改正案に対する修正権を有する以上、国会審議の自主性は損なわれないと主張している。
⇒8−1　−（p.206）

4　「国会が憲法改正を発議するには、『各議院の総議員の3分の2以上の賛成』を必要とする。そこでいう『総議員』とは、議員の法定数を意味する。」という見解に対しては、「憲法改正の議決を厳重にするという趣旨では一定の合理性があるが、欠員に相当する数を常に反対投票をしたものと同じに扱う点で合理性に欠ける。」との批判が可能である。［司H21−19改］

○　法定議員数説に対しては、現在議員数説（法定議員数から死亡などの欠員を差し引いた、現に各議院に在職する議員数の総数とする説）から、本肢のように、欠員に相当する数を常に反対投票をしたものと同じに扱う点で合理性に欠けるとの批判がなされている。
⇒8−1　−（p.206）

5　憲法第96条第1項は、「この憲法の改正は、各議院の総議員の3分の2以上の賛成で、国会が、これを発議し、国民に提案してその承認を経なければならない。」と規定しているが、この「総議員」の意味には争いがあり、①法定議員数と解する説と、②現に各議院に在職する議員数の総数とする説がある。②説の根拠としては、定足数が一定になり「総議員」の数を巡る争いを避けられること、憲法改正の発議要件を厳格にして議決を慎重にさせるのが憲法の趣旨に合致することなどが考えられる。［司R2−19＝予R2−12改］

×　②説の根拠として述べられている本肢の記述は、いずれも法定議員数説の根拠となるものである。
⇒8−1　−（p.206）

6 憲法改正は、国会が発議し、国民の承認を経ることによって成立するもので、国民主権に関わることから、特別の国民投票又は直近の衆議院議員総選挙の際に行われる投票においてその過半数の賛成を必要とする。〔司R4-20〕

× 96条1項にいう「国会の定める選挙の際行はれる投票」とは、衆議院議員総選挙又は参議院議員通常選挙を意味する。直近の衆議院議員総選挙に限られるわけではない。
⇒8-1 － (p.207)

7 国会が発議した憲法改正に関する国民の承認は、衆議院議員総選挙又は参議院議員通常選挙の際に行われる国民投票によることも可能であるが、これらの選挙の際に行われる場合は日本国憲法の改正手続に関する法律は適用されない。〔司H30-20〕

× 「日本国憲法の改正手続に関する法律」(国民投票法)は、衆議院議員総選挙又は参議院議員通常選挙の際に行われる場合にも適用される。
⇒8-1 － (p.207)

8 憲法第96条第1項は、憲法改正が成立するためには国民投票において「その過半数の賛成」を必要とするとしているが、憲法改正の重要性や硬性憲法であることを重視する場合には、「その過半数の賛成」とは国民投票における有効投票の過半数を意味すると解すべきである。〔司H18-14〕

× 憲法改正の重要性や硬性憲法であることを重視すると、最も厳格な水準である「有権者総数の過半数」を意味すると解することになる。
⇒8-1 － (p.207)

9 憲法改正は、改正案が国民に提案され、国民投票が行われ、その過半数の賛成で承認されるのでなければ成立しない。「過半数」の意味については、①有権者総数の過半数か、②無効投票を含めた投票総数の過半数か、③有効投票総数の過半数か、を巡り議論があるところ、①説に対しては、棄権者が全て改正案に反対の意思と評価されてしまう点で妥当ではないとの批判が考えられる。〔司R2-19＝予R2-12改〕

○ ①説に対しては、「その過半数」の「その」は「投票の」と読むのが文言上素直であり、「国民(有権者)の」と読むのは文言上無理があるとの批判のほか、本肢のような批判がなされている。
⇒8-1 － (p.207)

10 国民による承認の要件として必要とされる過半数の賛成の意味については、憲法上複数の解釈があり得たが、それらの中から、法律で、有効投票総数の過半数の賛成をいうものと定められた。〔司R元-20＝予R元-12〕

○ 国民投票法126条1項は、「投票総数の2分の1を超えた場合は、当該憲法改正について日本国憲法第96条第1項の国民の承認があったものとする」と規定し、「投票総数」を「憲法改正案に対する賛成の投票の数及び反対の投票の数を合計した数」(同98Ⅱ)と定義している。
⇒8-1 － (p.207)

11 国民投票において過半数の賛成があったとしても、一定の投票率に達しなかったときは、その国民投票は成立せず、国民の承認を得られなかったものとする制度が、法律で設けられている。[司R元－20＝予R元－12]

× 本肢の制度（最低投票率制度）は、投票ボイコット運動を誘発するおそれがあるなどの理由から、法律上採用されていない。
⇒8－1－（p.207）

12 日本国憲法の改正手続に関する法律では、憲法改正案に対する国民投票運動に関し、公職選挙法により規制される選挙運動と比較すると、戸別訪問の禁止がないなど規制が緩和されている。[司H30－20]

○ 国民投票法は、公職選挙法により規制される選挙運動に対置される概念として、国民投票運動（国民投票100の2参照）という概念を定義し、一定の規制を設けているが、戸別訪問の禁止がないなど規制が緩和されている。
⇒8－1－（p.208）

13 憲法では、憲法改正について国民の承認を得たときは、天皇は「国民の名で、この憲法と一体を成すものとして」公布すると規定されている。これは、憲法改正権が国民にあることを明確にし、改正された部分も他の部分と同様の最高法規としての効力を有することを意味する。[予H23－12]

○ 96条2項参照。本肢のとおりである。
⇒8－1－（p.208）

14 憲法第96条第2項は、国民の承認を経た憲法改正について、「直ちにこれを公布する」と定めているが、ここで「直ちに」とされているのは、公布を恣意的に遅らせてはならないことを定めたものである。[司H29－20＝予H29－12]

○ 96条2項参照。本肢のとおりである。
⇒8－1－（p.208）

15 「憲法規範に価値序列や段階性は認められず、『不変』『不可侵』『永久』等の語を用いて定めた改正禁止規定は、たやすく改正すべきではないとの考えを明らかにしたものである。」という記述は、憲法改正について無限界説の立場に立つものである。[予H28－12改]

○ 憲法規範に価値序列や段階性は認められないと考えれば、憲法改正に限界はないと考えることになるので、無限界説の立場に立つものといえる。
⇒8－1－（p.208）

16 「法は、元来、人間の社会生活に奉仕する手段であり、かつ社会は絶えず変化するものであるから、現在の規範・価値によって将来の世代を拘束するのは不当である。」という記述は、憲法改正について無限界説の立場に立つものである。[予H28－12改]

○ 現在の規範・価値によって将来の世代を拘束するのは不当であると考えれば、変化する社会に対応するため、憲法改正に限界はないと考えることになるので、無限界説の立場に立つものといえる。
⇒8－1－（p.208）

17　憲法を始源的に創設する憲法制定権力と憲法によって与えられた憲法改正権とを区別する考えは、憲法改正には法的な限界があるとする見解の根拠となる。［司R4－20］

○　憲法制定権力（制憲権）と憲法改正権とを区別する考えは、憲法改正権は憲法によって定められたいわば「制度化された制憲権」にすぎないと考えるので、自己の存立の基盤ともいうべき制憲権の所在（国民主権）や憲法の基本原理を変更することはできない（限界説）と解することになる。
⇒8－1　－（p.208）

18　「憲法改正権は、憲法制定権力発動の所産である憲法に根拠を有する以上、憲法の同質性を失わせるような改正をする法的能力を持ち得ない。」という記述は、憲法改正について限界説の立場に立つものである。［予H24－12改］

○　本肢の記述は、憲法制定権力と憲法改正権とを区別する考えに立つものであるので、限界説の立場に立つものといえる。
⇒8－1　－（p.208）

19　憲法改正権が制度化された制憲権であるという理解からすれば、制憲権が万能である以上、憲法改正には限界はなく、いかなる内容の改正もなし得るということになる。［司H18－14］

×　憲法改正権は「制度化された制憲権」にすぎないと考えると、自己の存立の基盤ともいうべき制憲権の所在（国民主権）や憲法の基本原理を変更することはできない（限界説）と解することになる。
⇒8－1　－（p.208）

20　「憲法規範には実定化された自然法規範が含まれており、それは実定化されたとしても自然法規範としての性質を失うものではない。」という記述は、憲法改正について限界説の立場に立つものである。［予H28－12改］

○　憲法規範には「人間は生まれながらにして自由であり、平等である」という自然法規範が含まれており、これを成文化・実定化したのが憲法であると考えると、憲法の妥当性の根拠である自然法規範を憲法改正によって改変することは許されない（限界説）と解することになる。
⇒8－1　－（p.208）

21　「憲法の妥当性の根拠は、基本的人権の保障を含む根本規範である。」という記述は、憲法改正について限界説の立場に立つものである。［司H20－20改］

○　憲法の妥当性の根拠は人権の根本規範性にあると考えると、これを憲法改正によって改変することは許されない（限界説）と解することになる。
⇒8－1　－(p.208)

22 「ある憲法の基本原理が所定の憲法改正手続に従って改正されたとすれば、それは憲法の廃止と新憲法の制定という、法を超えた政治的事件ということになる。」という見解は、憲法改正について限界説の立場に立つものである。[予H24－12改]

○ 本肢のとおりである。仮に、無限界説の立場に立つと、たとえ憲法の基本原理が改正されても、その改正前後を通じて憲法の連続性が認められるので、「憲法の廃止と新憲法の制定という、法を超えた政治的事件」と考えることにはならない。
⇒8－1 － (p.208)

23 憲法の連続性を維持するための特別な手続を定める憲法改正規定や憲法の最高法規性を確保するために特別な合憲性統制の途を設ける違憲審査制は、ともに憲法の保障の一つの方法として位置付けられる。[司H28－11]

○ 憲法の保障とは、憲法の最高法規性を確保する仕組みのことをいう。硬性憲法の仕組み（96）や違憲審査制（81）のほか、憲法の最高法規性の宣言（98）、公務員の憲法尊重擁護義務（99）、権力分立の制度（41、65、76参照）が憲法保障制度として位置づけられている。
⇒8－2 － (p.210)

24 日本国憲法において抵抗権が認められているという見解は、憲法が最高法規であることと矛盾する。[司H30－11]

× 抵抗権は、人権保障を含む憲法の最高法規性を確保するために超憲法的な根拠によって認められる権利であるから、憲法の最高法規性と矛盾しない。
⇒8－2 二 (p.210)

25 重大な人権侵害等の国家の圧政に対しては、合法的な救済手段が尽きてもなお抵抗する権利が存在するとの考えは、市民革命期に大きな影響力を持った。ただし、実定憲法によって人権保障のための諸制度が整備された段階では、抵抗権の主たる意義は、立憲主義を支える基本理念であることに求められる。[司H21－12]

○ 本肢のとおりである。
⇒8－2 二 (p.210)

26 抵抗権は、政府による権力の濫用によって立憲主義秩序が破壊された場合に国民がそれに反抗する権利とされるが、実力の行使を伴う危険なものであるから、権利として実定法化することは不可能である。[司H28－11]

× 抵抗権の根拠として12条や97条を援用する見解（実定法説）によれば、抵抗権は権利として実定法化することになる。
⇒8－2 二 (p.210)

27　国家緊急権を肯定する立場によれば、戦争・内乱や大規模な自然災害といった非常事態の際には、国家の存立を維持するために憲法秩序を一時停止することが可能である。ただし、日本国憲法が国家緊急権について規定していないことは、立憲主義に対する例外を認めることへの慎重な姿勢を示している。［司H21－12］

○　明治憲法が国家緊急権に関する規定を置いていたにもかかわらず、日本国憲法が国家緊急権について規定しなかったのは、国家緊急権の発動が立憲主義に対する例外を認めることにほかならないため、その慎重な姿勢を示したためであると解されている。
⇒8－2　三（p.211）

28　国家緊急権は、外敵の侵入、内乱や大規模な災害などにより国家の存立が脅かされる事態に至った場合に執り得る非常措置権とされるが、平常時における立憲主義の一時停止を認める権限であるから、憲法の明文で国家緊急権を容認している例は諸外国にもない。［司H28－11］

×　ドイツ基本法10a章「防衛事態」115a条以下や、現行フランス第5共和制憲法16条は、憲法の明文で国家緊急権を容認している例として挙げられる。
⇒8－2　三（p.211）

論点一覧表

* 「問題の所在」が記載されている箇所やその他重要な論点が掲載されている箇所を一覧化しました。「考え方のすじ道」が掲載されている論点には「○」マークを付けています。

論点名	考え方のすじ道	論文式試験出題実績	該当頁
第3編　統治機構			
第1章　統治総論			
第2章　国会			
1　「全国民を代表する」(43 I)の意味			9
2　自由委任と党議拘束			10
3　比例代表選出議員の党籍変更と議員資格の喪失			10
4　「国権の最高機関」(41)の意味			10
5　「立法」(実質的意味の立法、41)の意味			11
6　委任立法の限界		司法H 20	12
7　内閣の法律案提出権			14 79
8　議員定数不均衡の合憲性			19
9　「総議員」(56 I)の意味			34
10　「出席議員」(56 II)の意味			34
11　「事後に」(73③但書)国会の承認が得られなかった場合における条約の効力			37
12　国会の条約修正権			37
13　議院規則と法律との関係			39
14　国政調査権の法的性質			40
15　国政調査権の限界	○		41
16　不逮捕特権と議院の許諾			45
17　免責特権と国民の名誉・プライバシー権			46
第3章　内閣			
18　行政権の概念			69
19　独立行政委員会			69
20　議院内閣制の本質			71
21　「文民」(66 II)の意味			73
22　閣議にかけて決定した方針が存在しない場合における内閣総理大臣の行政各部の指揮監督権 (72)			75
23　衆議院の解散	○		82
24　解散権の限界			84
25　衆参同日選挙の合憲性			84
第4章　裁判所			
26　法律上の争訟	○	予備H 30	95
27　統治行為論		予備H 27	101
28　部分社会の法理		司法H 21 予備H 30	103
29　規則と法律との関係			114
30　最高裁判所裁判官の国民審査		予備H 24	115
31　下級裁判所裁判官の再任			116
第5章　違憲審査制			
32　日本における違憲審査制			135

INDEX
事項索引

サ行

ナ行

ハ行

編著者代表　　反町　勝夫 (そりまち　かつお)

＜経歴＞
　1965年東京大学経済学部卒業。株式会社電通勤務を経て、1970年公認会計士第2次試験合格。公認会計士試験受験指導を通じて開発した、経済学・経営学・会計学の論理体系思考を法律分野に導入し、新しい実務法律体系(LEC体系)を創造する。
　1978年司法試験合格後、株式会社東京リーガルマインド(LEC)を創立。わが国で一般的に行われている実務法律・会計の、教育・研修システムのほとんどを考案し、今日それらは資格試験・実務研修のデファクトスタンダードになっている。2004年日本初の株式会社大学「LEC東京リーガルマインド大学[略称：LEC(れっく)大学]」創立、2005年LEC会計大学院創立。若年者の就職100％を目指してキャリア開発学という学問分野を立ち上げ、研究・教育に邁進する。現在、弁護士・弁理士・税理士・会計士補・社会保険労務士・職業訓練指導員(事務科)。株式会社東京リーガルマインド代表取締役会長。
　著書に『21世紀を拓く法的思考』『司法改革—時代を先取りする「提言」—』『司法改革2—新時代を築く人々—』『各界トップが語る—改革への法的思考』『各界トップが語る—改革のプロセス』『各界トップが語る—改革の羅針盤』『各界トップが語る—改革の発進』『各界トップが語る—ここまで進んだ「改革」』『わかる！楽しい！法律』(LEC東京リーガルマインド)、『士業再生』(ダイヤモンド社)。広報誌『法律文化』編集長。そのほか、資格試験受験用テキスト(『C-Book』など)・社員研修用教材、論文・評論多数。

司法試験＆予備試験対策シリーズ

C-Book　憲法II＜統治＞ 改訂新版

2001年3月30日　第1版　　第1刷発行
2023年8月25日　改訂新版　第1刷発行

　　　　編著者●株式会社　東京リーガルマインド
　　　　　　　　LEC総合研究所　司法試験部

　　　　発行所●株式会社　東京リーガルマインド
　　　　　　　　〒164-0001　東京都中野区中野4-11-10
　　　　　　　　アーバンネット中野ビル
　　　　　　　　LECコールセンター　☎0570-064-464
　　　　　　　　　　受付時間　平日9：30～20：00/土・祝10：00～19：00/日10：00～18：00
　　　　　　　　　　※このナビダイヤルは通話料お客様ご負担となります。
　　　　　　　　書店様専用受注センター　TEL 048-999-7581 / FAX 048-999-7591
　　　　　　　　　　受付時間　平日9：00～17：00/土・日・祝休み
　　　　　　　　www.lec-jp.com/

　　　　　　印刷・製本●株式会社　サンヨー

司法試験
受験指導歴

司法試験対策の歴史はLECの歴史

LECが始めた革命的合格メソッドは、カリキュラム、テキスト、指導法、そのすべてがデファクトスタンダードとなって、多数の司法試験合格者を輩出し続けています。

1993年～2022年
LEC入門講座出身者
司法試験合格者数

5,312名

※上記の実績には、旧司法試験の合格者数も含みます。
※入門講座申込後7年以内に実施された司法試験に合格された方の人数を集計したものです。
※上記合格者数は、官報をもとに算出しているため、同姓同名の方を含む可能性があります。
※複数年度にわたり講座を受講されている方は、1人としてカウントしています。
※上記数値の集計期間（入門講座の申込期間）は、1989年3月8日～2020年5月27日です。

43年
SINCE 1979

その理由

4年連続！
大学在学中1年合格者輩出！

※コースお申込から1年後の予備試験に合格

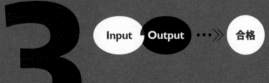

3つの
ストロングポイント

Input → Output ···》 合格

▶ 一人の講師による7科目一貫指導

◆7科目をばらばらの講師から教わると、科目間のバランスや関連性に配慮されず、ともすれば講義内容に重複が生じたり、特定の分野に多くの時間が割かれて偏りが生じることになります。こうした学習では効率的な学習は望めません。そのため1人の講師が7科目一貫して教えることは重要です。

◆LECのカリキュラムでは**主要講座の法律科目7科目を1人の講師が教えます**。この7科目一貫指導によって短期で合格する力を身につけることが可能になるのです。

民　商　民訴　刑　刑訴　憲　行
主要講座

▶ 演習（Output）も標準装備

◆早い段階から問題を実際に解いてみることは合格への近道です。分かったつもりでも、実際に解いてみると解けないことが往々にしてあります。

◆**LECの全てのコースには、バランスよく演習講座（アウトプット）が標準装備**されています。インプットとアウトプットを同時に行うことで、効率的に知識を吸収できるだけでなく、自然と答案作成方法が身に付くように設計されています。

▶ 3ステップ学習／短期合格を効率的に実現

◆LECは43年にわたる指導経験から短期合格のためのカリキュラム「**3STEP学習**」（入門➡論文対策➡短答対策）を完成させました。**段階的に学習を進めることで、効率的に真の実力を身につけることができる**カリキュラムです。

選ばれるLEC

実績と

1979年。今から43年前、LECは、合理的かつ効果的な司法試験の受験指導を始め、今日に至るまで、実に5312名！（詳細は左の頁参照）もの司法試験合格者を輩出しています。数ある受験予備校の中で類を見ない傑出した実績を、維持し続けている理由があります。

5つの短期合格アイテム

1 カリキュラム・コース

- ● LEC体系
- ● インプット×アウトプット学習
- ● 3STEP学習

1993年から2022年までの間にLEC入門講座受講生から5,312名もの司法試験合格者が誕生しています。なぜ、このように多くの合格者を輩出しているのでしょうか。その答えが、1.LEC体系、2.INPUT×OUTPUT学習、3.3STEP学習、です。

2 テキスト

- ● セブンサミットテキスト ● 講師オリジナルテキスト
- ● 合格答案作成講座・短答合格講座オリジナルテキスト

43年の受験指導歴の中で、合格に必要な情報を蓄積し、沢山の書籍を刊行してきました。「セブンサミットテキスト」「講師オリジナルテキスト」「合格答案作成講座・短答合格講座オリジナルテキスト」には、これらの刊行物をベースに、最新判例などの情報も加えられています。記載されている情報の質と量は、自信を持ってお薦めできます。

3 専任講師陣

- ● 田中正人 LEC専任講師   ● 森剛士 LEC専任講師
- ● 武山茂樹 LEC専任講師   ● 赤木真也 LEC専任講師   ● 柴田孝之 LEC専任講師

受験に精通し短期合格の秘訣を知り尽くした講師陣をラインナップしております。LECでは、短期合格を果たしている講師とともにカリキュラムなどについても綿密な打ち合わせを行っています。LEC講師陣による講義は、どの講師でも合格に必要な知識を合理的に学ぶことができます。

4 受講スタイル＜LECは通学・生講義＞

- ● 通学受講（教室／Webシート／提携校通学）
- ● 通信（Web＋音声DL＋スマホ／DVD）
- ● Zoom受講

多彩な受講スタイルで学べます。通学受講形態には、Web教材又はDVD教材が標準装備されています。一部は通学、一部はご自宅でのご受講という選択も可能です。通信受講形態では、Web教材とDVD教材のどちらかを選択できます。Web教材には音声ダウンロード機能が標準装備され、スマートフォンでのご受講も可能です。
主要講座はZoomリアルタイム配信を行います。全国の通信生もリアルタイムで講義を受講いただけます。

5 フォローアップ制度

- ● 司法試験マイスターによる相談
- ● 24時間質問制度＋スケジューリングサービス
- ● 入門講座無料体験会・ガイダンス
- ● 通信サポート本校による通信生フォロー etc.

短期合格ができる時代になったとはいえ、司法試験は多くの忍耐と努力を要する試験です。当然大きな壁にもぶつかることがあるでしょう。そんなときに利用していただきたいのがLECのフォローアップ制度です。

LEC入門講座を
もっと知るための**5**つの方法

次のアクション どうしますか?

**Webで
チェック
する**

資格・勉強方法を知る
① Webガイダンス

人気の講師陣が資格や勉強方法について解説する
ガイダンスをみることができます。

LEC　司法試験　Webガイダンス 検索

講座を体験
② おためしWeb受講制度

講師がたくさんいて、どの講師が自分にマッチするかわ
からない! LECの講義って実際どう? 法律初学者でも本
当に講義についていけるの?そんな不安や疑問を解消
してもらうために全体構造編・民法の講義をWebで受講
できます。 LEC　司法試験　おためし 検索

**近くの
LECに
行って
みる**

講師の話を聞いてみる
③ 無料講座説明会

Zoom
配信あり!

全国の本校にて資格の概要や合格するための勉強
法などを講義する公開講座を開催しています。ぜひ
公開講座から新たな一歩を踏み出して下さい。

実際の講義で雰囲気を体感
④ 無料体験入学

Zoom
配信あり!

開講日は無料で体験入学ができます。実際の教室
で、講義の進め方や講師の話し方を確認でき、講義
の雰囲気を体感できます。

疑問点を直接話を聞いてみる
⑤ 受講相談

各本校では試験に精通したスタッフが試験や講座、
教材などあらゆるご質問にお答えします。お気軽に
お越しください。

会場参加予約不要　　参加無料

LEC司法試験・予備試験

書籍のご紹介

2024年版 司法試験&予備試験 完全整理択一六法

徹底した判例と条文の整理・理解に！
逐条型テキストの究極形『完択』シリーズ。
2023年秋改訂予定。

	定価
憲法	本体2,600円+税
民法	本体3,300円+税
刑法	本体2,600円+税
商法	本体3,500円+税
民事訴訟法	本体2,700円+税
刑事訴訟法	本体2,700円+税
行政法	本体2,700円+税

司法試験&予備試験 単年度版 短答過去問題集（法律基本科目）

短答式試験(法律基本科目のみ)の問題と解説集。

	定価
令和元年	本体2,600円+税
令和2年	本体2,600円+税
令和3年	本体2,600円+税
令和4年	本体3,000円+税
令和5年	本体3,000円+税

司法試験&予備試験 体系別短答過去問題集【第2版】

司法試験・予備試験で実施された短答式試験を体系別に収録。分かり易くコンパクトな解説で学習効率を向上させる。

	定価
憲法	本体3,200円+税
民法	本体5,000円+税
刑法	本体3,500円+税

司法試験&予備試験 論文過去問 再現答案から出題趣旨を読み解く。※単年度

出題趣旨を制することで論文試験を制する！
各年度再現答案を収録。

	定価
令和元年	本体3,500円+税
令和2年	本体3,500円+税
令和3年	本体3,500円+税
令和4年	本体3,500円+税

司法試験&予備試験 論文5年過去問 再現答案から出題趣旨を読み解く。※平成27-令和元年

	定価
憲法	本体2,900円+税
民法	本体3,500円+税
刑法	本体2,900円+税
商法	本体2,900円+税
民事訴訟法	本体2,900円+税
刑事訴訟法	本体2,900円+税
行政法	本体2,900円+税
法律実務基礎科目・一般教養科目(予備試験)	本体2,900円+税

LEC Webサイト ▷▷▷ **www.lec-jp.com/**

🔵 情報盛りだくさん！

 資格を選ぶときも，
講座を選ぶときも，
最新情報でサポートします！

▷最新情報
各試験の試験日程や法改正情報，対策講座，模擬試験の最新情報を日々更新しています。

▷資料請求
講座案内など無料でお届けいたします。

▷受講・受験相談
メールでのご質問を随時受付けております。

▷よくある質問
LECのシステムから，資格試験についてまで，よくある質問をまとめました。疑問を今すぐ解決したいなら，まずチェック！

▷書籍・問題集（LEC書籍部）
LECが出版している書籍・問題集・レジュメをこちらで紹介しています。

🔵 充実の動画コンテンツ！

 ガイダンスや講演会動画，
講義の無料試聴まで
Webで今すぐCheck！

▷動画視聴OK
パンフレットやWebサイトを見てもわかりづらいところを動画で説明。いつでもすぐに問題解決！

▷Web無料試聴
講座の第1回目を動画で無料試聴！気になる講義内容をすぐに確認できます。

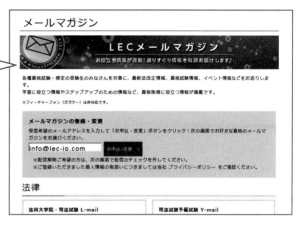

LEC 全国学校案内

＊講座のお問合せ，受講相談は最寄りのLEC各校へ

LEC本校

■ 北海道・東北

札 幌本校　☎011(210)5002
〒060-0004 北海道札幌市中央区北4条西5-1　アスティ45ビル

仙 台本校　☎022(380)7001
〒980-0022 宮城県仙台市青葉区五橋1-1-10　第二河北ビル

■ 関東

渋谷駅前本校　☎03(3464)5001
〒150-0043 東京都渋谷区道玄坂2-6-17　渋東シネタワー

池 袋本校　☎03(3984)5001
〒171-0022 東京都豊島区南池袋1-25-11　第15野萩ビル

水道橋本校　☎03(3265)5001
〒101-0061 東京都千代田区神田三崎町2-2-15　Daiwa三崎町ビル

新宿エルタワー本校　☎03(5325)6001
〒163-1518 東京都新宿区西新宿1-6-1　新宿エルタワー

早稲田本校　☎03(5155)5501
〒162-0045 東京都新宿区馬場下町62　三朝庵ビル

中 野本校　☎03(5913)6005
〒164-0001 東京都中野区中野4-11-10　アーバンネット中野ビル

立 川本校　☎042(524)5001
〒190-0012 東京都立川市曙町1-14-13　立川MKビル

町 田本校　☎042(709)0581
〒194-0013 東京都町田市原町田4-5-8　MIキューブ町田イースト

横 浜本校　☎045(311)5001
〒220-0004 神奈川県横浜市西区北幸2-4-3　北幸GM21ビル

千 葉本校　☎043(222)5009
〒260-0015 千葉県千葉市中央区富士見2-3-1　塚本大千葉ビル

大 宮本校　☎048(740)5501
〒330-0802 埼玉県さいたま市大宮区宮町1-24　大宮GSビル

■ 東海

名古屋駅前本校　☎052(586)5001
〒450-0002 愛知県名古屋市中村区名駅4-6-23　第三堀内ビル

静 岡本校　☎054(255)5001
〒420-0857 静岡県静岡市葵区御幸町3-21　ペガサート

■ 北陸

富 山本校　☎076(443)5810
〒930-0002 富山県富山市新富町2-4-25　カーニープレイス富山

■ 関西

梅田駅前本校　☎06(6374)5001
〒530-0013 大阪府大阪市北区茶屋町1-27　ABC-MART梅田ビル

難波駅前本校　☎06(6646)6911
〒556-0017 大阪府大阪市浪速区湊町1-4-1
大阪シティエアターミナルビル

京都駅前本校　☎075(353)9531
〒600-8216 京都府京都市下京区東洞院通七条下ル2丁目
東塩小路町680-2　木村食品ビル

四条烏丸本校　☎075(353)2531
〒600-8413　京都府京都市下京区烏丸通仏光寺下ル
大政所町680-1　第八長谷ビル

神 戸本校　☎078(325)0511
〒650-0021 兵庫県神戸市中央区三宮町1-1-2　三宮セントラルビル

■ 中国・四国

岡 山本校　☎086(227)5001
〒700-0901 岡山県岡山市北区本町10-22　本町ビル

広 島本校　☎082(511)7001
〒730-0011 広島県広島市中区基町11-13　合人社広島紙屋町アネクス

山 口本校　☎083(921)8911
〒753-0814 山口県山口市吉敷下東 3-4-7　リアライズⅢ

高 松本校　☎087(851)3411
〒760-0023 香川県高松市寿町2-4-20　高松センタービル

松 山本校　☎089(961)1333
〒790-0003 愛媛県松山市三番町7-13-13　ミツネビルディング

■ 九州・沖縄

福 岡本校　☎092(715)5001
〒810-0001 福岡県福岡市中央区天神4-4-11　天神ショッパーズ
福岡

那 覇本校　☎098(867)5001
〒902-0067 沖縄県那覇市安里2-9-10　丸姫産業第2ビル

■ EYE関西

EYE 大阪本校　☎06(7222)3655
〒530-0013　大阪府大阪市北区茶屋町1-27　ABC-MART梅田ビル

EYE 京都本校　☎075(353)2531
〒600-8413　京都府京都市下京区烏丸通仏光寺下ル
大政所町680-1　第八長谷ビル

LEC提携校

＊提携校はLECとは別の経営母体が運営をしております。
＊提携校は実施講座およびサービスにおいてLECと異なる部分がございます。

■ 北海道・東北

八戸中央校【提携校】　☎0178(47)5011
〒031-0035　青森県八戸市寺横町13　第1朋友ビル　新教育センター内

弘前校【提携校】　☎0172(55)8831
〒036-8093　青森県弘前市城東中央1-5-2
まなびの森　弘前城東予備校内

秋田校【提携校】　☎018(863)9341
〒010-0964　秋田県秋田市八橋鯲沼町1-60
株式会社アキタシステムマネジメント内

■ 関東

水戸校【提携校】　☎029(297)6611
〒310-0912　茨城県水戸市見川2-3092-3

所沢校【提携校】　☎050(6865)6996
〒359-0037　埼玉県所沢市くすのき台3-18-4　所沢K・Sビル
合同会社LPエデュケーション内

東京駅八重洲口校【提携校】　☎03(3527)9304
〒103-0027　東京都中央区日本橋3-7-7　日本橋アーバンビル
グランデスク内

日本橋校【提携校】　☎03(6661)1188
〒103-0025　東京都中央区日本橋茅場町2-5-6　日本橋大江戸ビル
株式会社大江戸コンサルタント内

■ 東海

沼津校【提携校】　☎055(928)4621
〒410-0048　静岡県沼津市新宿町3-15　萩原ビル
M-netパソコンスクール沼津校内

■ 北陸

新潟校【提携校】　☎025(240)7781
〒950-0901　新潟県新潟市中央区弁天3-2-20　弁天501ビル
株式会社大江戸コンサルタント内

金沢校【提携校】　☎076(237)3925
〒920-8217　石川県金沢市近岡町845-1　株式会社アイ・アイ・ピー金沢内

福井南校【提携校】　☎0776(35)8230
〒918-8114　福井県福井市羽水2-701　株式会社ヒューマン・デザイン内

■ 関西

和歌山駅前校【提携校】　☎073(402)2888
〒640-8342　和歌山県和歌山市友田町2-145
KEG教育センタービル　株式会社KEGキャリア・アカデミー内

■ 中国・四国

松江殿町校【提携校】　☎0852(31)1661
〒690-0887　島根県松江市殿町517　アルファステイツ殿町
山路イングリッシュスクール内

岩国駅前校【提携校】　☎0827(23)7424
〒740-0018　山口県岩国市麻里布町1-3-3　岡村ビル　英光学院内

新居浜駅前校【提携校】　☎0897(32)5356
〒792-0812　愛媛県新居浜市坂井町2-3-8　パルティフジ新居浜駅前店内

■ 九州・沖縄

佐世保駅前校【提携校】　☎0956(22)8623
〒857-0862　長崎県佐世保市白南風町5-15　智翔館内

日野校【提携校】　☎0956(48)2239
〒858-0925　長崎県佐世保市椎木町336-1　智翔館日野校内

長崎駅前校【提携校】　☎095(895)5917
〒850-0057　長崎県長崎市大黒町10-10　KoKoRoビル
minatoコワーキングスペース内

沖縄プラザハウス校【提携校】　☎098(989)5909
〒904-0023　沖縄県沖縄市久保田3-1-11
プラザハウス　フェアモール　有限会社スキップヒューマンワーク内

※上記は2023年7月1日現在のものです。

書籍の訂正情報について

このたびは，弊社発行書籍をご購入いただき，誠にありがとうございます。
万が一誤りの箇所がございましたら，以下の方法にてご確認ください。

1 訂正情報の確認方法

書籍発行後に判明した訂正情報を順次掲載しております。
下記Webサイトよりご確認ください。

www.lec-jp.com/system/correct/

2 ご連絡方法

上記Webサイトに訂正情報の掲載がない場合は，下記Webサイトの
入力フォームよりご連絡ください。

lec.jp/system/soudan/web.html

フォームのご入力にあたりましては，「Web教材・サービスのご利用について」の
最下部の「ご質問内容」に下記事項をご記載ください。

> ・対象書籍名（○○年版，第○版の記載がある書籍は併せてご記載ください）
> ・ご指摘箇所（具体的にページ数と内容の記載をお願いいたします）

ご連絡期限は，次の改訂版の発行日までとさせていただきます。
また，改訂版を発行しない書籍は，販売終了日までとさせていただきます。

※上記「2ご連絡方法」のフォームをご利用になれない場合は，①書籍名，②発行年月日，③ご指摘箇所，を記載の上，郵送
にて下記送付先にご送付ください。確認した上で，内容理解の妨げとなる誤りについては，訂正情報として掲載させてい
ただきます。なお，郵送でご連絡いただいた場合は個別に返信しておりません。

送付先：〒164-0001 東京都中野区中野4-11-10 アーバンネット中野ビル
株式会社東京リーガルマインド 出版部 訂正情報係

> ・誤りの箇所のご連絡以外の書籍の内容に関する質問は受け付けておりません。
> また，書籍の内容に関する解説，受験指導等は一切行っておりませんので，あらかじめ
> ご了承ください。
> ・お電話でのお問合せは受け付けておりません。

講座・資料のお問合せ・お申込み

LECコールセンター 0570-064-464

受付時間：平日9:30～20:00/土・祝10:00～19:00/日10:00～18:00

※このナビダイヤルの通話料はお客様のご負担となります。
※このナビダイヤルは講座のお申込みや資料のご請求に関するお問合せ専用ですので，書籍の正誤に関
するご質問をいただいた場合，上記「2ご連絡方法」のフォームをご案内させていただきます。